现代高校体育与健康教程

XIANDAI GAOXIAO TIYU YU JIANKANG JIAOCHENG

李志伟　冯强明　主编

图书在版编目 (CIP) 数据

现代高校体育与健康教程 / 李志伟，冯强明主编
. 一天津：天津大学出版社，2019.8（2021.7 重印）
ISBN 978-7-5618-6490-6

Ⅰ. ①现… Ⅱ. ①李… ②冯… Ⅲ. ①体育－高等学校－教材②健康教育－高等学校－教材 Ⅳ. ① G807.4 ② G647.9

中国版本图书馆 CIP 数据核字 (2019) 第 170184 号

出版发行　天津大学出版社
地　　址　天津市卫津路 92 号天津大学内（邮编：300072)
电　　话　发行部：022-27403647
网　　址　publish.tju.edu.cn
印　　刷　廊坊市海涛印刷有限公司
经　　销　全国各地新华书店
开　　本　185 mm×260 mm
印　　张　15.5
字　　数　387 千
版　　次　2019 年 8 月第 1 版
印　　次　2021 年 7 月第 2 次
定　　价　42.80 元

编委会

前　言

“生命在于运动”这句话深刻地体现了体育在促进人体发展和增强体质方面的重要作用。健康是生命永恒的主题。体育与健康教育是学校教育的重要组成部分。近年来，体育与健康发展十分迅速，已成为我国学校教育不可或缺的内容之一。越来越多的人认识到，经常且有规律地进行运动对保持健康体质、达到良好状态是十分重要的。当然，有规律地进行运动只是众多增进健康生活和提高生活质量的生活方式中的一种。

体育教学是学校体育的中心内容。开展体育教学不仅是为了提升学生的体质，更是为了培养学生全面发展。

本书贯彻落实了《全国普通高等学校体育课程教学指导纲要》的精神和“健康第一”的指导思想，以通俗易懂的内容，培养学生养成良好的锻炼习惯，让体育运动成为生活的一部分。随着“中国学生发展核心素养”总体框架及基本内涵的正式发布，我国课程与教学改革已经进入新的发展阶段。本书遵循当前大学生体育核心素养的培养要求，围绕现代大学生体育道德和价值的需求，从体育健康知识、体育精神道德培养、运动实践知识、科学锻炼方法与管理以及全面提高身体素质等方面进行编写。为大学生掌握体育与健康知识、科学开展体育锻炼、塑造积极向上的人生态度，提供了具体可行的指导。

本书结合高校体育教学的特点，分为理论篇、技能篇和休闲篇三个部分。理论篇包括体育与健康概述、校园体育文化、运动损伤的防治与应急处置、《国家学生体质健康标准》及测定；技能篇包括田径、球类、健美操、游泳、瑜伽运动武术与太极拳、跆拳道；休闲篇包括定向运动、旱地冰球。本书以直接指导体育教学实践，供教师和学生阅读、应用为特色，编写组根据多年的教学实践经验和研究成果，同时结合现代普通高等学校体育教学特点进行编写工作。本书具备了科学性、实践性、趣味性和时代性，选编内容体现实效，少而精，充分体现了大学生的身心发展特点，同时兼具时代发展特点。

本书在编写过程中，得到了各个高校众多有理论和实际工作经验的教师们的帮助，在此表示最真诚的感谢，我们亦将在今后的教学实践中不断完善本书。由于编写时间短，水平能力有限，书中疏漏之处在所难免，恳请广大读者提出宝贵意见。

编者

2019 年 8 月

前　言

目 录

理论篇

技能篇

理论篇

第一章　体育与健康概述

第一节　体质与健康的含义

一、体质的定义

体质是人体的质量，它是在遗传性和获得性的基础上表现出来的人体形态结构、生理功能和心理因素的综合性的、相对稳定的特征。

体质是人生命活动和工作能力的物质基础。它在形成和发展的过程中，具有明显的个体差异和阶段性。在人的生命活动的各个阶段，从儿童、青少年到中老年，体质状况不但仅有某些不同的特征，而且是不断变化的。

一个人体质的好坏，既受先天因素又受后天因素影响。遗传是人体发展变化的先天条件，对体质的强弱有很大影响。但它对体质的影响只是提供了可能性，而体质的强弱，则有赖于后天的环境条件，即生活环境、营养卫生、身体锻炼等因素。人们可通过改善物质生活条件，增强健身意识并有目的、有计划、科学地锻炼身体，保持良好的体质状况，并使体质不断地增强，减少疾病，同时对各种自然环境也有了较强的抵抗力和适应力，使人能精力旺盛，体力充沛地投入学习和工作中去。

二、体质的范畴

体质的范畴包括身体形态发育水平、生理功能水平、身体素质和运动能力发展水平、心理发育水平、适应能力五个方面，一个人体质的强弱，也是从这几个方面综合反映出来的：

1）身体形态发育水平，即体格、体形、营养状况及身体组成成分等方面的综合水平；

2）生理功能水平，即机体的代谢水平和器官系统的工作效能；

3）身体素质和运动能力发展水平，即速度、力量、耐力、灵敏性、柔韧性等素质，以及走、跑、跳、投、攀登等身体活动能力；

4）心理发育水平，即智力、情感、行为、感知、个性、意志等；

5）适应能力，即对各种环境（自然环境和社会环境）的适应能力、应急能力和对疾病的抵抗力。

上述五个方面的状况，决定着人们不同的体质水平。所以在进行体质的测量和评价，检查增强体质的实际效果时，应采用以上几个方面的测定指标来衡量和评价。

三、健康的含义

世界卫生保健组织在其宪章中明确提出了健康的概念。“健康是身体的、精神的，以及社会的完全良好的状态，不能说没有病、不虚弱，就是健康”。这一概念表明，健康不仅仅是身体没有伤病，而且还包括精神的完满状态和良好的社会适应力，明确地将人体的健康与生物学、心理学和社会学的因素联系在一起。

21世纪，世界卫生组织拓宽了健康的含义，健康的标志如下：

1）有足够充沛的精力，能从容不迫地应付日常生活和工作压力，而不感到过分紧张；

2）态度积极，乐于承担责任，不论事情大小都不挑剔；

3）善于休息，睡眠良好；

4）能适应外界环境变化，应变能力强；

5）能够抵御一般性的疾病和传染病；

6）体重得当，身体均匀，站立时头、肩、臂位置协调；

7）反应敏锐，眼睛明亮，眼睑不发炎；

8）牙齿清洁、无空洞、无痛感、无出血现象，齿龈色正常；

9）头发光泽，无头屑；

10）肌肉和皮肤富有弹性，走路轻松。

“健康”一词含有强壮、结实、完整和安宁之意。

四、健康的分类

（一）躯体健康

躯体健康是指没有需要医治的疾病，且每天的生活都充满热情和活力。为了达到最理想的健康状态，我们应当积极采取措施摆脱疾病，走向健康。我们必须满足身体对营养的需要，经常锻炼，避免不良行为，警惕疾病的早期信号，并且要注意防止发生事故。

（二）社会健康

社会健康指的是能与他人及社会环境相互作用、培育满意的人际关系并实现社会角色。社会健康包括参与社会，为社会做出贡献，与人和睦相处，建立起积极的相互依靠的关系，以及健康的性行为。

（三）智力健康

头脑是唯一有自知力的器官。我们每天利用大脑收集、处理信息，并根据这些信息进行行动，利用大脑思索自己的价值，做出决定，制定目标，计划如何应付问题或者应对挑战。智力健康包括拥有思考和在生活经验中学习的能力、思想对新事物保持开放态度以及对信息提出疑问、进行评估的能力。在一生中，每一个人都要借助思维的能力，其中包括评估健康信息以保证个人健康的能力。

智力健康的另一项重要内容是“情感智力”，情感智力对个人生活及事业的成功也有很大影响。情感智力包括自知力、利他主义、个人动机、移情、爱以及被朋友、伴侣和家人所爱。

（四）环境健康

我们生活在物质的和社会的环境中，环境能影响健康的各个方面。环境健康指的是周围环境对个人健康的影响。环境健康意味着通过防护空气、水和土壤污染以及所使用的产品带来的对健康的危害，保护自己，同时要为保护环境本身而努力。正如世界卫生组织指出的那样：“健康的环境不仅是我们的需要，而且是我们的权利。”政府、企业、社会和个人都有责任维护健康的环境。

（五）心理健康

心理健康有时又称精神健康，指的是人能积极调节自己的心理状态，顺应环境（包括自身环境、自然环境与社会环境），有效地、富有建设性地发展和完善个人生活的和谐状态。体育的基本任务在于使人增强体质，促进健康。人体的健康不仅是指躯体上、生理上的正常，还包括正常的心理和健康的人格。世界卫生组织把健康定义为“不仅没有身体的缺陷和疾病，还要有生理、心理和社会适应能力的完满状态”。因此，心理健康对人有着十分重要的意义。

躯体健康是心理健康的基础和前提，心理健康是躯体健康的保证和动力。如果人的心理不健康（或不正常），一方面会因心理障碍而影响生理功能，对人的躯体健康造成危害，导致疾病，特别是各种常见的慢性病，如高血压、冠心病、糖尿病、溃疡病甚至癌症等；另一方面，人的心理一旦失常（轻者如神经官能症或病态人格，重者如各种精神疾病），人的社会适应能力就会遭到破坏，严重者甚至无法进行正常的学习和生活，这不仅会给个人和家庭带来极大的痛苦和不幸，还会对社会造成危害。

第二节 影响大学生体质的主要因素

一、遗传对体质的影响

遗传是人体身心发育和发展的先天条件，对体质的强弱会产生十分重要的影响。研究表明，人体的形态结构、神经类型、有氧代谢能力和最大摄氧量等，都在很大程度上取决于遗传因素。身体素质和运动能力与遗传也有密切的关系。据报道，形态受遗传因素的影响占 75%，人体的有氧代谢能力和最大摄氧能力有 75%~95% 是受遗传因素影响的。

我们在认识到遗传对人体体质发育发展产生重要影响的同时，也应从遗传与变异的客观规律出发，进一步认识锻炼身体的积极意义。

二、环境对体质的影响

人类生存的自然环境和社会环境，不仅是人类赖以生存的基本条件，而且对人体体质的发育、发展也会带来直接或间接的影响。国民经济与社会发展水平是决定人体体质发育、发展水平或体质强弱的主要因素。从人体的形态、机能以及身体素质和运动能力的发展水平来看，一般规律是经济发达国家比不发达国家高，城市比农村高，现代比近代、古代高。不同自然地理环境对人体体质的发育、发展也会产生不同的影响。例如，生活在高原地区与平原地区的人体体质有明显差异；在极地生活的爱斯基摩人与在热带居住的非洲人形态结构上的明显不同，正是各自长期适应自然环境的结果。

三、锻炼对体质的影响

生命在于运动，运动增进体质。科学的体育锻炼是增强体质最积极、最有效的途径。

当代社会由于生产力的提高，使得体力劳动减少，脑力劳动比重增加；工作时间缩短，物质生活丰富，较普遍地伴有人体肥胖和心血管疾病等“文明病”的出现。这些“文明病”的治疗仅用药物很难奏效，还必须进行体育锻炼。在学生时期的合理营养与科学锻炼，比成年人更具有奠定体质基础的重要意义。

坚持长期体育锻炼，心脏会逐渐发达，兴奋性、收缩能力提高，搏动有力，容量加大，使每次搏动输出的血量增加，在 1 分钟搏动次数较少的情况下，心脏输出的血量就可满足人体的需要，从而使心脏有较多的休息时间，增加其功能储备，有利于健康。体育锻炼时需要更多的氧气，促使呼吸系统加强工作，提高生理功能，不仅能大大提高肺通气量，还能不断提高人体的供氧能力。

经常进行体育锻炼能促进骨的生长，骨骼长长，横径变粗，而且骨密度增高，骨重量增加；也能使肌纤维变粗，肌肉横断面积加大，肌肉收缩能力和舒张能力增强，从而不断提高肌肉的力量、速度和耐力。此外，结合日光、空气和水的锻炼，能提高人体对外界环境的适应能力和对各种疾病的抵抗能力等。体育锻炼使大脑的兴奋与抑制过程合理交替，避免神经系统过度紧张，可消除疲劳，使头脑清醒，思维敏捷。随着神经系统机能的改善，人体各器官系统的控制和可调节能力也得到不断的提高和完善。

第三节　影响大学生健康的主要因素

一、运动不足

1. 心脑血管疾病

长期不活动，会使身体对心脏工作量的需要减少，导致心肌衰弱、心脏功能减退，如心率过快、过缓、不齐等。由于运动少造成了肌肉总体比例减少，致使人体的血管总开放量减少，从而使得血液循环量变小而且血流速度变慢。另外，血管在没有外力（运动或劳动）对其刺激时其弹性能力会降低，引起血管的功能退化，从而出现高血压、动脉硬化、血管栓塞、血管破裂等症。

2. 人体的综合免疫能力降低

劳动、运动对人体的刺激是多方面的，也对人体提高免疫力有着重要的意义。活动量的减少会使人体免疫细胞数量减少，导致抵抗能力低下，易患各种感染症和传染性疾病，同时癌症的发生率要远远超过正常人群。

3. 消化系统疾病

缺乏运动和精神紧张会使消化系统功能降低或紊乱，如易诱发胃炎、消化道溃疡等疾病，很容易导致癌症。另外，还可能造成人体营养比例的失调，如肥胖、过瘦等。

4. 对全身骨骼、关节产生影响

身体不运动时，全身骨骼、关节系统就会失去良好的刺激而影响骨代谢功能。这种代谢障碍可使青少年的生长发育受阻，影响骨骼的正常发育；可使成年人的骨抗折、抗弯能力降低。过去认为骨质疏松是老年人的事，而现在其在中年人中出现的比例明显增加。患此病症的人将会丧失体力、未老先衰，并易患脊柱病、各类关节炎；在老年人身上还会表现为骨质疏松、关节变形，甚至卧床不起、抵抗力极低，各种疾病缠身。

5. 功能退行性病变的产生

“用进废退”可以看作人体生理机能的一种自然现象，许多器官如果不经历劳动、运动的刺激，其功能就会降低，如关节的活动减少会使关节腔变窄、变薄，关节液减少，从而使关节活动能力降低。这种降低往往会形成恶性循环。另外，人体的肌肉、人体的生理生化反应也存在这种现象。

由此可见，经常进行适当的运动确实能降低人的死亡率，延长寿命。体育锻炼的意义就在于增强体质，提高健康水平，克服现代生活带来的运动不足的危险性，提高机体对外界环境变化的适应能力和抵抗能力。尽管运动可能会带来一定的危险，但运动不足的危险性更大。

二、运动过度

运动过度同样会对人的健康产生不利的影响。运动过度的精确意思就是迫使身体过度劳累。如果肌肉与关节感到疲劳酸痛，它便无法好好发挥功能。因此持续性的过度，反而会使身体面临更大的受伤风险。时间一久，过度的运动还会削弱免疫系统，如果是女性还会造成停经等生理性反应。

三、社会环境

社会环境是人类生存的包含着政治、经济、文化、卫生等诸多因素的外部环境。社会环境因素作用于人类时，一直伴随着自然环境因素的影响。两者是密不可分的，如人类的生产环境、运动环境、学习环境都是两者结合的产物。

按照污染物的来源，环境污染可以分为生产性污染和生活性污染，按照污染起因可分为自然污染和人为污染，按照物质属性又可分为化学性污染、物理性污染和生物性污染。

生产性污染是指工业生产过程中的“三废”（废气、废水、废渣）未经严格处理即直接排入大气、水和土壤中构成污染。生活性污染是指对生活垃圾、粪便和污水等处理不当所构成的污染。自然污染包括火山爆发、地震、风暴、海啸、森林大火及特殊地质条件、某些化学元素大量堆积所造成的污染。人为污染指除了工农业和生活废物排放所致外，各种噪声、振动，大量电波，不适当的矿产开采，森林破坏，生物战，化学战，原子爆炸所产生的废物均是污染的重要来源。

四、不良生活方式

1. 极度缺乏体育锻炼

不进行体育锻炼或者很少参加体育锻炼，极易造成身体无力、昏眩等现象，引发肥胖和心脑血管疾病。

2. 有病不求医

对一些“小毛病”不理会，导致疾病被拖延，错过了最佳的治疗时间；一些疾病被药物表面缓解作用掩盖而积累成大病。

3. 不吃早餐

随着学习、工作节奏加快，吃上符合营养要求的早餐已经成为年轻人的奢求。不吃早餐或者胡乱塞几口成为普遍现象。

4. 与家人缺少交流

在缺乏与家人交流、疏导和宣泄的情况下，年轻人的精神压力与日俱增。

5. 长时间处于空调环境中

在上班时，超过七成的人一年四季除了外出办事外，几乎常年窝在空调房中。“温室人”的自身肌体调节和抗病能力下降。

6. 久坐不动

久坐，不利于血液循环，会引发很多新陈代谢和心血管疾病；坐姿长久固定，也是颈椎、腰椎发病的重要因素。

7. 不能保证睡眠时间

有超过 7 成的人经常不能保证 8 小时睡眠时间，另有 7% 的人经常失眠。

8. 面对计算机或手机过久

过度使用和依赖计算机、手机，除了辐射外，还使眼病、腰（颈）椎病、精神性疾病在学生群体中十分普遍。

9. 听歌长时间戴耳机

长期戴耳机易致耳聋。人的听力非常娇嫩，耳蜗上感受声音的毛细胞一旦受损，就会造成语言识辨力下降。这样重要的细胞，其数量在一个人出生时就已经固定了，损伤一个就少一个，根本不可逆。已有相关试验证明，经常戴耳机对人听力影响非常大，尤其是塞入式耳机危害更大。

10. 三餐饮食无规律

有超过 1/3 的人不能保证一日三餐按时进食，确保三餐定时、定量的人不满半数。

11. 吸烟、酗酒、熬夜

大多数吸烟者吸烟没有节制，严重者一天可吸食七八包烟。

12. 喝水太少

卫生部中国健康教育中心专家田向阳表示，每人每天最好喝够 2 升水，晨起和三餐之间都应适当补水。

13. 挑食

挑食容易造成维生素缺乏，一旦缺乏任何一种维生素，就会造成维生素的缺乏症，影响身体的健康和疾病的康复。挑食会导致某些营养素摄入不足或过量，造成体质虚弱、抵抗力差，容易生病或是过度肥胖。

第四节　体育锻炼与健康

体育锻炼是指人们根据需要自我选择，运用各种体育手段，并结合自然力和卫生措施，以发展身体、增进健康、增强体质、调节精神、丰富文化生活和支配闲暇时间为目的的体育活动。

一、体育锻炼的意义

体育锻炼，是指人们运用各种身体练习方法，并结合自然力和卫生因素进行以锻炼身体、促进健康、增强体质、陶冶情操、丰富生活为目的的身体活动。科学地进行体育锻炼，能给予人们健康、欢乐和满足。通过体育锻炼可扩展人们的生活空间、调整生活节奏、缓解紧张情绪、促进新陈代谢、强健体魄；通过体育锻炼可培养人们顽强拼搏的精神，树立竞争意识，自觉遵纪守法；通过体育锻炼可塑造人的良好个性和处事能力，建立良好的人际关系；通过体育锻炼可丰富业余生活，引导人们在高雅、文明、健康向上的氛围中生活，进一步使体育成为现代人日常生活中一个不可缺少的组成部分。所有这些不仅是个体的需要，也是提高社会生产的需要，更是保证人体健康发展和人类正常生活的需要。

（一）体育锻炼在生理上的作用

1）体育锻炼有利于人体骨骼、肌肉的生长，增强心肺功能，改善血液循环系统、呼吸系统、消化系统的机能状况，有利于人体的生长发育，提高抗病能力，增强有机体的适应能力。

2）减少儿童在成年后患上心脏病、高血压、糖尿病等疾病的机会。

3）体育锻炼是增强体质最积极、有效的手段之一，可以降低肌体过早进入衰老期的风险。

4）体育锻炼能改善神经系统的调节功能，提高神经系统对人体活动等错综复杂变化的判断能力，并及时做出协调、准确、迅速的反应；使人体适应内外环境的变化、保持肌体生命活动的正常进行。

（二）体育锻炼在心理上的作用

1）体育锻炼具有调节人体紧张情绪的作用，能改善生理和心理状态，恢复体力和精力。

2）体育锻炼能增进身体健康，使疲劳的身体得到积极的休息，使人精力充沛地投入学习、工作和生活；能舒展身心，有助安眠及消除读书带来的压力。

3）体育锻炼可以陶冶情操，保持健康的心态，充分发挥个体的积极性、创造性和主动性，从而提高自信心和价值观，使个性在融洽的氛围中获得健康、和谐的发展。

4）体育锻炼中的集体项目与竞赛活动可以培养人的团结、协作及集体主义精神。少年是人一生中身心发育趋向成熟的重要转折时期，这时你会惊异地发现，自身在生理和心理方面出现了许多前所未有的变化，并明显地感到“我长大了”。“爱美之心，人皆有之”，随着人民生活水平和文化素质的提高，我们要在体育运动中茁壮成长，在运动中保持健美。

（三）体育锻炼改善功能的作用

体育锻炼是大众性体育活动的主要形式，是增进健康、增强体质最积极、最有效的方法，它能促进青少年的正常发育和健康成长，能使中壮年人保持旺盛的精力，能使老年人延年益寿。体育锻炼能防治疾病、促进身体健康。体育锻炼不仅具有健身的功能，还可以调剂情感，锻炼意志和愉悦精神，发挥健心的作用；体育锻炼还能促进正确姿势、姿态的形成，改善肤色，塑造体形和矫正身体的畸形，发挥健美的作用。因而，坚持体育锻炼能同时收到“健身、健心、健美”的效果。

二、坚持参加体育锻炼

持之以恒的体育锻炼，是促进生长发育、提高身体素质的关键因素。要注意身体的全面锻炼，选择项目时，要同时兼顾力量、速度、耐力、灵敏度等各项素质的发展，重点应放在耐力素质的培养上。长跑、游泳、乒乓球、羽毛球、篮球、足球都是青少年适宜的运动项目。

第五节 体育锻炼的原则

一、自觉积极性原则

自觉积极性原则指体育锻炼者有明确的健身目标，能充分认识体育锻炼的价值，自觉积极地从事体育锻炼活动。在体育锻炼过程中，要有锻炼目的。体育锻炼是一个自我锻炼、自我完善，并需要克服自身的惰性，战胜各种困难的过程。同时，还要有一定的作息制度作保证，把体育锻炼当作生活中不可缺少的一部分，才能奏效。遵循自觉积极性原则首先要明确“生命在于运动”的科学道理，树立正确的锻炼目标，把体育锻炼当作日常学习和生活的自觉需要，激发锻炼的主动性，从而调动锻炼的积极性。其次要培养兴趣，兴趣是人们认识事物和从事活动的倾向。当一个人对某项体育活动产生兴趣时，就会对这项体育活动表现出极大的主动性和自觉性，做到身心融为一体。

二、持之以恒性原则

持之以恒性原则是指体育锻炼必须经常性进行，使之成为日常生活中的重要内容。体育锻炼对机体给予刺激，每次刺激都产生一定的作用痕迹，连续不断的刺激作用才能产生痕迹的积累。这种积累使机体结构和机能产生新的适应，体质就会不断增强，动作技能形成的条件反射也会不断得到强化，而只靠少数几次强化刺激是达不到要求的。若前次锻炼的效果痕迹已经消退，就丧失了对后一次锻炼的积累所产生的积极影响，所以必须持之以恒地进行体育锻炼。如何才能使体育锻炼持之以恒？首先，根据个人能力，确立一个能够实现的体育锻炼目标，制订一个切实可行的锻炼计划。其次，强化锻炼意识，把体育锻炼列为日常生活内容，保证有一定的体育锻炼时间，逐步养成习惯，使体育锻炼成为生活的重要组成部分。体育锻炼的效果并非一劳永逸，如果锻炼间隔时间过长，效果就会不明显。因此，每次锻炼要坚持安排合理的锻炼间隔，一般以每周不少于 3 次为宜。

三、全面发展性原则

体育锻炼应全面发展身体的各部位、各器官系统的机能，各种身体素质和基本活动能力，并且追求身心的和谐发展。人体是一个整体，各器官系统是相互影响、相互制约的。任何局部机能的提高，必然促进机体其他部位机能的改善，当某一运动素质得到发展时，其他运动素质也会不同程度地有所发展，某一方面的锻炼与发展，也会对其他方面产生积极的影响。如果体育锻炼的内容和方法单一，会给锻炼带来很大的局限性，机体不能获得良好的整体效应。因此，在选择体育锻炼的内容和方法时要做到全面发展。一项素质得到发展，将促进其他素质不同程度地提高。同时还应看到，各项身体素质在发展过程中也存在着相互制约的一面。如长期只从事力量练习，心肺功能就不会得到较大提高；长期只从事长跑锻炼，耐力会有很大发展，而速度、力量素质不会有较大提高；长期只从事身体一侧肢体的活动，另一侧肢体就不会得到发展。因此，在体育锻炼中，既要注意身体素质的全面发展，也要有所侧重发展几项素质和弥补自身薄弱的素质锻炼。

四、循序渐进性原则

循序渐进性原则是指体育锻炼必须遵循人体自然发展、机体适应的基本规律，从不同的主客观实际出发，合理安排运动负荷，在渐进的基础上提高锻炼水平。在体育锻炼过程中，运动负荷的大小直接影响人体机能的变化，负荷是否适宜，对锻炼效果的好坏都起很大的作用。运动负荷的大小因人、因时而异。即便是同一个人，在不同的机能状态、不同的时间，人体对负荷的承受能力也不尽相同。因此，进行体育锻炼时应循序渐进，随时调整运动负荷，逐步提高锻炼水平。

五、合理负荷性原则

合理负荷性原则是指在身体锻炼中，要根据锻炼者自身的情况，合理地安排运动负荷，既能使身体产生一定的疲劳，又能在身体所能承受的范围之内，并能与休息合理地交替。身体锻炼负荷的确定要从锻炼者的身心状况出发，逐步提高要求。一般来说，由于新参加身体锻炼的人起点较低，经过一段时间的锻炼，获得的效果比较明显。

在身体锻炼中，有机体在承受了一定的运动负荷后会因能量的消耗而产生疲劳。经过一段时间的休息和营养的补充，体内的能量物质和身体机能水平才能得以恢复。在反复的刺激—恢复—刺激下，如果运动负荷恰当，机体不仅能恢复到原有的水平，还能出现超过运动前的能量储备和机能能力，这就是生理上的超量恢复。经常地超量恢复并合理地安排运动负荷和休息间隔，体质就能逐步得到提高。运动负荷是否适宜是一个极其重要的问题，因此，确定运动负荷大小，必须依据锻炼者的年龄、性别、健康状况等实际情况而定。为了在体育锻炼中合理地安排运动负荷，通常采用以下脉搏控制的方法来确定锻炼负荷。

一个人接近极限运动时的脉搏率（假设是 200 次 / 分）减去安静时脉率（假设是 60 次 / 分）的 70%，再加上安静时脉率的基数 60 次，是对身体影响最好的运动负荷。即适宜的运动负荷为（200-60）×70%+60=158 次 / 分。以脉搏率 150 次 / 分以下（平均是 130 次 / 分）运动负荷的指标来提高有氧代谢能力。以 180 次减去自己的年龄，作为锻炼时的每分钟平均脉搏率。

六、安全性原则

安全性原则是指参与者在体育锻炼的过程中应始终注意保护自己，做到安全第一。如果体育锻炼安排得不合理，违背科学规律，就可能出现伤害事故。

为了保证体育锻炼的安全，锻炼者应做到以下几点。

1）不要盲目参加超过你的能力的活动，应该通过力所能及的体育活动来锻炼身体。

2）在有条件的情况下，请体育教师或运动学专家根据你的体质健康状况给你开运动处方，它可以指导你有目的、有计划地进行安全、科学的锻炼。

3）每次锻炼前必须做好充分的准备活动，克服内脏器官的生理惰性，预防运动损伤的发生。

4）饭后、饥饿或疲劳时应暂缓锻炼；生病初愈不宜进行较大强度的锻炼。

5）对于不熟悉的水域，不要随便入水或潜水，以免发生意外。在公共游泳场所进行游泳时，要注意公共卫生，服从工作人员的管理。

6）每次锻炼后，要注意做好整理、放松活动。这样有利于身体的恢复，以便迅速投入学习活动中去。

7）在锻炼的过程中，不要大量饮水，以免加重心脏的负担或引起身体及肠胃的不适反应。运动后，不宜即刻洗冷水澡。

8）在制订或实施自己的锻炼计划前，一定要经过体检和医生的认可。如果你患有某种疾病或有家族遗传病史，需要找医生咨询，在有医务监督的情况下按照体育教师和医生的建议进行锻炼。

第二章　校园体育文化

第一节　体育文化概述

一、体育文化的界定

体育文化是人类文化的一部分，是一种特殊形式的文化。体育文化也有广义与狭义之分。广义的体育文化是指体育运动本身所蕴含的、围绕体育运动所形成的一切物质文明与精神文明的总和。狭义的体育文化是指体育运动某一方面的文明因素。

体育物质文化、制度文化和精神文化是体育文化结构中有机联系的三个层面，也就是说，一个体育现象往往兼有三个层面的文化含义，三个文化层面共同构成社区体育文化现象。

二、体育文化的功能及价值

（一）体育文化的功能

1. 文化传播功能

体育文化具有文化传播的重要功能。这一功能主要体现在两个方面：一是扩展性，二是传承性。

体育文化传播的扩展性是指文化在空间伸展的蔓延性，为横向传播过程。体育文化的横向传播不仅在各社会群体和个体之间、群体和群体之间、个体和个体之间互相传递，还在国家和国家之间、民族和民族之间、地区和地区之间以及国家、民族、地区三者之间互相传递。体育文化横向传播的内容涉及物质文化、行为制度文化、精神文化等多个方面，其传播过程是与社会、政治、经济等层面的互动过程。由此可见，体育文化的传播具有广泛意义上的扩展性。

体育文化传播的传承性是指文化在时间上传承的连续性。在早期，人类文明的传承方式中蕴含了大量的原始体育文化因素，主要体现为通过身体的动作来记录和传承社会文明及种族之间的生存、生活技能。在人类有语言与文字后，体育文化仍然有着十分重要的传承文化作用。例如，一些大型的古代集会事件，常常是通过诸如两方的竞技运动会等方式记录并流传下来的，由此可见体育文化的传承性。

2. 凝聚功能

体育文化还具有明显的凝聚作用。体育文化的凝聚功能主要产生于体育文化的精神层面，同时包括多个层次。相同的体育文化习惯、相同体育运动项目的选择，会引起不同程度有范围的聚合。例如，喜欢篮球的人们可能因为爱好聚合在一起等。再如，体育比赛，尤其是国家间的大型体育比赛，能把不同国家、不同民族、不同文化修养以及不同信仰和不同政见的人们聚合到一起。可见，体育文化的凝聚功能较强，也比较稳定。

3. 教育功能

体育文化具有教育功能。随着社会的不断发展，体育文化逐渐渗入人们生活的文化环境中，它不断地影响人的自我发展，塑造人的自身，发挥着教育和培养人的作用。例如，在人成长的过程中，体育教育能直接有效地培育人的体质，潜移默化地培养人的性格。

4. 吸收、创新文化功能

体育文化具有吸收、创新文化的功能。随着全球化的发展，融入世界体育成为一种潮流。当前，西方国家不断研究、借鉴东方体育文化的精粹部分，开放的中国积极学习西方先进的体育文化，都是意在通过体育文化去吸收、融合他国文化的特质，进而繁荣和发展各自的体育文化。

5. 调节、控制、引导社会生活功能

现代体育还具有调节、控制、引导社会生活的功能，对道德和法律范围之外的人们的社会生活和行为起着十分重要的调节、控制和引导作用。具体来说，它能使不同价值观、道德观的人，甚至是不同意识形态的人，汇聚到共同的体育理想和体育价值观下，促进社会矛盾的缓和与协调，还可以抑制一些越轨的行为。

（二）体育文化的价值

一百多年来，人类在不断的实践中，极大地丰富了体育文化，同时还提高了体育在社会中的价值。归纳下来，主要有以下几种价值体现。

1. 竞技类型体育文化的价值

竞技类型体育文化通过人类的改造，对经济、文化的创新与发展起到了重要的推动作用。这些创新与发展，是在众人不断实践中完成的，并经历了宗教体育文化阶段、科学体育文化阶段和正在进行中的艺术体育文化阶段。现代艺术体育已经摆脱了人类求生存的宗教体育文化和强身健体适应环境的科学化和功利性体育文化，向着竞技与艺术相结合、形体美与心灵美相结合的形态发展。尤其是现代奥运会经过一百多年的发展，已经成为世界上无与伦比的最广泛的体育竞技文化现象。

2. 休闲类型体育文化的价值

随着社会经济的繁荣、人类文明的发展以及人类的共同需要，人们对自身生存、发展、享受的追求和关注一直没有停止过，因此休闲体育文化得以普及，同时休闲体育文化在全球化的浪潮中影响广泛。休闲体育文化促进了人类的全面和谐发展，给人类带来快感和美感，也给社会带来了健康和活力。2014 年国务院发布的 46 号文件《关于加快发展体育产业促进体育消费的若干意见》中，明确提出将全民健身上升为国家战略，进一步开启了我国休闲体育的新局面。

3. 校园类型体育文化的价值

校园类型的体育文化具有多方面的价值。例如，在德、智、体、美、劳全面发展的教育方针中，在培养身心健康、具有创新精神和实践能力的社会主义现代化合格人才中，都起着十分重要的作用。现代校园体育文化得到了长足发展，不仅使学生的体质有所增强，还对学生品质的培养、团队合作、遵纪守法等各个方面都有着积极的影响。

4. 民族传统类型体育文化的价值

我国有着历史悠久、博大精深的传统文化，我国民族传统体育文化也有一定的积累。自古以来，我国民族传统类型的体育都是以养生为主，注重人与自然的结合，即通过与自然的交换排除身体内部的浊气、吸取真气、五脏通达、六腑调和，进而促进人的健康。可见我国民族传统体育文化是在体育形态上强调整体观和意念感受，动作简单而内涵深刻，强烈的肌肉运动比较少，在此背景下，逐渐形成了缺少激进和冒险精神的性格。随着全球化的发展，东西方交往加强，我国民族传统体育文化也开始发生变化，由注重整体修炼和内在和谐之美，变为逐渐和现代科学相结合，形成一种新的独特风格。

第二节　校园体育文化概况

一、校园体育文化的涵义

从社会学角度审视，体育文化的存在体现了人的社会需求。体育已从单纯的肌肉活动、与文化隔离的状态下解脱出来，成了既是体育又是文化，既是锻炼又是娱乐，既是运动又是教育，既能观赏又能参与的一种特殊的社会文化现象。在现代教育与现代体育这两大人类文化体系的交汇处，生存着一种独特的社会文化现象——校园体育文化。它是整个体育文化体系中的一部分，也是整个教育文化体系中的一部分。

校园体育文化是指校园内所呈现的一种特定的体育文化氛围。它是学校的师生、员工在体育教学、健身运动、运动竞赛、体育设施建设等活动中形成和拥有的物质和精神财富以及体育观念和体育意识。它是一种以学生为主体，以课外体育文化活动为主要内容，以校园为主要空间，以校园精神为主要特征的群体文化。校园体育文化是一种具有深刻内涵和丰富外延的独特的社会文化现象，它和校园德育、智育、美育文化等一起构成了校园文化群，又与竞技运动文化、大众体育文化组成了广义的体育文化群。高校校园体育文化是挖掘大学生潜能的广阔天地，是最受大学生青睐的一朵夺目的奇葩，是大学生个体社会化进程中的助动力。

二、校园体育文化的结构

校园体育文化的结构是校园体育文化系统在发展过程中得以保持整体性并具有巨大功能的内在根据，它同时也决定校园体育文化自身的特征。校园体育文化的结构基本上可以分为四个层面。

第一层是体育物质层，是校园体育文化的基础，是满足校园体育文化的主体，是进行体育实践活动的重要保障，主要包括体育设施、器材，体育雕塑、体育服装和各种体育形态等。

第二层是体育制度层，指对大学体育起规范作用的各种学校体育法规和条例，学校制定的有关体育规章制度及各项体育运动的裁判规则等，它们在一定范围内对校园体育文化主体体育行为，具有一定的强制性。此外，还包括大学校园内的体育部（课部）、体育协会、运动队、体育俱乐部等各种体育组织。校园体育文化的制度层是关键，对其他三层起纽带作用，它是校园体育文化系统中最具有权威的因素，并规定校园体育文化整体的性质。

第三层是体育行为层，指师生、员工在体育实践活动中以约定俗成的方式构成的体育行为规范，主要以体育习惯来体现，还包括体育情趣、体育风尚等。

第四层是体育精神层，起主导作用，主要包括体育思维方式、体育审美情趣和体育价值观念，其中体育价值观念是校园体育文化的核心，其决定了校园体育文化的发展目标。

三、校园体育文化的特征和功能

（一）校园体育文化的特征

从文化角度分析，校园体育文化具有传承性、民族性、导向性和多样性等特征。

1. 传承性

我国校园体育文化的传承性，无论是从它的内容还是从它所涵盖的思想，都体现了鲜明的时代特征，从清朝末期西方体育文化的涌入，到“五四”运动与中国近代教育文化以及马克思主义文化的交融，甚至到改革开放以来的当代体育文化的方方面面，都可以看到传承校园体育文化的痕迹。就校园发展的大环境而言，中国传统体育文化仍是强大的内源因素。

2. 民族性

随着学校体育工作的逐步深入，各民族传统体育项目在各自特殊的地域和受众人群的基础上，促使校园体育文化得到广泛传播和发展，体育文化的传播并不是强调体育教学模式的一致性，而是强调在保持和发扬民族传统体育的同时，把具有特色和代表意义的体育项目作为传播民族体育文化的核心内容，多层面、多角度地构筑传播民族传统体育文化的平台。

3. 导向性

随着我国改革开放的逐步深入，东西方体育文化的广泛交流给校园体育文化提供了较大的发展空间，校园体育文化通过多种形式，充分体现“健康第一”“快乐体育”的主旨，其思想在顺应素质教育的大背景下成为校园体育文化的指针。

4. 多样性

校园体育文化的宗旨主要是培养学生的体育精神、体育意识和体育技能，提高体育文化素养，增进学生身心健康，并在此宗旨的指导下开展多种多样的校园体育文化活动。

（二）校园体育文化的功能

1. 身心健康功能

身心健康功能是校园体育文化的第一重要功能，这种功能的显现是通过身心的交互作用实现的。一方面，由它所构成的体育锻炼过程，能给予人体各器官系统一定强度的刺激，使机体在形态结构、生理机能等方面发生一系列适应性反应，从而对机体产生积极的影响并能有效地促进人们的身体健康；另一方面，学生自主选择体育活动方式，并将其作为娱乐消遣的生活方式之一固定下来，让身体的生物学改造（即器官的运动和锻炼）和心理的调适在健康的方式中实现。

2. 教育导向功能

高校校园体育文化不仅对当代大学生起到身心俱健的作用，而且有利于大学生实现意志的磨炼和人格的塑造，对于自我意识强烈的当代青年，还可以达到环境育人的效果。校园体育文化作为社会文化的亚文化，建立起学生与社会的桥梁，使受教育者能在这种模拟的文化氛围中摸索，以提高自身社会意识与社会情感，促进个体社会化，促进人际交往，培养社会活动能力，期望在步入社会后能适应社会的需要，得到社会的认可，推动社会的进步。

3. 娱乐调节功能

娱乐与健康是新世纪学校体育走向。高校体育文化通过娱乐的形式调节教师和学生的生活，调节紧张、单调的生活节奏，增添生活情趣，同时也在提高人们的艺术欣赏能力，提高人的文化素质，因此娱乐性是大学校园体育文化教育功能的延伸。

4. 激励凝聚功能

高校体育文化的核心是校园精神，生活在校园体育文化氛围中的大学生对学校优良的体育传统和光荣历史会产生荣誉感和责任感，同时这种精神又是一种黏合剂，激励大学生产生一种内在向心力和凝聚力及对学校的认同感和归属感。

5. 美育陶冶功能

体育以身体活动为特殊手段，通过动作展示具体形象，是身体美与运动美、自然美与艺术美的有机结合，能给人以美的享受。在多姿多彩的高校校园体育文化活动中，各种运动项目，各种身体练习、体育竞赛与表演，乃至体育摄影、体育雕塑、体育建筑等，都可以使大学生得到美的感染和陶冶，获得体育美的情感体验，从而培养学生健康的审美意识，提高学生鉴赏美、创造美和表现美的能力。

四、校园体育文化的发展现状

（一）校园体育物质文化现状

目前，伴随着我国教育事业的蓬勃发展，校园体育文化的物质文化建设要求，产生了翻天覆地的变化。从最开始单一地满足体育教学需求，逐渐向课外锻炼、群体竞赛、高水平竞技、满足体育教学和体育科学研究及社区体育等多方面的需求进行转变。因此在我国校园体育物质文化建设过程中，产生了一些新的问题。

1. 体育硬件设施建设理念存在偏差

以高校体育硬件设施为例进行说明。目前，大型的高标准体育场馆以优美的造型、恢弘的气势、完善的功能，不断成为一些高校的标志性建筑。这也给学校的整体形象增添了不少气色，体现出学校的综合实力。不过，也正是因为这些，我国高校体育场馆在建设理念上，存在着重大的误区。因为就许多院校领导来看，高校体育场馆的建设应当是"非标准、非大型不修"。这就让高校在进行相关场馆建设规划的时候，十分看重体育场馆的"竞技运动服务"功能，而严重忽略了对其"健身、教学、娱乐"功能的全面考虑，导致体育场馆的建设成为了形象工程、政绩工程。由此可见，目前我国校园体育硬件设施的建设理念，存在着较大的偏差。

2. 体育场馆管理水平落后

以目前高校体育场馆的管理为例，现阶段一些高校体育场馆进行有偿开放，可是全社会共享高校体育设施资源，这已然成为了高校体育场馆改革的必然趋势。但是，在实际生活中，高校体育场馆的经济效益在多数情况下几乎不能与社会上其他场馆的经营情况相比较，究其原因，主要还是在于高校体育场馆经营理念的根本偏差，主张对社会开放就是面向社会，进而制定十分高额的收费标准。与社会上的体育场馆相比较，多数高校体育场馆依然在多方面缺乏竞争优势。本来就难以吸引大量的社会人员，与此同时，高额的收费标准使大量的校内外学生群体被拒之门外。就这一层面来讲，学校体育场馆应当首先将服务对象定位为在校的全体师生、员工，适当收取相对低额的费用，以此来吸引大量在校师生、员工等进行体育运动。除此之外，还应当利用不同时段的不同收费标准，来调节场地的人数密度，提高体育场馆的使用效率。当然，还可以开办多种多样的俱乐部或者学习班，建全服务体系。

（二）校园体育精神文化现状

校园体育文化相对注重对学生的体育道德、体育兴趣以及体育精神的培养。目前，学生对体育精神文化的需求可谓日趋强烈。然而，由于中国数千年来一直深受文化课至上、智力第一等传统思想的影响和束缚，体育课程和一些体育活动，没有在学校得到很大的重视，同时许多学校以给学生补习文化课为理由，停止了正常的体育教学，甚至于停止了正常的课间、课外体育活动，从而一味地追求"升学率"。而一些学校虽然组织了一些体育活动，也是为了配合升学率，或者是为了应付升学考试而进行单项目体育训练，无法涉及对学生进行相关体育知识的教育和体育意识的培养。

在目前这种状况下，学校体育文化培养学生的体育精神根本无从谈起，更不用提以体育的精神去激励学生的意志、鼓舞学生的斗志、激发学生的兴趣等。这些现象让一些学生甚至学校的一些管理者、教育者也没有积极地去进行思考，继而使大部分学生认为，现行的大学体育教育与其情感选择是根本不同步的。由此可见，现实与需求的矛盾亟待得到相应的解决，校园体育精神文化建设的强化已经势在必行。

（三）建设智能化管理提升校园体育文化

近年来，各学校都在加强智慧校园建设，体育场馆的智能化管理是智慧校园建设的一个重要模块，把握体育场馆智能化管理的深刻内涵和意义，利用智能化生态系统、智能健

身“黑科技”，进一步推动学校创新体育场馆设施与器材装备现代化建设，开发和创新体育教学资源，更好地服务学校体育设施和器材建设与使用。积极解决学校体育场馆智能化建设的相关问题，将现代信息技术、最先进的科技与健身器械结合，让学生方便快捷地完成注册、交费、预约、锻炼、记录和分享等过程，还应根据每个学生的身体素质与健身诉求制定个性化运动方案，满足学生个性化、多层次的锻炼需求，使科学锻炼和高效管理变得简单易行。

不断提升学校体育管理水平，推进智慧校园的建设进程，如：可以提供智能篮球租借终端的“易租球”方案，用户手机扫码进入小程序，即可租球，解决了学生用球不方便、买优质篮球成本高等难题。“易租球”系统可以大大方便师生租借体育器材，提升学校学生锻炼的积极性。因此，建设智慧校园体育是学校未来的方向，也是提升学校体育教学、训练质量，学生体质健康水平以及加强校园体育文化建设的需要。

第三节　阳光体育与校园体育文化

一、阳光体育概述

为切实推动全国亿万学生阳光体育运动的广泛开展，吸引广大青少年学生走向操场、走进大自然、走到阳光下，积极参加体育锻炼，掀起群众性体育锻炼热潮——阳光体育运动以“健康、运动、阳光、未来”为宣传口号，深入研究体育在青少年的思想品德、智力发育及审美情趣的形成中起到的重要作用，探讨以体育为手段，促进中国青少年全面发展的理论与实践问题，旨在落实《中共中央国务院关于加强青少年体育增强青少年体质的意见》精神，全面推动阳光体育运动在全国的深入实施。

（一）开展阳光体育运动，要进一步提高对体育的认识

各级教育行政部门、体育行政部门、共青团组织和各级各类学校把开展阳光体育运动作为全面推进素质教育的重要突破口和主要工作，作为加强学校体育工作，提高全体学生体质健康水平的主要举措，认真组织实施。在全国大、中、小学中掀起阳光体育运动的热潮，形成全员参与的群众性体育锻炼的良好风气。

（二）开展阳光体育运动，要以“达标争优、强健体魄”为目标

大力开展校园阳光体育运动，提升学生锻炼的意识和热情。全面实施《国家学生体质健康标准》，把体育教学与达标结合起来，通过学生的不达标找出学生的不足，在教学中进行有针对性的练习，让不达标的学生达标，达标的学生更好。另一方面促进更多的学生能做到每天锻炼一小时，掌握至少两项常锻炼的体育技能，形成良好的体育锻炼习惯，切实提高体质健康水平。

（三）开展阳光体育运动，要以全面实施《国家学生体质健康标准》为基础

建立和完善《国家学生体质健康标准》测试结果记录体系，测试成绩要记入学生成长

记录或学生素质报告书，初中以上学生要记入学生档案，并作为毕业、升学的重要依据。建立《国家学生体质健康标准》通报制度，定期通报各地《国家学生体质健康标准》的实施情况和测试结果。认真组织全体学生积极开展“达标争优”活动，为达到《国家学生体质健康标准》优秀等级的学生，颁发“阳光体育奖章”。

（四）开展阳光体育运动，要与体育课教学相结合

坚持依法治教，规范办学行为，严格执行国家有关体育课时的规定，上好体育课，不得以任何理由挤占体育课时。深化教学改革，不断提高教学质量，通过体育教学，教育、引导学生积极参加阳光体育运动。

（五）开展阳光体育运动，要与课外体育活动相结合

配合体育课教学，保证学生平均每天有一小时的体育锻炼时间。将学生课外体育活动纳入教育计划，形成制度。认真组织实施“全国中小学生课外文体活动工程”，大力推行大课间体育活动形式，积极创建中小学快乐体育园地，加强学生体育社团和体育俱乐部建设。通过广泛开展学生体育集体项目的竞赛、主题鲜明的冬季象征性长跑、具有地方特点和民族特色的学生体育活动等，不断丰富学生课外体育活动的形式和内容。

（六）开展阳光体育运动，要营造良好的舆论氛围

通过多种形式，大力宣传阳光体育运动，广泛传播健康理念，使“健康第一”“达标争优、强健体魄”“每天锻炼一小时，健康工作五十年，幸福生活一辈子”等口号家喻户晓，深入人心。建立评比表彰制度，对在阳光体育运动中取得优异成绩的单位和个人给予表彰，以唤起全社会对学生体质健康的广泛关注，吸引家庭和社会力量共同支持阳光体育运动的开展。

（七）开展阳光体育运动，要加强组织领导

教育部、国家体育总局和共青团中央共同成立全国阳光体育运动领导小组，制定实施细则，领导和组织全国阳光体育运动的开展。各级教育、体育行政部门和共青团组织要成立相应的工作机构，各学校要成立以校长牵头的领导小组，按照全国的统一部署，制定具体的措施，组织本地、本学校的阳光体育运动的实施。

二、阳光体育与校园体育文化的关系

（一）阳光体育丰富了校园体育文化

校园体育文化是在整个大学校园文化和氛围的背景下，以大学校园为空间，以学生和教师为参与主体，以身体练习为手段，以多种多样的体育锻炼项目为主要内容，具有独特的表现形式和时代特点的一种群体文化。阳光体育是在我国现代化建设进入一定时期，教育现代化水平有了长足的发展之后提出的。学校要培养高素质、全方位的人才，需要转变教育理念，在以人为本的方针指引下，全方位提升办学的内涵与层次，加强落实全面发展素质教育的重要举措。开展阳光体育运动就是要通过阳光体育的推动作用，使各级各类学

校形成浓郁的校园体育锻炼风气，使广大学生走进大自然、走到阳光下，培养学生对体育锻炼的兴趣，使广大学生养成锻炼的习惯，让锻炼身体成为一种校园时尚，形成一种在快乐中成长，成长在快乐中，健康成长的校园体育文化——这种新的体育文化理念，融入校园体育文化，使校园体育文化更加丰富。丰富的校园体育文化为学生锻炼身体创造了良好的氛围，为终身体育打下良好的基础，终身体育的思想就是对阳光体育的最好诠释。

（二）阳光体育引导校园体育文化的发展

体育文化的形成和发展建立在学生对体育的热爱和参与的基础上，而阳光体育正是通过以学生为主体，以校园文化活动为载体，而形成的一种具有共同价值观念和行为准则的精神环境和文化氛围。所以在阳光体育引导下的校园体育文化，是校园体育活动设计和实施的重要保证，它通过恒定的价值观念和文化氛围，向学生传授体育思想、体育观念，激发学生学习体育的动机，提高学生学习体育的积极性；增强学生体育意识，培养重在参与的体育观念，促进学生养成主动锻炼的意识，更好地完成学校体育教育目标，持续地影响和指导学生自觉地参与体育活动的积极性。

三、阳光体育背景下校园体育文化的建设

（一）对校园体育物质文化的建设

就校园体育文化建设来讲，最基础的部分是学校的物质文化建设。校园体育文化中的物质文化，指的是经过人们对于自然物质的组织、改造以及利用而形成的文明现象。

伴随着现代学校实力的不断提高、办学规模的不断壮大以及现代学校体育教育的新需求，校园体育功能的多元化浪潮已经明显地显现出来。体育功能的多元化变化，必然会要求学校的体育设施、体育场馆、体育器材的配备要与体育功能的多元化相符合。另外，学校体育的物质文化除了包括体育设施、体育场馆、体育器材设备之外，像体育建筑的风格、场馆内部的器械布置、学校所处的地域等，都是校园体育物质文化的重要内容。

而随着学校对于现代化设施功能的开发以及利用，其水平、层次逐渐提高，组织、使用、开发、管理以及维护校园体育物质文化也产生了一些问题。所以，要加强对体育设施的组织、使用、开发、管理以及维护，让其能最大限度地发挥硬件设施的效益和功能。

（二）对校园体育意识文化的建设

校园体育意识是与校园文化的要求相符合的，是优秀的传统文化在校园内的充分反映。校园体育意识反映着更深层次的体育思想理念，是多数人认同并且遵循的体育信念和价值取向，具有非常强的渗透力，弥漫在整个校园的环境因素与主要群体之间，形成一种强烈的体育精神气氛。所以，加强对校园体育意识文化的建设，可以让学生产生一种较强的向心力和凝聚力。

提高体育教师对校园体育文化的认识和理解，具体来讲，最为重要的就是需要端正他们的教学态度，让其增强对建设校园体育文化的责任感和使命感。同时，学校管理层需要积极地制定相关工作条例，对体育教师的体育工作进行监督和督促。另外，体育教师也要发挥主观能动性，善于创新，勇于实践，确保体育教育的实施，保证决不丢下任何一个

学生。

（三）对校园体育制度文化的建设

校园体育文化的良好发展，不能离开完善的、有力的校园体育管理体制和组织机构以及十分规范健全的体育规章制度。所以，要想促进校园体育文化的建设，还要加强对校园体育制度文化的建设。

1. 建立校园体育文化建设的专门机构

在学校里，体育教学部是专门负责学校体育文化活动的组织工作、管理工作的主要部门。所以，建立由体育教学部统筹规划管理的校园体育文化建设机构，有利于在配置、整合、优化学校各部门体育资源的同时，充分保证校园体育文化建设的和谐统一。

2. 重视建构特色校园体育文化

“一个学校在体育方面形成并延续着带有普遍性、重复出现且相对稳定的独具特点的文化形态，其表现出自觉、经常的基本特征，具有教育、导向、规范、凝聚和激励的力量。”这就是一个学校的体育文化的传统和特色。

各个学校由于所处环境、气候、地区、师生构成、规模、办学条件、类型等的差异，校园体育文化建设的具体思路也会相应地有所不同。所以，在建设校园体育文化时，各个学校还应从学校自身的实际情况出发，具体问题具体分析，不断发展带有自身特色的校园体育文化，最终形成自己的传统和特点。

3. 完善组织机构建设，制定群体工作管理规章制度

专门负责学校内部体育文化活动组织和管理工作的体育教学部，首先要在明确群体工作对象、范围、内容的基础之上，确定群体工作的具体管理部门，并且成立专门的群体工作管理机构以及学校校园体育文化活动的宣传工作机构。另外，学校内的体育教师由于没有群体工作量的具体要求，所以参与群体工作的积极性并不高，因此还要从制度环节等方面规范体育教师的具体群体工作，制定出完善的群体工作管理规章制度。

第三章　运动损伤的防治与应急处置

第一节　运动损伤的概念与分类

一、运动损伤的定义

体育运动过程中所发生的各种损伤统称为运动损伤。运动损伤与一般的工伤或日常生活中的损伤有所不同，它的发生与运动项目、训练安排、运动环境、运动者的自身条件以及技术动作有密切的关系。运动损伤对运动员所造成的影响是严重的，不仅影响正常的训练、比赛，妨碍运动成绩的提高，减少运动寿命，严重的还可能引起残废，甚至死亡。对体育健身参加者来说，也将影响其健康、学习和工作，还会对其造成不良的心理影响，妨碍体育健身的正常开展。因此，在体育运动中，我们对运动损伤的预防应有充分的认识，需要掌握运动损伤的发生规律，切实做好预防工作，最大限度地减少或避免运动损伤。同时，还应了解和掌握一些体育运动中常见运动损伤的产生原因、预防与处理方法，从而使体育运动健康安全且富有成效。

二、运动损伤的分类

1）按损伤组织可分为肌肉韧带拉伤、挫伤、关节脱位、扭伤、四肢骨折、内脏损伤、冻伤、脑震荡等。严重的运动损伤较少见，多数是肌肉、韧带、关节的损伤。

2）按损伤组织是否有创口与外界相通可分为：开放性损伤——损伤后皮肤的完整性遭到破坏，伤口与外界相通，如擦伤、刺伤与开放性骨折等；闭合性损伤——伤后皮肤仍保持完整，伤处无裂口与外界相通，如挫伤、关节扭伤、肌肉拉伤与闭合性骨折等。

3）按伤情轻重可分为轻伤、中等伤和重伤。

4）按损伤病程可分为急性损伤和慢性损伤。

第二节　产生运动损伤的原因

一、思想原因

运动损伤的发生常与参加体育运动锻炼者对预防运动损伤重要意义的认识不足有关。

思想麻痹大意是所有运动损伤因素中最主要的一个。盲目或冒失地进行体育锻炼，运动前不检查器械，情绪紧张，急于求成，预防措施不得力，好胜好奇，忽视了循序渐进和量力而行的原则，或在练习中因畏难、恐惧、害羞而犹豫不决、过分紧张，这些心理状态，往往是造成运动损伤的重要原因。

二、准备活动不充分

国内调查统计资料表明，缺乏准备活动或准备活动不正确，是造成运动损伤的又一重要原因。在准备活动上常存在的缺点如下。

1. 不做准备活动

在中枢神经系统和其他各器官系统尚未做好准备的情况下，就进行紧张的体育活动，容易发生肌肉拉伤、挫伤和扭伤。

2. 训练或比赛前准备活动不充分或对准备活动的生理作用认识不足

做准备活动马虎、敷衍，在神经系统和各器官的功能尚未达到适宜的水平时，就进入紧张的体育活动，因此发生伤害事故。

3. 准备活动的内容与课内体育活动的内容结合得不好，或缺乏专项准备活动

运动中负担较重部位的功能没有得到充分改善，此时容易发生组织损伤。

4. 准备活动的量过大，身体在进入正式运动前已感到疲劳

当进入正式运动时，身体的功能不是处于最佳状态，而是有所下降，容易造成运动损伤。

三、技术上的缺点和错误

据有关资料分析，技术动作上的缺点和错误，是初次从事运动训练或学习新动作时发生损伤的主要原因。由于动作要领掌握不好，容易发生各种错误动作而造成损伤。例如：排球传球时，由于手型不正确引起手指挫伤；学习跳马支撑腾跃时，没有掌握好助跑和踏跳，动作不协调，速度太快，向前冲力过大，控制不住身体而向前摔倒受伤。

四、运动负荷安排不合理

安排运动量时，没有充分考虑到学生的生理特点和体质状况。运动负荷超过其能承受的生理负担量，尤其是局部负担量过大。在一般学校的体育教学训练中，如果训练内容安排不合理，就会给身体局部形成较大负担，从而引起局部负担量过大，造成损伤。

五、运动场地与设施的缺点

运动场地狭窄，地面不平，器械安置不当或不坚固，做高难动作时缺乏保护和必要的防护器具（护腕、护膝、护踝等）；运动时的服装和鞋子不符合体育卫生的要求等，以上情况均容易引起损伤。

六、气候条件不良

空气污浊、光线暗淡、气温过高或过低，都可直接或间接造成伤害事故。

第三节　常见运动损伤的处理

一、擦伤

擦伤是钝性外力直接作用于身体某一部分而引起的闭合性损伤。

处理方法：用生理盐水清洗创伤面，再涂红药水，以免发生感染，大面积的擦伤要用消毒纱布覆盖或包扎。

二、挫伤

运动时互相冲撞，或被踢打，或身体某部位撞在器械上，皆可发生局部挫伤。

症状：单纯挫伤（即无合并症）仅在伤部有疼痛、肿胀、局部皮肤青紫，压痛，功能障碍等。如果严重挫伤且有合并症时，还可出现全身症状或某些特殊体征。

处理方法：轻度的受伤应立即冷敷和加压包扎，24 小时后再进行热敷或按摩治疗，注意在刚受伤时切勿进行按摩和搓揉，以免造成受伤部位充血肿胀，形成淤血，从而加重伤情。对于严重的受伤（如韧带或肌肉断裂），应在包扎后将伤者立即送往医院治疗。

三、拉伤

准备活动不充分；肌肉的弹性、伸展性、力量差；疲劳或负荷过度，使肌肉机能降低、力量减弱、协调性下降；技术动作不正确，动作过猛或粗野；场地不良——这些都可引起肌肉拉伤。

症状：伤部疼痛、肿胀、压痛、肌肉痉挛、触之发硬，造成功能障碍。

处理方法：可按挫伤处理办法处理。

四、扭伤

损伤原因：受外力的触击和撞击；运动时身体落地重心不稳，向一侧倾斜或踩在他人足上、球上或高低不平的地面上，皆可发生扭伤。

症状：伤后局部功能立即丧失，有明显肿胀、疼痛等。

处理方法：伤后应立即进行冷敷，加压包扎，抬高患肢固定休息，使毛细血管收缩，防止肿胀；24 小时后即可拆除包扎，采用热敷或外敷药物理疗按摩等使毛细血管扩张，促进血液循环。对于严重扭伤，如韧带断裂、关节脱位，应先做固定处理，再尽快到医院缝合。

五、骨折

骨折主要由直接或间接暴力，或肌肉强烈收缩所致。

症状：受伤肢体剧烈疼痛，骨折处有明显压痛、肿胀及皮下淤血；受伤肢体功能丧失，有的骨折部位发生畸形。

处理方法如下。

1）骨折属严重的运动损伤，有时会引起休克。因此，一旦发生骨折，首先要注意预防休克，如发现有休克情况要及时处理；

2）对伴有伤口或开放性骨折的出血伤员，首先应采取适当的方法进行止血，然后包扎伤口，再固定骨折部位；

3）临时固定——处理骨折时，用夹板、绷带把折断的部位固定、包扎起来，使受伤部位不再活动，这是骨折的急救方法，其目的是为了减轻疼痛，避免加重损伤，且便于将伤员转送至医院接受检查治疗。

临时固定的注意事项：①固定前不要无故移动伤肢；②固定时不要试图修复，如果畸形很厉害，可顺伤肢长轴方向稍加牵引；③夹板的长度和宽度要与骨折的肢体相称，其长度必须超过骨折部位的上、下两个关节；④固定的松紧要合适、牢靠。

各部位骨折的临时固定法要根据不同的部位，采用不同的包扎固定方法，临时固定后，将伤员送往医院，不要再出现第二次损伤。①上肢骨折：肱骨骨折时，用一块长短合适的夹板放在伤臂的外侧，再用两条绷带将骨折部位上下绑好，然后用小悬臂带将前臂挂在胸前，不要托肘，最后用绷带把上臂固定于胸廓，前臂骨折时，用两块长短合适的夹板放在前臂的内侧和外侧，再用两条绷带固定，然后用大悬臂带挂起。②下肢骨折：小腿骨折时，用两块夹板，一块在外侧，自大腿中部至足部，另一块在内侧，自腹股沟至中部，然后用宽带 4~5 条分段固定；大腿骨折时，伤员取卧姿，用两块长夹板分别置于伤肢的外侧和内侧，用 5~8 条宽带分段固定夹板，在外侧作结。

护送骨折伤员去医院时，必须将伤员轻放在担架或门板上，途中不许或尽量减少颠簸，并随时注意患者的呼吸、循环情况，以免发生意外。

六、出血

血液从损伤的血管流出，称为出血。

症状：按出血部位的不同，出血分为外出血和内出血两种。外出血是指血液从皮肤创口处向体外流出，它是运动损伤中较为常见的一种；内出血是指血液从损伤血管内流出后，向皮下组织、肌肉、体腔（包括颅腔、胸腔、腹腔和关节腔）及胃肠和呼吸器官内注入，内出血较外出血性质严重，因起初不易被察觉，容易发展成为大出血，故危险性很大。按出血的性质，出血可分为动脉出血、静脉出血和毛细血管出血三种。动脉出血时，血色鲜红，血液像喷泉一样流出不止，危险性大；静脉出血时，血色暗红，血液像流水样流出，危险性较小；毛细血管出血时，血色介于动脉血和静脉血色之间，血液从伤口慢慢渗出，可自行凝固止血，无危险性。运动损伤多为混合性出血。

处理方法如下。

1）抬高伤肢法——用于四肢出血，使出血部位高于心脏，从而使出血部位的血压降低，减少出血。

2）加压包扎法——用于小静脉和毛细血管出血，其做法是给伤口涂红药水、撒上消炎粉后，垫盖纱布块，用绷带包扎起来。

3）加垫屈肢法——用于前臂、手、小腿和足出血，其做法是将棉垫放在肘窝或腋窝中，使关节尽量屈曲，再用绷带作“8”字形缠好。

4）指压止血法——用手指腹用力压迫在血管的出血处，将血管压闭塞，达到止血的目的，例如动脉出血时，压在出血口的上端；静脉出血时，压在出血口的下端；毛细血管出血时，直接压在伤口上。

七、中暑

中暑是当气温过高时，体温调节发生紊乱，进而导致机体内环境紊乱，从而引发的一系列病理征象（头晕、乏力、胸闷、口渴、大汗、高热甚至昏迷或痉挛）。

处理方法：使患者迅速脱离高温环境，将其移到阴凉处休息，口服十滴水、人丹或涂清凉油，同时补充含盐的清凉饮料；若是重症中暑，在急救的同时尽快送医院救治。预防中暑应避免在高温时段进行耐力性或剧烈性的户外体育比赛，以及运动时及时补充低糖含盐的饮料。

八、休克

休克是一种急性血循环功能不全综合征。其发病原理是有效血循环量不足，引起全身组织和脏器官的血流灌注不良，导致组织缺血缺氧和脏器功能障碍。

症状：短时间内出现意识模糊、全身无力、面色苍白、出冷汗、反应迟钝、心率增快、血压降低、呼吸缓慢，进而昏迷，甚至死亡。

处理方法如下。

1）迅速让伤员平卧，使之安静休息，要保持病人的体温，在天气寒冷时更要注意，但也不能过热，有时可给予姜糖水、热茶等饮料。

2）针刺或掐点穴位，如内关、足三里、合谷、人中等。

九、溺水

溺水是指人淹没于水或其他液体介质中并受到伤害的状况。

症状：水充满呼吸道和肺泡引起缺氧窒息；吸收到血液循环的水引起血液渗透压改变、电解质紊乱和组织损害；最后造成呼吸停止和心脏停搏而死亡。淹溺的后果可以分为非病态、病态和死亡，其过程是连续的。淹溺发生后患者未丧失生命的称为近乎淹溺。淹溺后窒息合并心脏停搏的称为溺死，如心脏未停搏则称近乎溺死。

处理方法：溺水者被救上岸后，施救者首先应迅速清理其口鼻内的分泌物，立即进行控水、人工呼吸或胸外心脏按压等。在发生有生命危险的事故时，应在第一时间拨打 120 求救电话，使溺水者以最快速度得到专业救治，在有关医生未到场时，需要进行现场的应急处理。

第四节 应急处理的原则

一、制动

制动对于骨骼肌操作是必不可少的，主要是立即停止运动，使患部保持不动状态。运动终止后的制动，能控制肿胀和炎症，把出血控制在最小限度。然后，用石杖或支架固定患部，一般固定两三天，能防止并发症，对治疗也有帮助。

二、冷敷

在应急处理中冷敷效果最为明显。能减轻疼痛和痉挛，减小酶的活性，减少机体组织坏疽的产生，对于受伤后4~6小时内产生的肿胀也能得到一定的控制。冷敷还能使血液黏度增加，毛细血管浸透性变小，减少流向患部的血流量。

三、加压

对急性损伤一般都采用加压包扎法，使患部内出血和淤血减轻，防止浸出体液渗入组织内部，促进吸收。加压包扎方法很多，可以把浸水的弹力绷带放进冷冻室，同时给予加压和冷敷作用，也可以用毛巾或海绵胶垫来加压包扎。如踝关节扭伤可以用U形海绵胶垫套在踝关节上，然后用胶布或弹力绷带固定，防止和减轻踝关节周围的肿胀。

四、抬高

把患部提高到心脏的位置，和冷敷、加压一样，抬高对减轻内出血有明显作用，可以减轻损伤部位的血液和体液压力，促进静脉回流，相对减轻患部的肿胀和淤血。

第五节 运动损伤的预防

一、加强思想教育

在体育教学和运动训练中，要认真贯彻预防为主的方针，加强安全卫生、组织纪律性教育，强化防伤观念，培养学生团结友爱、互相帮助、互相保护的优良品质以及发扬良好的体育道德作风。

二、加强对易伤部位的训练与保护

加强对易伤部位和较弱部位的训练，提高它们的功能，是预防运动损伤的积极手段之一。例如，为了预防腰部损伤，除加强腰背肌训练外，还应加强腹肌训练。因为腰部肌肉

受伤从某种意义讲与其对抗肌———腹肌较弱有关，腹肌力量差，易使脊柱过度后伸而致腰部损伤。又如，为预防关节损伤，应增强其周围肌肉、韧带的力量、弹性和柔韧性，以加强关节的稳定性。再如，为预防肌肉拉伤，在发展肌肉力量的同时，还应注意发展肌肉的伸展性。

三、加强保护与自我保护

保护与自我保护是预防运动损伤的重要手段之一。尤其在体操项目中，很容易发生技术动作上的错误或失手跌下，特别是在学习新动作时，更应注意加强保护。教师应将保护和自我保护的正确方法传授给学生。

四、充分做好准备活动

准备活动的目的是进一步提高中枢神经系统的兴奋性，加强各器官系统的活动，克服人体机能惰性，从而缩短人体对运动的适应过程，使正式运动一开始就能发挥最大的工作效用。通过充分做好准备活动，可加速血液循环，减少肌肉、韧带黏性，增加其弹性和伸展性，故能够减少或避免损伤的发生。准备活动的内容应根据教学、训练和比赛内容而定，做到有针对性，既要有一般性活动，又要有专项准备活动。对正式运动中负担较大和易伤部位要特别做好准备活动。

五、加强医务监督

建立学生入学后的健康卡，以便教师全面了解和掌握学生的体质状况，然后根据学生的体质状况和个别学生的特殊情况，适当地安排体育活动内容，并定期对学生进行体格检查，把学生体质变化情况作为安排体育活动内容和运动量的主要依据，从而能减少或避免运动损伤的发生。

六、其他

重视和加强基本技术的教学，使学生正确掌握动作技术的要领。不断改进教学、训练的方法。在教授动作时，要注意从简到繁、由易到难，从分解动作到完整动作。在运动训练中，要严禁“单打一”的训练方法。本着循序渐进的原则，合理安排运动负荷。教授学生科学锻炼身体的方法。活动前严格检查场地、器械和学生的着装等。

第四章 《国家学生体质健康标准》及测定

第一节 《国家学生体质健康标准》说明

《国家学生体质健康标准》（以下简称《标准》）是国家学校教育工作的基础性指导文件和教育质量基本标准，是评价学生综合素质、评估学校工作和衡量各地教育发展的重要依据，是《国家体育锻炼标准》在学校的具体实施，适用于全日制普通小学、初中、普通高中、中等职业学校、普通高等学校的学生。

本标准的修订坚持健康第一，落实《国家中长期教育改革和发展规划纲要（2010—2020 年）》《国务院办公厅转发教育部等部门关于进一步加强学校体育工作若干意见的通知》（国办发〔2012〕53 号）和《教育部关于印发〈学生体质健康监测评价办法〉等三个文件的通知》（教体艺〔2014〕3 号）有关要求，着重提高《标准》应用的信度、效度和区分度，着重强化其教育激励、反馈调整和引导锻炼的功能，着重提高其教育监测和绩效评价的支撑能力。

本标准从身体形态、身体机能和身体素质等方面综合评定学生的体质健康水平，是促进学生体质健康发展、激励学生积极进行身体锻炼的教育手段，是国家学生发展核心素养体系和学业质量标准的重要组成部分，是学生体质健康的个体评价标准。

本标准将适用对象划分为以下组别：小学、初中、高中按每个年级为一组，其中小学为六组、初中为三组、高中为三组。大学一、二年级为一组，三、四年级为一组。大学各组别的测试指标均为必测指标。其中，身体形态类中的身高、体重，身体机能类中的肺活量，以及身体素质类中的 50 米跑、坐位体前屈为各年级学生共性指标。

本标准的学年总分由标准分与附加分之和构成，满分为 120 分。标准分由各单项指标得分与权重乘积之和组成，满分为 100 分。附加分根据实测成绩确定，即对成绩超过 100 分的加分指标进行加分，满分为 20 分；大学的加分指标为男生引体向上和 1000 米跑，女生 1 分钟仰卧起坐和 800 米跑，各指标加分幅度均为 10 分。

根据学生学年总分评定等级：90.0 分及以上为优秀，80.0~89.9 分为良好，60.0~79.9 分为及格，59.9 分及以下为不及格。

每个学生每学年评定一次，记入"《国家学生体质健康标准》登记卡"。特殊学制的学校，在填写登记卡时可以按规定和需求相应地增减栏目。学生毕业时的成绩和等级，按毕业当年学年总分的 50% 与其他学年总分平均得分的 50% 之和进行评定。

学生测试成绩评定达到良好及以上者，方可参加评优与评奖；成绩达到优秀者，方可获体育奖学分。测试成绩评定不及格者，在本学年度准予补测一次，补测仍不及格，则学

年成绩评定为不及格。普通高中、中等职业学校和普通高等学校学生毕业时，《标准》测试的成绩达不到50分者按结业或肄业处理。

学生因病或残疾可向学校提交暂缓或免予执行《标准》的申请，经医疗单位证明、体育教学部门核准，可暂缓或免予执行《标准》，并填写“免予执行《国家学生体质健康标准》申请表”，存入学生档案。确实丧失运动能力、被免予执行《标准》的残疾学生，仍可参加评优与评奖，毕业时《标准》成绩需注明免测。

各学校每学年开展覆盖本校各年级学生的《标准》测试工作，《标准》测试数据经当地教育行政部门按要求审核后，通过“中国学生体质健康网”上传至“国家学生体质健康标准数据管理系统”。测试和数据上传时间由教育行政部门确定。

第二节 评价标准与分值

一、单项指标与权重

测试对象	单项指标	权重（%）
大学各年级	50米跑	20
	坐位体前屈	10
	立定跳远	10
	引体向上（男）/1分钟仰卧起坐（女）	10
	1000米跑（男）/800米跑（女）	20

注：体重指数（BMI）= 体重（千克）/ 身高^2（m^2）。

二、评分表

1. 大学一年级至四年级女生身高标准体重评分标准（体重单位：千克）

身高段（厘米）	营养不良 50分	较低体重 60分	正常体重 100分	超重 60分	肥胖 50分
140.0~140.9	<36.5	36.5~42.4	42.5~50.6	50.7~53.3	≥ 53.4
141.0~141.9	<36.6	36.6~42.9	43.0~51.3	51.4~54.1	≥ 54.2
142.0~142.9	<36.8	36.8~43.2	43.3~51.9	52.0~54.7	≥ 54.8
143.0~143.9	<37.0	37.0~43.5	43.6~52.3	52.4~55.2	≥ 55.3
144.0~144.9	<37.2	37.2~43.7	43.8~52.7	52.8~55.6	≥ 55.7
145.0~145.9	<37.5	37.5~44.0	44.1~53.1	53.2~56.1	≥ 56.2
146.0~146.9	<37.9	37.9~44.4	44.5~53.7	53.8~56.7	≥ 56.8

续表

身高段（厘米）	营养不良 50 分	较低体重 60 分	正常体重 100 分	超重 60 分	肥胖 50 分
147.0~147.9	<38.5	38.5~45.0	45.1~54.3	54.4~57.3	≥ 57.4
148.0~148.9	<39.1	39.1~45.7	45.8~55.0	55.1~58.0	≥ 58.1
149.0~149.9	<39.5	39.5~46.2	46.3~55.6	55.7~58.7	≥ 58.8
150.0~150.9	<39.9	39.9~46.6	46.7~56.2	56.3~59.3	≥ 59.4
151.0~151.9	<40.3	40.3~47.1	47.2~56.7	56.8~59.8	≥ 59.9
152.0~152.9	<40.8	40.8~47.6	47.7~57.4	57.5~60.5	≥ 60.6
153.0~153.9	<41.4	41.4~48.2	48.3~57.9	58.0~61.1	≥ 61.2
154.0~154.9	<41.9	41.9~48.8	48.9~58.6	58.7~61.9	≥ 62.0
155.0~155.9	<42.3	42.3~49.1	49.2~59.1	59.2~62.4	≥ 62.5
156.0~156.9	<42.9	42.9~49.7	49.8~59.7	59.8~63.0	≥ 63.1
157.0~157.9	<43.5	43.5~50.3	50.4~60.4	60.5~63.6	≥ 63.7
158.0~158.9	<44.0	44.0~50.8	50.9~61.2	61.3~64.5	≥ 64.6
159.0~159.9	<44.5	44.5~51.4	51.5~61.7	61.8~65.1	≥ 65.2
160.0~160.9	<45.0	45.0~52.1	52.2~62.3	62.4~65.6	≥ 65.7
161.0~161.9	<45.4	45.4~52.5	52.6~62.8	62.9~66.2	≥ 66.3
162.0~162.9	<45.9	45.9~53.1	53.2~63.4	63.5~66.8	≥ 66.9
163.0~163.9	<46.4	46.4~53.6	53.7~63.9	64.0~67.3	≥ 67.4
164.0~164.9	<46.8	46.8~54.2	54.3~64.5	64.6~67.9	≥ 68.0
165.0~165.9	<47.4	47.4~54.8	54.9~65.0	65.1~68.3	≥ 68.4
166.0~166.9	<48.0	48.0~55.4	55.5~65.5	65.6~68.9	≥ 69.0
167.0~167.9	<48.5	48.5~56.0	56.1~66.2	66.3~69.5	≥ 69.6
168.0~168.9	<49.0	49.0~56.4	56.5~66.7	66.8~70.1	≥ 70.2
169.0~169.9	<49.4	49.4~56.8	56.9~67.3	67.4~70.7	≥ 70.8
170.0~170.9	<49.9	49.9~57.3	57.4~67.9	68.0~71.4	≥ 71.5
171.0~171.9	<50.2	50.2~57.8	57.9~68.5	68.6~72.1	≥ 72.2
172.0~172.9	<50.7	50.7~58.4	58.5~69.1	69.2~72.7	≥ 72.8
173.0~173.9	<51.0	51.0~58.8	58.9~69.6	69.7~73.1	≥ 73.2
174.0~174.9	<51.3	51.3~59.3	59.4~70.2	70.3~73.6	≥ 73.7
175.0~175.9	<51.9	51.9~59.9	60.0~70.8	70.9~74.4	≥ 74.5
176.0~176.9	<52.4	52.4~60.4	60.5~71.5	71.6~75.1	≥ 75.2
177.0~177.9	<52.8	52.8~61.0	61.1~72.1	72.2~75.7	≥ 75.8
178.0~178.9	<53.2	53.2~61.5	61.6~72.6	72.7~76.2	≥ 76.3

续表

身高段（厘米）	营养不良 50 分	较低体重 60 分	正常体重 100 分	超重 60 分	肥胖 50 分
179.0~179.9	<53.6	53.6~62.0	62.1~73.2	73.3~76.7	≥ 76.8
180.0~180.9	<54.1	54.1~62.5	62.6~73.7	73.8~77.0	≥ 77.1
181.0~181.9	<54.5	54.5~63.1	63.2~74.3	74.4~77.8	≥ 77.9
182.0~182.9	<55.1	55.1~63.8	63.9~75.0	75.1~79.4	≥ 79.5
183.0~183.9	<55.6	55.6~64.5	64.6~75.7	75.8~80.4	≥ 80.5
184.0~184.9	<56.1	56.1~65.3	65.4~76.6	76.7~81.2	≥ 81.3
185.0~185.9	<56.8	56.8~66.1	66.2~77.5	77.6~82.4	≥ 82.5
186.0~186.9	<57.3	57.3~66.9	67.0~78.6	78.7~83.3	≥ 83.4

注：身高低于表中所列出的最低身高段的下限值时，身高每低 1 厘米，实测体重需加上 0.5 千克，实测身高需加上 1 厘米，再查表确定分值。身高高于表中所列出的最高身高段时，身高每高 1 厘米，其实测体重需减去 0.9 千克，实测身高需减去 1 厘米，再查表确定分值。

2. 大学一年级至四年级男生身高标准体重评分标准（体重单位：千克）

身高段（厘米）	营养不良 50 分	较低体重 60 分	正常体重 100 分	超重 60 分	肥胖 50 分
144.0~144.9	<41.5	41.5~46.3	46.4~51.9	52.0~53.7	≥ 53.8
145.0~145.9	<41.8	41.8~46.7	46.8~52.6	52.7~54.5	≥ 54.6
146.0~146.9	<42.1	42.1~47.1	47.2~53.1	53.2~55.1	≥ 55.2
147.0~147.9	<42.4	42.4~47.5	47.6~53.7	53.8~55.7	≥ 55.8
148.0~148.9	<42.6	42.6~47.9	48.0~54.2	54.3~56.3	≥ 56.4
149.0~149.9	<42.9	42.9~48.3	48.4~54.8	54.9~56.6	≥ 56.7
150.0~150.9	<43.2	43.2~48.8	48.9~55.4	55.5~57.6	≥ 57.7
151.0~151.9	<43.5	43.5~49.2	49.3~56.0	56.1~58.2	≥ 58.3
152.0~152.9	<43.9	43.9~49.7	49.8~56.5	56.6~58.7	≥ 58.8
153.0~153.9	<44.2	44.2~50.1	50.2~57.0	57.1~59.3	≥ 59.4
154.0~154.9	<44.7	44.7~50.6	50.7~57.5	57.6~59.8	≥ 59.9
155.0~155.9	<45.2	45.2~51.1	51.2~58.0	58.1~60.7	≥ 60.8
156.0~156.9	<45.6	45.6~51.6	51.7~58.7	58.8~61.0	≥ 61.1
157.0~157.9	<46.1	46.1~52.1	52.2~59.2	59.3~61.5	≥ 61.6
158.0~158.9	<46.6	46.6~52.6	52.7~59.8	59.9~62.2	≥ 62.3
159.0~159.9	<46.9	46.9~53.1	53.2~60.3	60.4~62.7	≥ 62.8
160.0~160.9	<47.4	47.4~53.6	53.7~60.9	61.0~63.4	≥ 63.5

续表

身高段（厘米）	营养不良 50 分	较低体重 60 分	正常体重 100 分	超重 60 分	肥胖 50 分
161.0~161.9	<48.1	48.1~54.3	54.4~61.6	61.7~64.1	≥ 64.2
162.0~162.9	<48.5	48.5~54.8	54.9~62.2	62.3~64.8	≥ 64.9
163.0~163.9	<49.0	49.0~55.3	55.4~62.8	62.9~65.3	≥ 65.4
164.0~164.9	<49.5	49.5~55.9	56.0~63.4	63.5~65.9	≥ 66.0
165.0~165.9	<49.9	49.9~56.4	56.5~64.1	64.2~66.6	≥ 66.7
166.0~166.9	<50.4	50.4~56.9	57.0~64.6	64.7~67.0	≥ 67.1
167.0~167.9	<50.8	50.8~57.3	57.4~65.0	65.1~67.5	≥ 67.6
168.0~168.9	<51.1	51.1~57.7	57.8~65.5	65.6~68.1	≥ 68.2
169.0~169.9	<51.6	51.6~58.2	58.3~66.0	66.1~68.6	≥ 68.7
170.0~170.9	<52.1	52.1~58.7	58.8~66.5	66.6~69.1	≥ 69.2
171.0~171.9	<52.5	52.5~59.2	59.3~67.2	67.3~69.8	≥ 69.9
172.0~172.9	<53.0	53.0~59.8	59.9~67.8	67.9~70.4	≥ 70.5
173.0~173.9	<53.5	53.5~60.3	60.4~68.4	68.5~71.1	≥ 71.2
174.0~174.9	<53.8	53.8~61.0	61.1~69.3	69.4~72.0	≥ 72.1
175.0~175.9	<54.5	54.5~61.5	61.6~69.9	70.0~72.7	≥ 72.8
176.0~176.9	<55.3	55.3~62.2	62.3~70.9	71.0~73.8	≥ 73.9
177.0~177.9	<55.8	55.8~62.7	62.8~71.6	71.7~74.5	≥ 74.6
178.0~178.9	<56.2	56.2~63.3	63.4~72.3	72.4~75.3	≥ 75.4
179.0~179.9	<56.7	56.7~63.8	63.9~72.8	72.9~75.8	≥ 75.9
180.0~180.9	<57.1	57.1~64.3	64.4~73.5	73.6~76.5	≥ 76.6
181.0~181.9	<57.7	57.7~64.9	65.0~74.2	74.3~77.3	≥ 77.4
182.0~182.9	<58.2	58.2~65.6	65.7~74.9	75.0~77.8	≥ 77.9
183.0~183.9	<58.8	58.8~66.2	66.3~75.7	75.8~78.8	≥ 78.9
184.0~184.9	<59.3	59.3~66.8	66.9~76.3	76.4~79.4	≥ 79.5
185.0~185.9	<59.9	59.9~67.4	67.5~77.0	77.1~80.2	≥ 80.3
186.0~186.9	<60.4	60.4~68.1	68.2~77.8	77.9~81.1	≥ 81.2
187.0~187.9	<60.9	60.9~68.7	68.8~78.6	78.7~81.9	≥ 82.0
188.0~188.9	<61.4	61.4~69.2	69.3~79.3	79.4~82.6	≥ 82.7
189.0~189.9	<61.8	61.8~69.8	69.9~79.9	80.0~83.2	≥ 83.3
190.0~190.9	<62.4	62.4~70.4	70.5~80.5	80.6~83.6	≥ 83.7

注：身高低于表中所列出的最低身高段的下限值时，身高每低 1 厘米，实测体重需加上 0.5 千克，实测身高需加上 1 厘米，再查表确定分值。身高高于表中所列出的最高身高段时，身高每高 1 厘米，其实测体重需减去 0.9 千克，实测身高需减去 1 厘米，再查表确定分值。

3. 大学女生单项评分标准

等级	单项得分	肺活量体重指数	800米跑（分•秒）	台阶试验	50米跑（秒）	立定跳远（米）	掷实心球（米）	握力体重指数	仰卧起坐（次/分钟）	坐位体前屈（厘米）	跳绳（次/分钟）	篮球运球（秒）	足球运球（秒）	排球垫球（次）
优秀	100	70	3′24″	78	7.2	2.07	8.6	74	52	21.1	190	11.2	7.3	46
	98	69	3′27″	75	7.3	2.06	8.5	73	51	20.8	184	11.5	7.8	44
	96	68	3′29″	72	7.4	2.05	8.4	72	50	20.3	175	12.0	8.6	41
	94	67	3′32″	69	7.5	2.03	8.2	71	49	19.8	166	12.6	9.4	38
	92	65	3′35″	64	7.7	2.01	8.0	69	47	19.2	154	13.3	10.5	34
	90	64	3′38″	60	7.8	1.99	7.8	67	45	18.6	142	14.0	11.5	30
良好	87	63	3′42″	59	7.9	1.97	7.7	66	44	17.7	137	14.6	11.9	29
	84	61	3′46″	57	8.0	1.93	7.6	63	43	16.3	130	15.6	12.5	27
	81	59	3′50″	55	8.2	1.89	7.5	61	42	15.0	122	16.5	13.2	25
	78	57	3′54″	52	8.3	1.84	7.4	58	40	13.1	112	17.8	14.0	23
	75	54	3′58″	49	8.5	1.79	7.2	55	38	11.3	102	19.0	14.9	20
及格	72	53	4′03″	48	8.6	1.76	7.1	53	37	10.1	98	19.8	15.6	19
	69	51	4′08″	47	8.7	1.72	7.0	50	35	8.3	92	20.9	16.7	17
	66	49	4′13″	46	8.8	1.69	6.8	48	33	6.5	86	22.0	17.8	15
	63	46	4′18″	44	8.9	1.63	6.6	44	31	4.1	78	23.5	19.3	13
	60	43	4′23″	42	9.0	1.58	6.4	40	28	1.7	70	25.0	20.8	10
不及格	50	42	4′30″	41	9.1	1.56	6.2	39	27	1.5	66	25.8	21.2	9
	40	41	4′37″	40	9.3	1.53	6.0	38	26	1.3	59	26.9	21.9	8
	30	39	4′44″	39	9.5	1.50	5.7	36	25	1.0	53	28.0	22.5	7
	20	37	4′51″	38	9.8	1.46	5.4	34	23	0.6	44	29.5	23.4	6
	10	35	5′00″	36	10.0	1.42	5.0	32	21	0.2	35	31.0	24.3	4

4. 大学男生单项评分标准

等级	单项得分	肺活量体重指数	1000米（分·秒）	台阶试验	50米跑（秒）	立定跳远（米）	掷实心球（米）	握力体重指数	引体向上（次/分钟）	坐位体前屈（厘米）	跳绳（次/分钟）	篮球运球（秒）	足球运球（秒）	排球垫球（次）
优秀	100	84	3′27″	82	6.0	2.66	15.7	92	26	23.0	198	8.6	6.3	50
	98	83	3′28″	80	6.1	2.65	15.2	91	25	22.6	193	9.0	6.5	49
	96	82	3′31″	77	6.2	2.63	14.4	90	24	22.0	186	9.6	6.9	46
	94	81	3′33″	74	6.3	2.62	13.6	89	23	21.4	178	10.3	7.3	44
	92	80	3′35″	71	6.4	2.60	12.5	87	22	20.6	168	11.1	7.7	41
	90	78	3′39″	67	6.5	2.58	11.5	86	21	19.8	158	12.0	8.2	38
良好	87	77	3′42″	65	6.6	2.56	11.3	84	20	18.9	152	12.4	8.5	37
	84	75	3′45″	63	6.8	2.52	10.9	81	19	17.5	144	12.9	8.9	34
	81	73	3′49″	60	7.0	2.48	10.5	79	18	16.2	136	13.5	9.3	32
	78	71	3′53″	57	7.3	2.43	10.0	75	17	14.3	124	14.3	9.9	29
	75	68	3′58″	53	7.5	2.38	9.5	72	16	12.5	113	15.0	10.4	26
及格	72	66	4′05″	52	7.6	2.35	9.3	70	15	11.3	108	15.6	10.7	25
	69	64	4′12″	51	7.7	2.31	8.9	66	14	9.5	101	16.6	11.2	23
	66	61	4′19″	50	7.8	2.26	8.5	63	13	7.8	94	17.5	11.7	21
	63	58	4′26″	48	8.0	2.20	8.0	59	12	5.4	85	18.8	12.3	18
	60	55	4′33″	46	8.1	2.14	7.5	54	11	3.0	75	20.0	12.9	15
不及格	50	54	4′40″	45	8.2	2.12	7.3	53	9	2.4	71	20.6	13.3	14
	40	52	4′47″	44	8.3	2.09	7.0	51	8	1.4	64	21.6	13.8	12
	30	51	4′54″	43	8.5	2.06	6.7	49	7	0.5	58	22.5	14.3	10
	20	49	5′01″	42	8.6	2.03	6.2	47	6	-0.8	49	23.8	15.0	8
	10	47	5′08″	40	8.8	1.99	5.8	44	5	-2.0	40	25.0	15.7	5

第三节　体质健康测试方法

一、身高、体重

1）测试目的：测试学生身高、体重、形态指数。评定学生的身体匀称度。评价学生生长发育及营养状况的水平。

2）测试器材：测试器材为身高体重仪。

3）测试方法：受试者赤足，身着轻装以立正姿势站在身高体重仪的底板上（上肢自然下垂，足跟并拢，足尖分开成 60°）。足跟、骶骨部及两肩胛区与立柱相接触，躯干自然挺直；头部正直，耳屏上缘与眼眶下缘是水平位。测试人员坐在受试者右侧，按动“开始键”，水平压板轻轻沿立柱下滑，触及受试者头部时，自动停止下滑，测试完毕。

二、肺活量

1）测试目的：测试学生的肺通气功能。肺活量是指人体尽全力深吸气后，再尽全力呼出的气体总量，即一次深呼吸的气量，是呼吸动态过程中的一部分。

2）测试器材：测试器材为电子肺活量计。

3）测试方法：被测者面对仪器站立，手持吹气口嘴；深吸气（避免耸肩提气，应该像闻花似的慢吸气）；吸气后屏住气再对准口嘴吹气，防止此时从口嘴处吸气；测试中不得二次吸气、吹气，向口嘴处慢慢呼出至不能再呼为止；吹气完毕后，液晶屏上最终显示的数字即为肺活量毫升值。被测者不必紧张，并且要尽全力；以中等速度和力度吹气效果最好。

三、坐位体前屈

1）测试目的：测试学生身体柔韧素质的发展水平。

2）测试器材：测试器材为坐位体前屈测量计。

3）测试方法：受试者坐在连接于箱体的软垫上，两腿伸直，不可弯曲，脚跟并拢，脚尖分开 10~15 厘米，踩在测量计垂直平板上，两手并拢；两臂和手伸直，渐渐使上体前屈，用两手指尖轻轻推动标尺上的游标前滑（不得有突然前伸动作），直到不能继续前伸时为止。

四、仰卧起坐

1）测试目的：测试学生腹肌耐力。

2）测试器材：测试器材为仰卧起坐测试仪。

3）测试方法：受试者全身仰卧于垫上，两腿稍分开，屈膝成 90° 左右，两手手指交叉于脑后，另一同学压住其踝关节，以便固定下肢；测试人员目测受试者完成上述动作要领后，开始仰卧起坐；动作应规范至 90° 角方为有效；受试者躯干超过 90° 计完成一次；测试时间为 1 分钟，计时停止，测试完毕。

五、引体向上

1）测试目的：测试学生上肢肌肉量的发展水平。

2）测试器材：测试器材为引体向上测试仪。

3）测试方法：被受试者正手抓单杠用背阔肌的力量将身体向上拉起，下巴应超过单杠并稍作停顿，然后放松背阔肌让身体下降直到完全下垂，之后重复再做。

六、立定跳远

1）测试目的：测试学生下肢肌肉力量及身体协调能力的发展水平。

2）测试器材：测试器材为立定跳远测距仪或皮尺。

3）测试方法：受试者两脚自然分开站立；站在起跳线后；脚尖不得踩线。两脚原地同时起跳，不得有垫步或连跳动作。测量起跳线后缘至最近着地点后缘的垂直距离。

七、50 米跑

1）测试目的：测试学生的灵敏度和下肢爆发力。

2）测试仪器：测试器材为 50 米跑测试仪或秒表。

3）测试方法：受试者站于 50 米跑起跑线后，采用站立式起跑姿势，听到发令声快速跑动冲过终点。

八、耐力跑（女生 800 米 / 男生 1000 米）

1）测试目的：衡量学生心肺机能的发展水平。

2）测试仪器：测试器材为耐力跑测试仪或秒表。

3）测试方法：受试者站立于耐力跑测试起跑线后，采用站立式起跑姿势，听到发令声开始跑动，出发后允许抢道。

技能篇

第一章　田径

第一节　田径运动概述

一、田径运动的定义

田径运动是人类最古老的运动之一，它起源于人类漫长的历史过程中，在与大自然及禽兽的斗争中，人类不得不奔跑相当长的距离、跨越过各种障碍、投掷石块以及使用各种捕猎工具，以求获得生存资料。在劳动中不断重复这些动作，便形成了各种走、跑、跳跃和投掷的技能。随着社会的发展，人们有意识地把走、跑、跳跃、投掷作为军队训练和比赛形式，以此来发展个体的身体素质。

在现代田径运动形成和发展的近一个多世纪中，世界各国田径运动的名称尽管不尽相同，但对其定义的内容基本上大同小异。田径一词由 19 世纪末欧洲传教士传入我国，当时称为“田径赛”，英文名为“Track and field sport”，意为在小路和田野中的竞技比赛，后来逐步演变为“田径运动”。国际田联章程给其下的定义为：田径运动是由径赛和田赛、公路赛跑、竞走和越野赛跑组成的运动项目。

二、田径运动的发展概况

田径比赛起源于古希腊的古代奥运会，最早的田径比赛，是公元前 776 年在希腊奥林匹克村举行的第一届古代奥运会上进行的，并规定每四年举办一届运动会。其比赛项目只有短距离赛跑，跑道为一条直道，长 192.27 米。到公元前 708 年的第 10 届奥运会上，才正式列入了跳远、铁饼、标枪等田赛项目。从公元前 776 年至公元 394 年，古代奥运会共举办了 293 届，最终被罗马帝国皇帝狄奥西多下令废止。

第一届现代奥运会于 1896 年在希腊举行，在这届奥运会上，田径的走、跑、跳跃、投掷等项目，被列为大会的主要竞技项目。现代奥运会已经举行了 31 届，田径运动赛场涌现出许多英雄般的运动员。美国的卡尔·刘易斯参加了 1984 年、1988 年、1992 年和 1996 年 4 届奥运会，在男子短跑以及跳远项目上总共夺得 10 枚奖牌，其中包括 9 枚金牌（平奥运会夺金纪录）；同时，刘易斯还曾八夺世界冠军并 8 次刷新世界纪录。荷兰女子田径运动员布兰克尔斯·科恩堪称世界田径史上最全面的女选手，她在长达 20 年的运动生涯中，曾 15 次创造世界纪录。在第 14 届奥运会上科恩获得 4 枚金牌并被称为“女欧文斯”。牙买加短跑运动员尤塞恩·博尔特两度获得奥运会 100 米、200 米和 4×100 米接力

3个项目的冠军（2008年北京奥运会和2012年伦敦奥运会），保持着男子100米（9秒58）、200米（19秒30）世界纪录。

中华人民共和国成立后，田径运动得到迅速普及，技术水平很快提高。1953年起，几乎每年都举行规模较大的全国性的田径运动会，在群众性体育运动广泛开展的基础上，中国逐渐缩短了与国际田径技术水平和成绩的差距。1956年，女子跳高运动员郑凤荣以1.77米的成绩打破了当时1.76米的世界纪录。20世纪60年代中国有10个项目进入了世界前10名。1983年，在上海举行的第五届全运会上，朱建华以2.38米的跳高成绩打破了他自己保持的2.37米的世界纪录。同年，徐永久以45分13秒4的成绩创女子竞走世界纪录，成为中国第一个在世界比赛中获得冠军的田径运动员。王军霞在1996年第26届亚特兰大奥运会上获得女子5000米金牌、10000米银牌，是中国首位获奥运会长跑金牌的运动员，被誉为“东方神鹿”。2000年第27届悉尼奥运会上，中国运动员王丽萍获得20公里竞走金牌；2004年第28届雅典奥运会上，刘翔夺得110米栏冠军并平世界纪录。2015年，刘虹获得女子20公里竞走金牌同时打破世界纪录。邢慧娜在2004年第28届雅典奥运会上获得女子10000米金牌。现役竞走运动员陈定在2012年伦敦奥运会男子20公里竞走比赛中夺冠，打破奥运会纪录。现役竞走运动员王镇在2016年里约热内卢奥运会男子20公里竞走比赛中夺冠。现役竞走运动员蔡泽林在2016年里约热内卢奥运会男子20公里竞走比赛中夺得亚军。

第二节　田径运动项目的分类

田径运动是由走、跑、跳跃、投掷等一系列人类最基本活动形式所组成的一项运动，也是各种体育比赛中单项最多的一项运动。一方面，它所包括的单项较多，另一方面，有男女之分，又有成年、青年、少年之分；有奥运会正式比赛项目，也有许多奥运会未设立比赛的项目；有室外比赛项目，也有室内比赛项目；有以公米制计算的项目，也有以英制计算的项目，等等。目前，按照国际重大比赛的项目设置，对田径运动的项目进行分类，主要可分为以下五大类：①田赛、②径赛、③公路赛、④竞走、⑤越野赛。人们通常把以时间作为计算单位、判断比赛胜负的项目称为“径赛”；把以远度和高度为计算单位的项目称为“田赛”；全能项目是由跑、跳、投三类中的一些项目组成的一种多项比赛运动，它有严格的比赛项目顺序和休息时间规定，各项成绩最后要换算成相应的分数来决定最终比赛成绩。国际业余田径联合会至今承认的有世界纪录的田径运动项目已达150多项。

以下是田径运动主要比赛项目分类。

1. 竞走

场地竞走：男子10公里、20公里；女子5公里、10公里。

公路竞走：男子20公里、50公里；女子10公里、20公里。

2. 跑类

短跑：100米、200米、400米。

中跑：800米、1500米。

长跑：3000米、5000米、10000米。

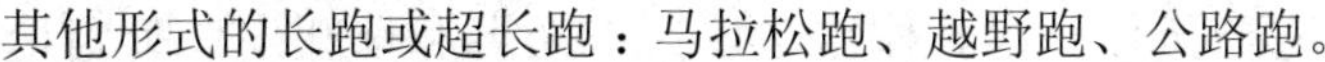

其他形式的长跑或超长跑：马拉松跑、越野跑、公路跑。

接力跑：4×100 米、4×400 米、4×800 米、公路接力跑。

障碍跑：3000 米障碍跑。

跨栏跑：男子 110 米栏、400 米栏；女子 100 米栏、400 米栏。

3. 跳跃类

跳跃类包括：跳高、撑竿跳高、跳远、三级跳远。

4. 投掷类

投掷类包括：铅球、铁饼、标枪、链球。

5. 全能类

男子十项全能：（100 米、跳远、铅球、跳高、400 米、110 米栏、铁饼、撑竿跳高、标枪、1500 米）。女子七项全能：（100 米栏、跳高、铅球、200 米、跳远、标枪、800 米）。

第三节　田径运动技术理论

一、短跑

公元前 776 年第一届古希腊奥林匹克运动会上，就有短跑项目。跑是人体的自然动作，跑的步频、步幅是影响短跑跑速最重要的两个因素。随着塑胶跑道的逐渐普及，从跑的技术要领看，现代跑的技术基本属于摆动式跑范畴，后蹬不必过分蹬直。强调摆动腿高抬，前摆时积极送髋，着地时脚掌积极“扒地”，后蹬时“屈蹬”，以减小蹬地的角度，突出实效性。同时强调蹬摆协调配合，摆动幅度大而向前，整个动作轻快、柔和、自然、协调、步幅大、频率快。短跑是发展速度素质最有效的手段，是田径运动的基础项目，在其他项目的训练中也占有极其重要的位置。短跑是人体运动器官和内脏器官在大量缺氧的条件下完成最大强度的工作，属于一种极限运动。

（一）短跑技术

短跑技术是一个不可分割的整体，为了便于分析，一般把它分为起跑、起跑后的加速跑、途中跑及终点跑几个部分。

1. 起跑技术

在短跑比赛中必须用蹲踞式起跑。起跑器的安装：一般有普通式、接近式和拉长式三种安装方法，这三种方法各有优点，采用时可根据个人的身高、体型、身体素质和技术水平等特点来选择。一般前起跑器抵足板与地面的夹角为 45° 左右，后起跑器为 60~80°，两个起跑器之间宽度为 15 厘米左右。起跑发令过程包括“各就位”“预备”“鸣枪”三个环节。听到“各就位”口令后，轻快地跑到起跑器前，俯身用两手撑地，两脚依次踏在前、后起跑器的抵足板上，将有力的腿放在前面，后膝跪地，然后两手收回到起跑线后，两臂伸直或微屈，两手间的距离约比肩稍宽，四指并拢和拇指成“人”字形，身体重心稍前移，颈部自然放松，两眼看前下方 40~50 厘米处。听到“预备”口令时，抬起臀部，使之稍高于肩。同时身体重心适当前移，这时体重主要落在两臂和前腿上。听到枪声或“跑”的口令时，两手迅速离开地面，屈肘做有力的前后摆臂，同时两腿迅速蹬起跑器，把身体推向前方。

2. 起跑后的加速跑

起跑后的加速跑距离一般为20~30米。起跑后的第一步不宜过大，以后逐渐增大。跑进时，两臂应积极摆动，两腿依次用力蹬地，上下肢协调配合。在加速跑的开始阶段，上体前倾很大，随着步长和速度的逐渐增加，上体逐渐抬起，直到转入途中跑。

3. 途中跑

百米跑的途中跑距离为65~70米，占百米全程的70%。

摆臂动作：途中跑时上体稍前倾或正直，两眼平视，颈肩放松，手成半握拳，两臂弯曲，以肩关节为轴，大臂用力前后摆动。两臂不能摆过身体胸前的中线形成交叉摆动。前后摆动的幅度，应与运动员的跑速相适应。

摆动腿的动作：后蹬结束、蹬地脚蹬离地面后，即进入摆动动作。随着跑动惯性，摆动腿快速积极地向前摆动，这是当代短跑技术的主要特点之一。摆动腿的大腿从脚一离地后便带动小腿积极向前摆动，摆过支撑点垂直面上方时积极向前上方摆动，同时送髋，膝部前顶。高抬大腿后，随即积极下压。在摆动腿大腿下压的同时，摆动腿膝关节放松，小腿顺惯性向前继续摆动后及时迅速回摆，用前脚掌积极向后“扒地”。一般情况下，摆得快，步频快；摆幅大，步幅大。

蹬伸动作：前脚掌落地后足跟稍下沉，膝、踝两关节略弯曲，这个动作叫作“缓冲”。在缓冲时踝应尽量保持较高的支撑，膝关节弯曲不宜过大。现代塑胶跑道的出现，要求踝关节有力量，支撑高，缓冲小，摆动、“扒地”、蹬伸要快。

4. 终点跑

终点跑是途中跑的继续，如果有能力最好保持途中跑的技术跑到终点。但是，从目前的技术观察，由于疲劳，百米运动员在终点段有降低步频、拉大步长的现象。撞线时的最后1~2步应迅速前倾上体，到终点线时，达到最大的上体前倾，尽量用躯干部位先到达终点。通过终点后，要调整步频和步幅，维持身体平衡，逐渐减速。

（二）短跑技术教学中跑的专门练习

1. 小步跑

上体稍前倾，膝、踝关节放松，大腿抬起约45°后积极下压，小腿顺势以前脚掌积极着地，完成“扒地”动作。上臂屈肘前后摆，配合两腿动作，加快频率。小步跑还可以起到加强踝关节力量训练的目的。

2. 高抬腿跑

上体正直或稍前倾，提起重心。大腿向前上方高抬与躯干接近直角，然后积极下压以前脚掌着地，两臂屈肘成90°在两侧做前后摆动，腰部要直，使骨盆前送。做的形式可以采用原地、行进、加速做。高抬腿跑可以增强抬腿的肌肉力量，发展膝关节的灵活性，加快动作速率。它是“摆动式”跑法的关键练习，十分重要。

3. 后蹬跑

上体正直或稍前倾，两臂自然摆动。摆动腿积极向前上方摆出，由于摆动幅度大，躯

干略有扭转进行补偿运动后，使同侧髋关节充分前送。另一侧大腿积极下压，经足掌着地，髋、膝、踝关节缓冲，着地后迅速滚动转入“屈蹬”。

二、中长跑

现代中长跑运动最先在英国兴起。18世纪初，英国已有一些职业长跑选手进行一些长距离跑项目的比赛，比赛主要以越野跑的形式进行，很受人们的欢迎，以后便在世界各国普遍开展起来。19世纪末，1896年第一届现代奥林匹克运动会上就有了10000米跑的成绩纪录。1912年成立国际田联之后，先后审批承认了男女共9个项目的中长跑单项世界纪录。中长跑运动水平的持续提高与不断采用科学训练方法有直接关系。现代中长跑训练以运动生理、运动生化、运动医学等自然科学理论作为科学依据，根据上述理论基础合理地安排运动训练负荷，通过长期和多年的系统训练，使运动员能够较充分地发挥人体潜力。此外，由于长跑对人们的呼吸系统、血液循环系统、运动肌肉骨骼系统等都有很大的锻炼作用，因此已经被广大的人民群众作为健身的重要手段之一。我国目前各地正在兴起马拉松和半程马拉松运动，长跑已然成为他们较为青睐的娱乐健身手段之一。

（一）中长跑的技术和战术

1. 起跑和起跑后的加速跑

中长跑要求起跑姿势为“站立式”，按“各就位”“鸣枪”两个口令进行。

（1）“站立式”起跑

“各就位”时，运动员从集合线走到起跑线处，两脚自然前后开立，将有力的腿放在前面，后脚距前脚约一脚长，上体前倾，两膝弯曲，两臂一前一后，身体重心主要落在前脚上，保持稳定姿势，集中注意力听枪声。听到枪声后，后面的腿用力蹬地后快速前摆，前面的腿用力蹬伸，两臂配合腿部动作，快速用力前后摆动，身体向前冲出。

（2）起跑后的加速跑

起跑后，上体保持一定的前倾，脚的着地、腿的蹬地和前摆以及两臂的摆动都应快速积极，逐渐加大步长和加快速度。随着加速跑段的延长，上体逐渐抬起转入途中跑。加速段距离的长短和速度，应根据个人特点、战术要求和临场情况而定。

2. 途中跑

（1）上体姿势

途中跑时上体应自然伸直，适度前倾（3°~5°），下颌微收，两眼平视，颈部肌肉放松。

（2）摆臂动作

两臂自然弯曲约成90°，两手放松或半握拳，肩部放松，以肩为轴，两臂自然地做前后摆动。前摆时稍向内，后摆时稍向外。

（3）两腿动作

当身体重心移过支撑点后，摆动腿由大腿带动小腿继续向前摆动，在它的摆动配合下，髋部向前送出。随之蹬地腿迅速有力地伸髋、伸直膝和踝关节。在摆动腿前摆的过程中，膝部和小腿自然放松。

3. 终点跑

终点跑时，身体已处于疲劳状态，技术动作容易变形。为了力争保持速度，应根据体力情况选择加快摆臂或加大摆幅，同时转动髋部，有利于抬腿迈步。终点冲刺的距离应根据自己的体力情况而定。一般中距离跑为 200 米左右，长跑在 300 米以上。

4. 中长跑的呼吸和“极点”现象

中长跑途中，为了加大肺通气量，以满足机体的需要，呼吸时采用口鼻同时进行呼吸的方法。呼吸的节奏应和跑的节奏相配合，一般采用两步一呼，两步一吸（有时也采用三步一呼，三步一吸）。呼吸时要注意加大呼气的深度。中长跑时，由于人体生理惰性，氧气的供应落后于机体的需要。跑到一定距离时，会出现胸部发闷，呼吸节奏被破坏，呼吸困难，四肢无力和难以跑下去的感觉，这种现象被称之为中长跑中的“极点”，这是人体的正常反应。当出现“极点”时要以顽强的意志坚持跑下去。同时加强呼吸（特别是呼气），必要时还可适当调整速度和步幅。经过再坚持一段距离的跑后，“极点”现象就会消失，人体就可以轻松自然地继续跑了。

5. 中长跑的战术

（1）变速跑战术

在中长距离全程跑的各段中，领先者为了甩掉对手在领先跑时采用突然加速或者减速跑，以打乱对手跑的节奏，消耗对手的体力。采用这种跑法通常要有强大的实力为基础，否则只能自己失败，因为采用变速跑是非常消耗体力的。

（2）领先跑战术

运动员出发后或在跑了一段距离后，占据领先位置，并尽力保持较高速度直至领先到达终点。这是速度稍差而耐力较好的运动员常采用的方法。目的在于用自己较好的耐力拖垮对手。

（3）跟随跑战术

出发后，始终跟随在领先者或小集团后面，力争在最后冲刺阶段中奋力超越对手，这种战术通常为速度好而耐力相对较差的运动员所采用。一般情况下，跟随者比领先者体力消耗少。

（4）匀速跑战术

除起跑后加速跑及最后冲刺跑外，跑程中基本上采用匀速跑。匀速跑的时间一般按赛前制订的计划跑，不论赛场上出现什么情况，都坚持按计划进行，以求达到赛前规定的时间。这种跑法对中长跑全程中体力分配较好，但显得保守。

（二）中长跑素质练习

1）各种球类活动，如踢足球、打篮球等；骑自行车、游泳、滑冰等耐力性运动 40~60 分钟。发展一般耐力和身体的协调性。

2）力量训练，用轻重量的杠铃练习，发展上肢和下肢力量。

3）负重与不负重的各种跳跃练习，重复多次，提高腿部力量。

4）负重高抬腿走或跑 60~100 米，发展腿部力量。

5）负重与不负重的腰、腹、背肌练习，发展躯干肌群的力量。

6）各种跨栏跑练习，提高髋关节的灵活性，增加腿部力量。

三、立定跳远

立定跳远是最古老的田径项目之一，早在古代奥运会上就有了立定跳远比赛，现代奥运会也把它作为田径运动项目之一。1904 年在美国圣路易举行的第三届奥运会上，尤里蝉联了立定跳跃的全部三项冠军，成绩为立定跳高 1.50 米、立定跳远 3.476 米（创世界纪录）、立定三级跳远 10.55 米。

（一）立定跳远的方法

立定跳远是不用助跑从立定姿势开始的跳远，比赛时运动员双脚站立的位置不限定。跳时，只准离地一次，如双脚离地后不起跳，落下后再起跳，即为连续离地两次，作为一次试跳失败论。

立定跳远在田径训练中经常被采用，为“达标”项目之一，是体育考试、体质测试的必测项目。

（二）作用与特点

立定跳远是发展下肢爆发力与弹跳力的运动项目。它要求下肢与髋部肌肉协调快速用力，并与上肢的摆动相配合，所以它也需要一定的灵巧性。立定跳远具有简便易行的特点，有平地就能进行练习。

（三）技术结构

跳时两腿稍分，膝微屈，身体前倾，然后两臂自然前后预摆两次，两腿随着屈伸。当两臂从后向前上方做有力摆动时，两脚用前脚掌迅速蹬地，膝关节充分蹬直同时展髋向前跳起，身体尽量前送，身体在空间成一斜线。过最高点后屈膝、收腹、小腿前伸，两臂自上向下向后摆，落地时脚跟先着地，落地后屈膝缓冲，上体前倾（图 1-1）。要提高立定跳远成绩，力量是基础，特别要提高膝、踝、髋三个关节的协调用力及爆发用力的能力。

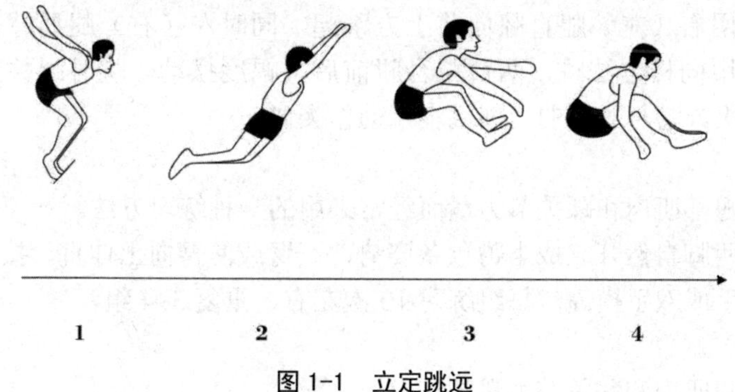

图 1-1　立定跳远

（四）影响成绩的因素

1. 力量因素

特别是对下肢肌群的爆发用力能力及对踝关节的力量提出了较高的要求。立定跳远的最后用力点是在前脚掌，甚至是脚尖，需要踝关节的跖屈用力有相当大的强度。

2. 协调用力的能力

指骨盆肌群与下肢肌群协调用力的能力（包括踝关节）。协调用力正确的标志是髋、膝、踝三关节能迅速有力地蹬直，上肢能做出协调的摆动，起到带、领、提、拉的作用。

3. 臂的摆动作用

立定跳远必须直臂摆动，摆幅越大，带、领、提、拉动作越强。请注意观察，凡屈臂摆动者，必然造成上体的波浪动作，从而影响跳的远度。

4. 能量的转换

从站立状态到下蹲状态，势能转化为动能，这样就相当于有一定的助跑，从而可以更有效地提高初速度，增加跳远的远度。

（五）立定跳远的练习方法

1. 蹲跳起

这是主要发展腿部肌肉力量和踝关节力量的练习。

动作方法：双脚左右开立，脚尖平行，屈膝向下深蹲或半蹲，两臂自然后摆。然后两腿迅速蹬伸，使髋、膝、踝三个关节充分伸直，同时两臂迅速有力地向前上方摆，最后用脚尖蹬离地面向上跳起，落地时用前脚掌着地屈膝缓冲，接着再跳起。每次练习 15~20 次，重复 3~4 组。

2. 单脚交换跳

这是发展小腿、脚掌和踝关节力量的练习。

动作方法：上体正直，膝部伸直，两脚交替向上跳起。跳时主要是用踝关节的力量，用前脚掌快速蹬地跳起，离地时脚面绷直，脚尖向下。原地跳时，可规定跳的时间（30 秒 ~1 分钟）或跳的次数（30~60 次）。行进间跳时，可规定跳的距离（20~30 米）。以上练习重复 2~3 组。

3. 踉跳步

踉跳步主要用来发展腿部后群肌肉和踝关节的力量，训练身体的协调性。

动作方法：用右（左）腿直膝向前上方跳起，同时左（右）腿屈膝向上举，右腿落地，然后换腿，用同样方法跳，两臂配合腿前后大幅度摆动。跳时踝关节和前脚掌要用力，整个动作轻快。它与舞蹈的“踉跳步”动作类似。

4. 纵跳摸高

这是为发展腿部肌肉和踝关节力量而经常采用的一种练习方法。

动作方法：两脚自然开立成半蹲预备姿势，一臂或两臂向上伸直，接着两腿用力蹬伸向上跳起，用单手或双手摸高。每组练习 10 次左右，重复 3~4 组。

5. 蛙跳

这是发展大腿肌肉和髋关节力量的练习。

动作方法：两脚分开成半蹲，上体稍前倾，两臂在体后成预备姿势。两腿用力蹬伸，充分伸直髋、膝、踝三个关节，同时两臂迅速前摆，身体向前上方跳起，然后用全脚掌落地屈膝缓冲，两臂摆成预备姿势。连续进行 8~10 次，重复 3~4 组。

6. 障碍跳

障碍跳主要发展腿部肌肉和踝关节爆发力。

（六）立定跳远的辅助练习

1. 挺身跳

原地屈膝开始跳，空中做直腿挺身动作，髋关节完全打开，做出背弓动作，落地时屈膝缓冲。

2. 单足跳前进练习

一般采用左（右）去右（左）来的方法进行练习，距离控制在 25~30 米，完成 4~6 组。

3. 收腹跳练习

从原地直立开始起跳，空中做屈腿抱膝动作或双手在腿前击掌，落地时一定要屈膝缓冲。

（七）立定跳远的常见错误和解决方法

1）预摆不协调。解决办法：反复做前摆直腿后摆屈膝的动作，由慢到快。

2）上体前倾过多，膝关节不屈，重心降不下去，形成鞠躬动作。解决办法：做屈膝动作，眼睛往下看，垂直视线不超过脚尖，熟练后就可不用眼睛看了。

3）腾空过高或过低。解决办法：利用一定高度或一定远度的标志线来纠正这类错误。

4）收腿过慢或不充分。解决办法：反复做收腹跳的练习，需要注意，是大腿往胸部靠而不是小腿往臀部靠，击掌动作要及时。

5）落地不稳，双腿落地区域有较大的差异。解决办法：多做近距离的起跳落地动作，手臂的摆动要协调配合。地面设置标志物，双脚主动有意识地踩踏标志物。

第二章　篮球

第一节　篮球运动概述

篮球运动起源于美国马萨诸塞州，1891 年，由当地体育教师詹姆斯·奈史密斯博士发明。他受到桃子投入桃子筐的启发，采用足球等其他项目特点，发明了篮球游戏。随着场地设施的不断改进，这项运动受到越来越多人的喜爱和关注，篮球运动从而风靡美国，受到众多球迷的喜爱。

随着 1892 年篮球运动从美国传入墨西哥，紧接着篮球运动先后传入法国、英国、中国、巴西、捷克斯洛伐克、澳大利亚、黎巴嫩等国家，并在全球范围普及和发展。

篮球运动正式传入我国是在 1895 年，美国人鲍勃盖利将篮球传入中国，在 1896 年我国进行了第一次篮球游戏表演。此项运动随后在北京、天津中青年中开展起来。1914 年和 1924 年的第二届和第三届全运会上篮球被列为男子、女子正式竞赛项目。1936 年第 11 届奥运会将男子篮球列入正式比赛项目。随后的 1951 年和 1953 年分别举行了世界男子、女子篮球锦标赛。女子篮球于 1976 年第 21 届奥运会被列入正式比赛项目。

目前篮球运动的发展趋势仍然延续着“高、快、全、准”。“高”不仅表现在身高，而且还表现在弹跳高，更有利于球员取得空中优势。“快”即速度快，随着篮球规则的不断改进，对速度的要求越来越高，促使球员不断提高速度。“全”指球员技术越来越全面，内线球员能提到三分线外投篮得分，有些身材高大的球员动作非常灵活，球员的场上“外置”概念越来越“模糊”。同时对球员各方面能力，如体能、战术能力、技术能力、心理能力、智力能力的要求也更全面。“准”，篮球以得分为目的，当今篮球比赛中球员命中率非常高，涌现出一批以库里为代表的“神射手”。

NBA（National Basketball Association）是美国第一大职业篮球赛事，代表了世界篮球的最高水平。该协会一共拥有 30 支球队，分属两个联盟，即东部联盟和西部联盟；每个联盟各由三个赛区组成，每个赛区有五支球队。30 支球队当中有 29 支位于美国本土，另外一支位于加拿大的多伦多。NBA 成立于 1946 年 6 月 6 日。成立时叫 BAA，即全美篮球协会，是由 11 家冰球馆和体育馆的老板为了让体育馆在冰球比赛以外的时间，不至于闲置而共同发起成立的。中国球员巴特尔、王治郅、姚明、易建联、孙悦、周琦、丁彦雨航都曾在 NBA 赛场留下身影，其中影响力最大的还属姚明和易建联，我们也期待越来越多的中国球员能够出现在 NBA 赛场上。

自从 1992 年国际篮联允许职业球员参加奥运会等国际比赛后，美国男篮一直雄居世界篮球的霸主地位，但随着 NBA 国际球员越来越多，其他国家与美国男篮的水平差距正在逐渐缩小，西班牙、法国实力紧随其后。而美国女篮实力远远超过其他国家，排在其后的是西班牙、法国、捷克、加拿大等欧洲劲旅。

我国篮球运动在中华人民共和国成立后，经过几代人篮球人的拼搏与奋斗，水平稳步发展提高，始终处于亚洲三强的位置。中国男篮曾获得 1996 年亚特兰大奥运会、2004 年雅典奥运会、2008 年北京奥运会第八名。成绩上女篮优于男篮。中国女篮曾获得 1992 年巴塞罗那奥运会的银牌，2008 年北京奥运会第四名。

中国男子篮球职业联赛（CBA）是中国最热门的篮球赛事。2017 年 2 月著名篮球运动员姚明当选篮球协会主席，并进行一些列篮球运动改革，对国家队采取红队蓝队政策让更多年轻球员得到锻炼。对 CBA 机制也进行了改革，真正能为球员和球队解决问题、解决好问题。在裁判员队伍管理上也提出了更高的要求，让比赛更加公正、透明等。一系列的改革推动了我国篮球水平的持续、健康发展。

大学生篮球联赛的开展也是如火如荼，全国范围的中国大学生篮球联赛（CUBA）目前是国内大学生最高级别的赛事，这一联赛于每年 12 月开始在四个分赛区进行预选赛，第二年进行男八强和女四强的总决赛。除此之外，各省市地方也在大力推动篮球运动发展，积极组织各级各类篮球赛事、篮球进校园，大力培养我国篮球后备人才。

第二节　篮球的基本技术与教学方法

一、准备姿势

1. 动作要求

双脚前后或者左右开立，与肩膀同宽或略宽于肩膀，膝关节弯曲，全脚掌着地，身体重心位于两脚之间，上身略微向前倾，两臂屈肘自然弯曲置于身体两侧，两眼注视前方。防守准备时两臂屈肘前后或者左右张开。

2. 练习方法

1）听口令做准备姿势和球性练习。

2）以一脚为轴心听口令做跨步、撤步、交叉步后恢复准备姿势练习。

3. 要点

双腿尽量弯曲，后脚掌略微抬起，便于移动，双眼注视场上情况。

二、手型

1. 动作要求

触球时五指张开，掌心空出，指根以上部位触球，双脚自然分开站立。

2. 熟悉球性练习方法

1）双手手指来回拨球，眼睛不要看球，注意保持手型，增加球感。

2）腰部绕环：持球双手交替在身体前后做绕腰部练习。

3）胯下绕八字：两腿自然分开，身体前倾，让球在胯下做“8”字绕环练习。

4）抛球练习：单手持球，单手将球从身体一侧经头顶抛至身体另一侧接住。

5）原地单手体前、体侧推拉运球：双手体前、胯下、背后交换推送运球

三、移动

1. 动作要求

脚步移动是以踝关节、膝关节、髋关节为轴，同时包含多个运动轴，并与上肢进行配合，尤其需要腰部、腿部、脚部的协调发力控制和重心移动，以维持身体平衡。所有的移动均由前脚掌蹬地和后脚掌的制动实现。必须重视下肢蹬地和腰部协调发力，利用力的传导和反作用力，很好地控制身体平衡和转动，使身体快速地启动、制动、跳跃、转身进攻或摆脱防守人。

2. 练习方法

1）领会动作要点，进行各种脚部移动练习，例如侧身跑、倒退跑、转身等。

2）利用障碍物或篮球场上的标线做各种脚部移动组合练习。

3）听口令快速做各种脚部移动练习。

4）结合实战练习：两人一组，一人进攻、一人防守。

3. 要点

移动是篮球运动的核心技术，在练习过程中要与实战结合，按照启动、急停、转身、滑步等进行组合练习，注重动作的突然性、快速性。

四、传接球

1. 动作要求

（1）持球

1）双手八字持球：双手手指自然分开，持于球后侧方；双手两拇指成“八”字形，手掌心空出，两肘弯曲，自然下垂，手腕自然放松。

2）单手持球：手指自然分开，掌心空出，托球的后下部；手腕向后弯曲，小臂向上，用指根以上部位托住球。

（2）传球

传球时由下肢蹬地，全身协调用力，最后通过伸臂、屈腕和手指拨球的力量将球传出。中近距离传球主要靠前臂的伸展和手指、手腕的用力。手腕、手指力量用于控制传球的距离，手腕、手指作用于球的不同方向和部位用于控制球的飞行路线。在球即将离手的一刹那，用力越大，发力越快，球飞行的速度就越快。

（3）接球

1）双手接球：两臂伸臂迎球，两拇指成“八”字形，手指向上自然张开，掌心斜向前似球状，当手指触球时随球收臂后引，持球于腰腹间。

2）单手接球：左（右）脚朝来球方向迈出，两眼注视来球，手指成勺形自然分开，迎来球方向伸出，当手指触球时顺势将手臂收向后下方，右（左）手立即协助握球，双手持球于腰腹之间。

2. 练习方法

1）自抛自接球练习。

2）徒手模仿原地传接球练习。

3）原地两人相对传接球练习。

4）原地三角、四角传球（顺时针、逆时针、无固定顺序）。

5）迎面跑动传接球：N 人一组，分两队相向站立，距离 4~8 米，相互传球后跑到本队或对面队队尾。

6）三角移动传接球：练习者分成三组，呈三角形站立，进行传接球练习，传球者传球后回到本队队尾。

7）N 角移动传接球：练习者分成 N 组，每组 3~5 人参照三角移动传接球。

8）两人一组全场短传球推进练习：传球要有提前量，跑动时脚尖朝前，侧向面对同伴。

9）三人绕“8”短传推进练习：三人中间者传球后，从接球者的身后绕过，三人在传接球的同时，从后场向前场推进。

五、投篮

1. 动作要求

1）原地单手肩上投篮。

右（左）手持球于肩上方，左（右）手扶球的左（右）侧，右（左）臂屈肘，前臂与地面接近垂直。两脚前后开立，双膝微屈。投篮时下肢蹬地发力，右（左）臂向前上方伸直，手腕前屈发力，中指和食指用力拨球，力量由下肢传递到手指，全身协调用力将球投出。

2）双手胸前投篮。

3）跳投。

跳投即跳起后将球投出，这种投篮的出手点较高，防守队员较难防守。准备动作与原地单手肩上投篮相同，接球一刹那，单脚依次或双脚同时着地，两膝弯曲程度更大，用力跳起，当身体接近最高点时将球投出。

4）行进间单手低手上篮（三步上篮）。

运球或接球时右（左）脚跨出一大步，同时双手或单手持球于体前，左（右）脚再跨出一步用力向上起跳，右（左）腿屈膝上提，双手或单手向前上方托举球，当身体接近最高点时，右（左）手伸臂屈腕，用手指拨球将球投出。整个动作要流畅，一气呵成，不要出现明显停顿动作。

2. 练习方法

（1）原地投篮练习

1）徒手模仿练习。

2）定点投篮练习：在篮下任意一点投篮练习，及时纠正错误动作。

3）多人定点投篮练习：练习者投篮后跑到篮下抢篮板球，传给下一个练习者，然后回到队尾，依次练习。

4）不同角度、距离的投篮练习：要求由近及远，由易到难。

（2）行进间投篮练习（三步上篮）

1）徒手模仿练习：练习者按照先跨右（左）脚接球，上左（右）脚起跳，然后腾空投篮的顺序做徒手模仿练习。着重体会“一步大、二步小、三步跳”的动作要领和节奏。

2）跨步拿球上篮模仿练习：一人单手持球侧举，练习者跨步拿球做持球上篮模仿练习。

3）跨步接球投篮练习：一人抛球，练习者接抛起的球做跨步投篮，抛球的距离可由近而远。

4）慢跑中接近距离传球上篮。

5）快速跑动中接传球上篮。

6）N 人一组半场（全场）传接球上篮。

（3）移动投篮练习

1）两人一组，一人传球，一人上步接球投篮。

2）练习者分成两组，每组 N 人，一组传球，另一组练习者绕一定路线跑动后接球投篮。投篮者自己抢篮板球站在传球组的队尾，依次练习。

3. 注意事项

1）应先学习原地投篮，再进行行进间或移动中投篮的学习，注意投篮手上动作。

2）在练习过程中结合实战，把投篮与传接球、运球、脚步动作、抢篮板球等技术结合起来。

六、运球

1. 动作要求

双脚前后或左右自然开立，双膝微屈，上身前倾，眼睛平视前方。手臂自然弯曲，随运球高度以肘关节为轴，利用前臂和手指力量控制球的高度，手与球接触部位控制运球的方向，另一只手臂自然张开，用以保护球。

2. 运球种类

（1）高运球

通常在防守松懈的情况下用这种方法。运球时，双腿微屈，眼睛目视前方，运球手在腰腹间触球，另一只手臂自然弯曲保护球，手脚协调配合，拍球后上方有节奏地推进向前。

（2）低运球

通常在防守紧逼的情况下用这种方法，目的是更好地保护球。

双腿弯曲，上身前倾，用身体保护球的同时短促地拍球，主要以手指、手腕发力为主，使球的反弹高度在膝部以下。

（3）急停急起运球

通常是在利用速度和节奏的变化来摆脱对手的情况下用这种方法。

（4）体前变向运球

这是防守队员堵截在运球前进路线上，离身体较远时，通过突然向左或向右改变运球方向，同时交换控球手来摆脱对手的运球方式。

（5）背后运球

当防守队员堵截在运球前进路线上，离身体较近时，可以用背后运球。变向时右（左）脚在前，右（左）手将球拉至身体右（左）侧后方，迅速拍球的右（左）后方，将球从身后拍至左（右）侧前方，然后换左（右）手加速运球。

（6）胯下运球

当防守队员堵截在运球前进路线上，可以用胯下运球摆脱防守队员。变向时左（右）脚在前，右（左）手拍球的右（左）上部，将球从双腿之间运至身体左（右）侧，然后上右（左）脚并换手运球，加速前进。

（7）后转身运球

当防守队员堵截在运球前进路线上，离身体较近时，也可用后转身运球过人。变向时，左（右）脚在前为轴做后转身，右手（左）将球拉至身体左（右）侧前方，然后换手运球，加速前进。运球时身体重心要降低，身体不要上下起伏。

3. 练习方法

1）原地垂直、前后、左右地高、低运球，体会运球动作要点。

2）进行对墙运球练习，提高手腕、手指的控球能力。

3）体前左右手交替换手横向变向运球练习。

4）体前单手做前后、左右推拉运球练习。

5）球场两底线间做行进间直线折回高低运球，要求运球往返时分左、右手交换练习，运球时注意目视前方，不要低头看球。

6）急停急起运球练习：利用球场的罚球线及延长线、中线、底线等横线为标志做急停急起运球。

7）听教师口令做各种运球练习，运球时注意目视前方，不要低头。

七、持球突破

1. 交叉步持球突破

双脚左右开立，双膝自然微屈，双手持球于腰腹间。突破时，左（右）脚前脚掌内侧迅速蹬地，上身向右（左）转，重心向右（左）前方移动，左侧肩膀压低，左（右）脚向右（左）侧前方跨出一大步，将球引于右（左）侧运球，然后中枢脚向前迅速跨出超越防守队员。整个动作连贯、迅速，按照“侧身、探肩、放球”的顺序进行。注意先放球，再抬起中枢脚，以防带球走违例。

2. 顺步持球突破

准备姿势与交叉步持球突破姿势相同。突破时，右（左）脚向右（左）前方跨出一步，向右（左）转体探肩，重心前移，右（左）手运球，右（左）侧肩膀压低，左（右）脚前脚掌迅速蹬地，向右（左）前方跨出一大步，突破防守队员。

八、防守

1. 防守有球队员

防守有球队员时，防守队员应站在有球队员和篮筐之间的位置，降低身体重心，双臂屈肘外张用以扩大防守面积。防守时应主动防守，即在与有球队员接触瞬间提前发力。

2. 防守无球队员

防守无球队员时，防守队员要人球兼顾，站在防守队员和篮筐之间，偏向于有球队员一侧。防守时不仅要关注自己的防守队员，还要观察有球者的传球意图，以便及早判断，提前抢占有利的防守位置。

九、抢篮板球

1. 练习要求

（1）抢进攻篮板球

尽早绕到防守者身前，抢到有利位置，正确判断篮板球的落点，用助跑、单脚或双脚起跳，手臂用力伸向球的反弹方向，手到达最高点时，用双手或单手紧握住或勾住球，同时两肘自然外张，以保护球。

（2）抢防守篮板球

首先将进攻者挡在身后，不让其强占有利位置，正确判断篮板球的落点，然后屈腿抬臂，两腿迅速起跳，手臂用力伸向球的反弹方向，手到达最高点时，用双手或单手紧握住或勾住球，同时两肘自然外张，以保护球，以防对方抢到球进行二次进攻。

2. 练习方法

（1）手部动作练习

自己原地向上抛球，双手或单手接下落的球，逐步过渡到跳起来接球，着重体会手指触球时的动作，即扣腕屈臂将球握住下拉、手肘外张的动作要点。

（2）篮下接篮板球练习

要求先原地练习，后跳起练习，把球抛向篮板或篮筐，先双手后单手接球，着重体会抢球动作和判断球的反弹方向、速度和距离。

（3）抢占位置练习

一人持球，另外 N 人分成攻守相同人数两组，双方站在篮下围成一圈，当持球者将球向篮筐或篮板抛起时，圈内防守者要先挡人再抢球，圈外进攻者则要想方设法绕过防守者，冲进圈内抢球。练习一定次数后，攻守双方交换位置。

3. 注意事项

1）明确抢篮板球在比赛中的重要性，在练习中培养拼抢意识和勇猛顽强的作风，养成“有投必抢”的习惯。

2）抢进攻篮板球应强化“冲抢”意识，抢防守篮板球应强化“先挡后抢”意识，要加强攻守对抗练习。

3）注意结合实战将抢进攻篮板球同补篮、投篮技术一同练习；而将抢防守篮板球与回传快攻、运球突破等技术结合练习。

第三节 篮球的基本战术

一、基础战术配合

基础战术配合是两三个人之间有目的、有组织、合作行动的方法。它包括进攻和防守战术配合两部分，是全队攻守战术的基础，也是培养运动员篮球意识的手段。

1. 进攻基础配合

进攻基础配合有传切配合、突分配合、掩护配合和策应配合，所有进攻战术配合以及全队的进攻战术都是以这四种配合为基础进行的。

1）传切配合：是传球者传球后跑向篮下，接回传球的进攻方式。

②传球给①后，立即摆脱对手向篮下切入，接①的回传球投篮（图 2-1）。

2）突分配合：持球队员突破对手后，主动将球传给同伴的进攻方式。

②从防守者的左侧突破，Δ1 防守队员协防，此时①及时跑到有利位置，接②的传球投篮（图 2-2）。

3）掩护配合：俗称“挡拆”，简而言之即一挡一拆。是无球队员用身体挡住防守持球队员的移动路线，利用有利位置寻找进攻机会的方法。

②传球给①后跑到 Δ1 的侧面做掩护，①接球后做投篮或突破动作吸引 Δ1，②达到掩护位置时，①持球从 Δ1 的右侧突破投篮，②掩护后移动到有利位置接球或抢篮板球（图 2-3）。

4）策应配合：是中锋在罚球线位置接球，创造和寻找进攻机会的方法。

①摆脱防守插到罚球线做策应，②将球传给①并空切篮下，接①的策应传球投篮（图 2-4）。

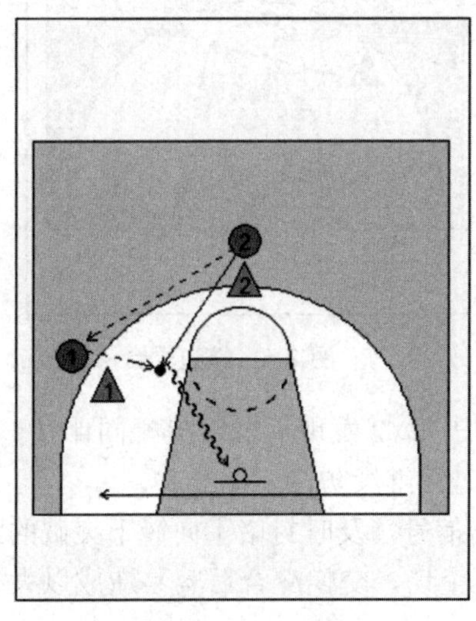

图 2-1 传切配合

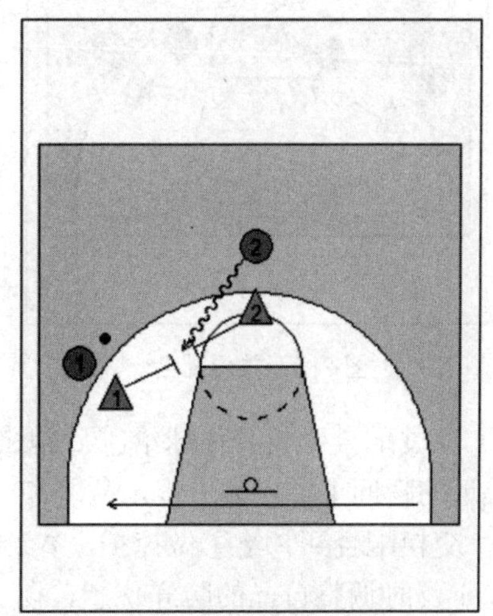

图 2-2 突分配合

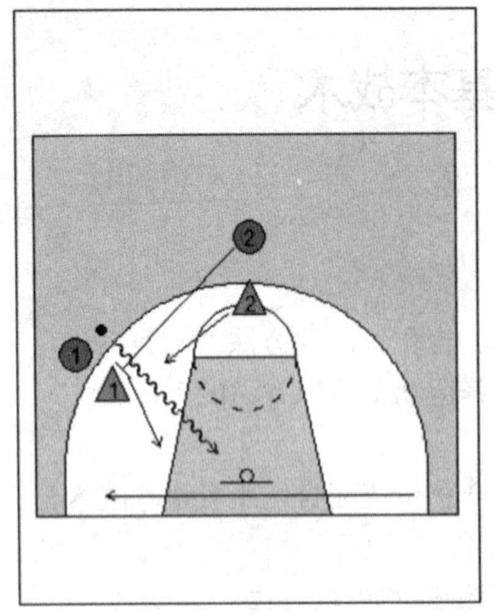

图 2-3 掩护配合

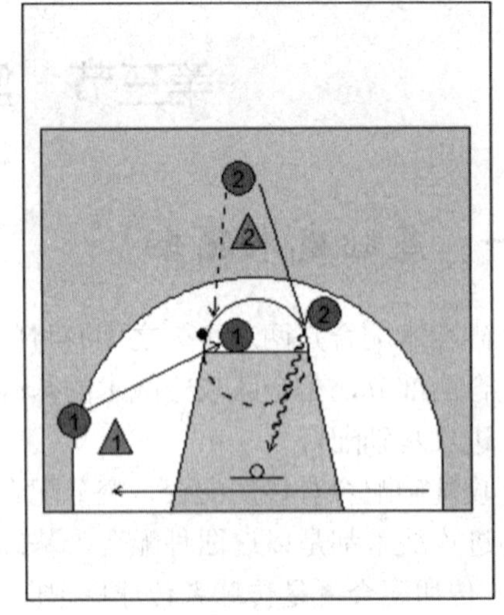

图 2-4 策应配合

2. 防守基础配合

1）关门配合：是临近的防守队员夹击持球进攻队员的防守方法。当②从正面突破时，Δ1 与 Δ2、Δ3 与 Δ2 进行关门配合（图 2-5）。

2）挤过配合：当②传球给①后跑去给①做掩护，Δ2 发现后及时提醒同伴 Δ1，Δ1 在②临近的瞬间，迅速抢在②之前继续防守（图 2-6）。

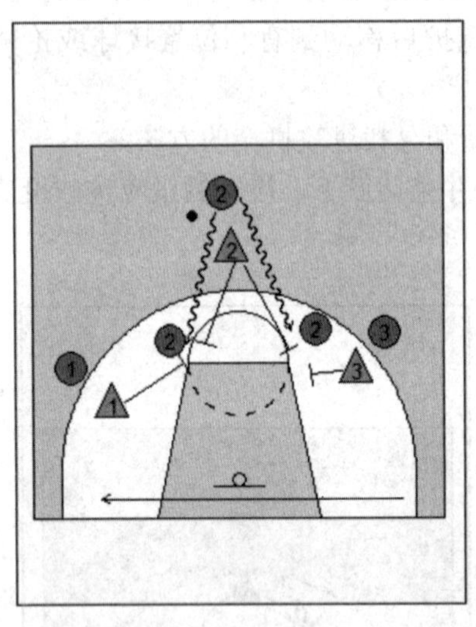

图 2-5 关门配合

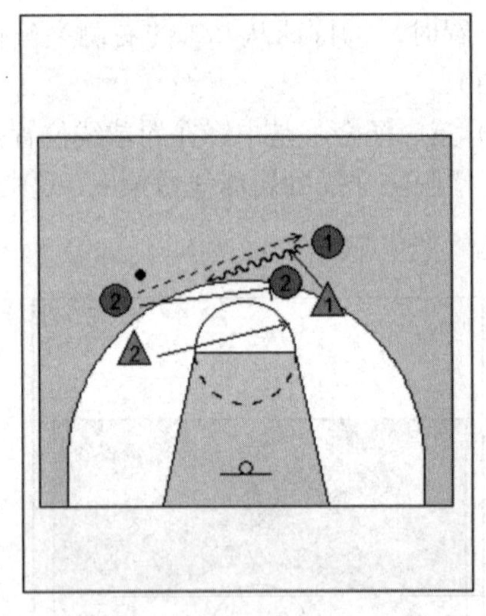

图 2-6 挤过配合

3）穿过配合：当②传球给①后跑去给①做掩护，Δ2 发现后及时提醒同伴 Δ1，Δ1 在②临近的瞬间主动后撤一步，从②和 Δ2 中间穿过，继续防守（图 2-7）。

4）交换配合：②给①做掩护，Δ2 要主动发出信号，及时封堵①向篮下突破的路线，此时 Δ1 及时调整自己的防守位置，防止②向篮下空切。交换配合后容易造成以大打小，因此只有在迫不得已下才使用（图 2-8）。

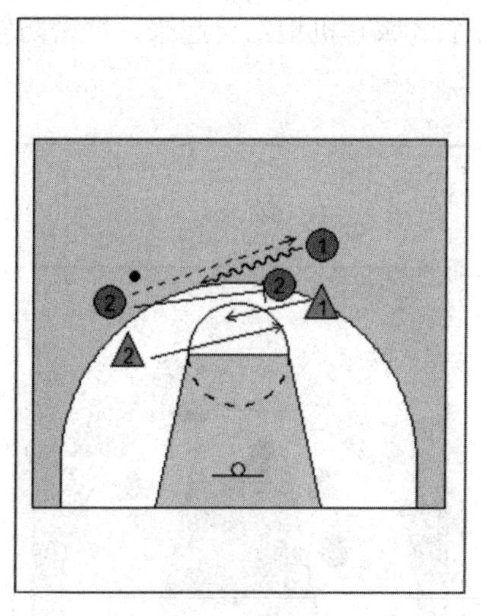

图 2-7　穿过配合

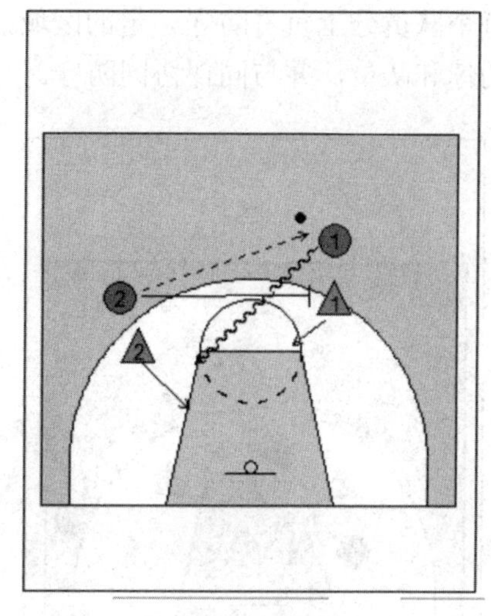

图 2-8　交换配合

二、人盯人防守

人盯人是指在半场内，每名防守队员固定自己的盯防对象，进行集体防守的防守战术。它的防守原则是“以人为主，人球兼顾”和“有球紧，无球松，近球紧，远球松”。防守时要积极移动，抢占有利的防守位置，破坏对方的进攻配合，加强集体防守。在人盯人的防守中，一般是根据身材、位置和防守能力来选择盯防对象的。如高防高，矮防矮，强防强，弱防弱，后卫防后卫等。但在特殊情况下可以调整策略（图 2-9）。

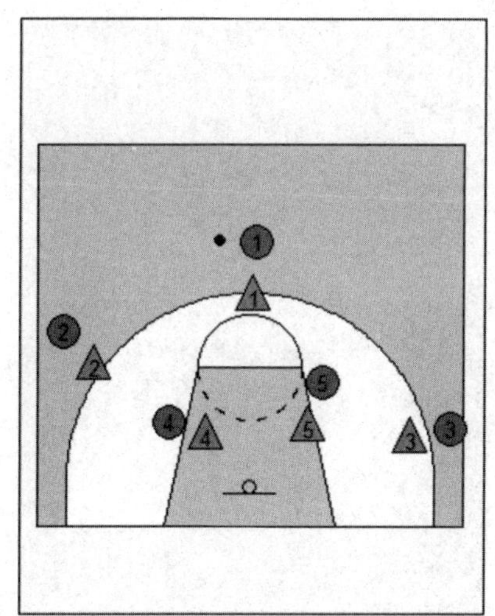

图 2-9　人盯人防守

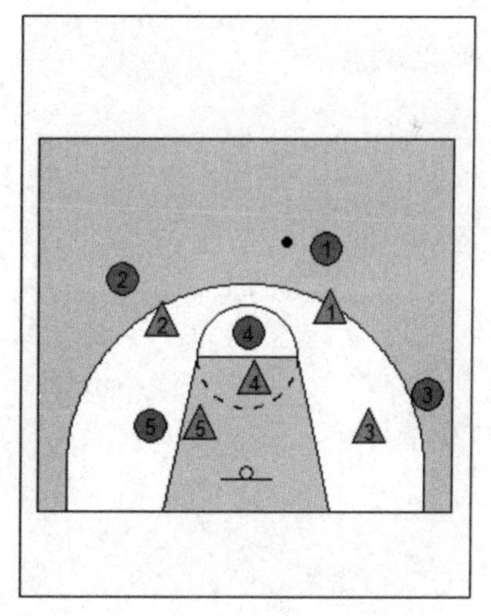

图 2-10　2—1—2 区域联防

三、区域联防

区域联防是一种半场的全队防守战术，防守队员在由攻转守后，快速退回自己的半场，每个队员分工负责防守一定的区域，并且把每个区域有机地结合起来，严密防守进攻该区的球和队员，并与同伴协同防守。

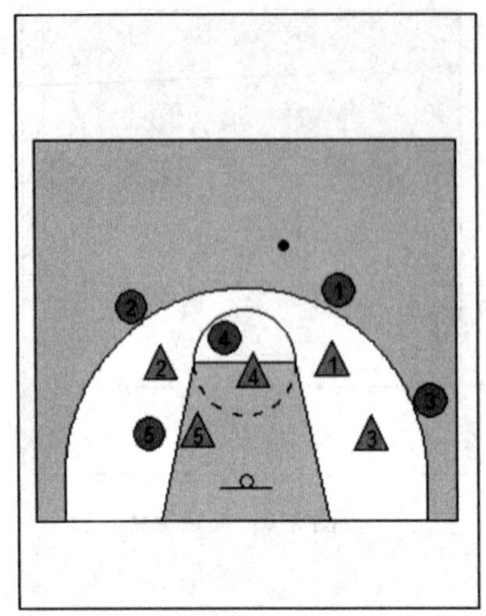

图 2-11 3—2 区域联防

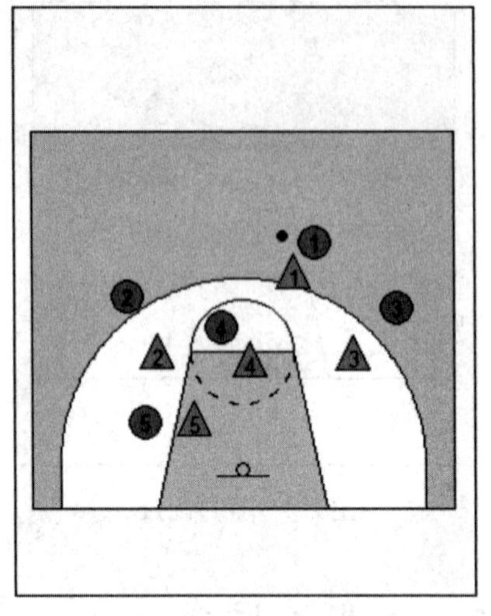

图 2-12 1—3—1 区域联防

区域联防的原则是“以球为主，人球兼顾”。因此，要求每名防守队员对持球者的防守要紧，加强对有球一侧的防守，相互补位。区域联防的阵形有“2—1—2”（图 2-10）、“2—3”“3—2”（图 2-11）、“1—3—1”（图 2-12）等。

第三章　排球

第一节　排球运动概述

一、概述

排球比赛是用球网将两队隔开，比赛双方各占球场的一方，在各自的场区内按照规则运用各种技术进行攻防对抗的一种体育项目。排球运动起源于美国，1895 年，美国马萨诸塞州霍利约克市，一位叫威廉·G·摩根的体育工作人员发明了这项运动，最初只是利用篮球内胆在高网上方来回推打。1896 年，霍尔斯泰德教授根据比赛特点，提议将其改为 Volleyball（空中击球），即现代国际通用名称 Volleyball（排球）。排球运动在美国产生后，由美国的传教士和参战军人带到世界各地，由于传入的时间及采用的规则不同，排球运动在世界各地开展的情况差异较大，使得排球技战术水平的发展很不平衡。直到 1947 年国际排联成立后，六人制排球才在全世界范围内得到了广泛推广，排球运动技战术水平迅速提高。在 1949 年和 1952 年分别举行了第一届世界男子和女子排球锦标赛，排球比赛于 1964 年被列为奥运会的正式比赛项目。目前比较重要的排球比赛分别为世界杯排球赛、世界排球锦标赛、世界青年排球锦标赛和奥运会的排球比赛。

排球在中国的发展，是伴随着中国女排“五连冠”的辉煌战绩而引发全世界关注的，1981 年到 1986 年是中国排球崭露锋芒的时候。中国第一女排强攻手——郎平成为那一时期中国排球运动的象征。而这一成绩是从 1951 年中国正式成立国家男女排球队始，历经几十年和多代的运动员、教练员的艰苦训练和拼搏积累而得的。中国女排取得闪耀战绩之后，中国男排在此阶段积极吸取世界排球技战术，也开始在世界排坛崭露头角，于 1981 年的世界杯赛中获第五名，中国男排的世界排名从第九名升至第五名，从亚洲第三名升至第一名。那时中国男排所具备的实力能与世界强队抗衡，达到了我国男子排球的鼎盛时期。目前我国排球已经形成了独立特点、独特风格的打法，即在技术全面的基础上，高快结合，以准确的技术、多变的战术配合、灵活的临场应变能力、出色的防守与顽强的意志相结合的全攻全守打法。

二、新规则带来的新变化

1999 年以前，排球比赛普遍采用 15 分制，争得发球权一方得分计分，由于发球权的反复争夺经常使一场比赛的时间拉得很长。国际排联为了迎合观众的需求以及适应电视转播的需要，在1999年至2000年对排球规则做出了修改。主要修改内容是洲际以上的排球比赛必须采用每球得分和每局25分的计分方法，5局3胜，第五局仍是每球得分，但只打15分的新赛制。这使目前的排球比赛更有看头，原来的劲旅不见得仍有优势，弱队只要防守好、不失误，也有取胜的可能。国际排联改革的目的是让排球比赛的时间相对稳定，改变电视转播时间不易预计的现象。中国排球界对新规则的启用也是乐观的，权威人士经过分析认为：这样的规则首先限制了发球的攻击性，在跳发球越来越凶猛的形势下，运动员不得不考虑发球的把握性，因为失误会直接送分给对方。再有就是有利于发挥中国队以至亚洲球队快速多变战术的运用。发球的攻击力减弱了，一传的成功率就高了，多变战术便可以顺利地打出来。新规则带给排球的是谁失误少，谁就能最终取得比赛的胜利。新规则的实施给中国排球带来了新的契机，同时也是对排球新技术的考验。谁把握了这一机遇，快速找到自己技术状态的生存方式，谁就能获得主动战胜对手。排球比赛改用新规则，或许会使排球焕发出新的魅力。

三、沙滩排球与软式排球介绍

1. 沙滩排球

1920年，沙滩排球比赛在美国夏威夷诞生了，最初是6人制的比赛，到1947年，首届2人制比赛在美国加州举行。1976年世界沙滩排球锦标赛开始举行，1996年亚特兰大奥运会，沙滩排球成为了表演项目，至2000年奥运会，沙滩排球被正式列为比赛项目。

沙滩排球，简称“沙排”，因其优美的运动环境以及运动本身的娱乐性、观赏性，渐渐成为了一种风靡世界的运动。2人制的沙滩排球比赛场地相对较小，比赛场区为16米×8米的长方形，场地边线外和端线外的无障碍区至少宽5米，最多6米，比赛场地上空的无障碍空间至少高12.5米。因为沙滩排球比赛场地的特殊性，为保障运动员安全，沙滩必须至少40厘米深，其中不能有石块、壳类等会对运动员造成伤害的杂物。

2. 软式排球

1984年，我国呼和浩特市开始用气球代替排球来打比赛，因气球易破又改为双层，后又改为塑料制品球，但国内没有推广而中断开展。1988年，日本开始出现软式排球运动，使用塑料制品球，软式排球运动成为一种具有娱乐性的健身体育项目，并被迅速普及到了中小学校。1992年，软式排球运动正式进入日本学校，成为中小学体育课中的一项教学内容。1994年，北京体育大学在我国开始推广日本式软式排球，2000年以来，在中国排球协会、国家体育总局的倡导和组织下，软式排球运动在全国范围内迅速发展。

软式排球采用排球的比赛规则，因软式排球重量轻、体积大、制造材料柔软以及不容易伤手等特点，使其成为深受广大体育爱好者欢迎的一项健身项目，许多院校的体育课中也开设了软式排球项目。

第二节 排球的基本技术

一、准备姿势和移动

排球比赛是在激烈和快速的对抗中进行的，场上的情况千变万化，要求场上队员能短时间根据临场的变化，做出相适应的技术动作。因此，队员必须首先掌握正确的准备姿势和具备快速移动的能力。

1. 准备姿势动作要点

两脚左右或一脚偏后开立，双脚间距略宽于肩，脚尖稍内收，脚跟提起，着力点在前脚掌的内侧，膝关节弯曲，上体自然前倾，两臂放松置于腹前。两眼注意来球方向，随时准备移动击球。准备姿势主要用于一般的垫球、接发球等，当接扣球和接拦回球时两膝弯曲的程度要更大（图 3-1）。

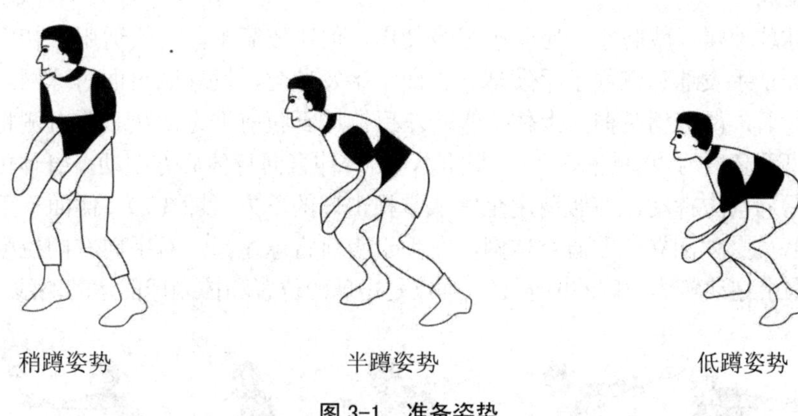

图 3-1 准备姿势

2. 移动动作要点

移动是为了迅速接近来球，便于完成各种击球技术动作。移动分为并步、滑步、交叉步、跨步和后退步等步法。

（1）并步和滑步

当身体距离来球较近，一步可以到位时采用并步，主要用于传球、垫球和拦网等技术。以向右移动为例，首先左脚蹬地，右脚先向右侧跨出，左脚迅速顺势跟上成击球前的准备姿势。而当来球距离身体较远时，可连续快速并步接近来球，连续并步称为滑步。

（2）交叉步

当来球距离身体 3 米左右距离时采用交叉步。以向右侧移动为例，身体稍向右侧转动，左脚先向右脚前方交叉跨出一步，然后右脚再向右跨出以此接近来球的移动方法。

（3）跨步

当来球较低且距离身体较近时采用跨步。采用跨步移动时，一脚用力蹬地，另一脚向来球方向跨出一大步，同时膝部弯曲，上体前倾，身体重心下降放在跨出腿上。

（4）跑步

当来球距离身体较远时采用跑步。首先判断好来球的方向，身体迅速启动跑向来球，在接近来球时，降低重心并减速制动，做好击球准备。

（5）后退步

当判断出来球落点在身体背后且来不及迅速转身时采用后退步。移动时，身体重心适当降低，身体仍然面对来球方向，两脚迅速交替向后退步，上身不要后仰。

二、发球

发球是排球运动的一项重要技术。它是比赛的开始，也是排球比赛的重要进攻手段。有威力、攻击性强的发球，不但可以直接得分，起到先发制人的作用，还可以破坏对方进攻战术的组织，减轻本方的防守压力，为防守反攻提供有利条件。发球首先要具有稳定性，然后增加其准确性和攻击性。发球技术的种类较多，主要有以下几种：下手发球、正面上手发球、正面上手飘球、勾手飘球和跳发球等。无论是哪种发球技术，动作都包括准备姿势、抛球、挥臂、击球这 4 个环节。以下动作都以右手发球为例。

1. 下手发球

下手发球球速慢、威胁小，比赛中很少使用，但比较简单，一般适用于初学者。下手发球分为正面下手发球和侧面下手发球。正面下手发球时，发球队员面对球网站立，左脚在前，右脚靠后，两膝稍弯曲，上体前倾，左手持球于腹前下方，从腹前右侧将球平稳地向上抛起，离手高度约 30 厘米。在抛球同时，右臂伸直向身体后方摆动，身体由向左转动趋势带动右臂向前方挥动，在腹前用全掌或掌根击球的下方（图 3-2）。侧面下手发球相对复杂，发球队员身体侧立，左肩对球网，左手于腹前将球抛起，右手向右侧拉朝向身体中间位置由下向上划动转体击球的中下部。难点是击球的位置和控制球的运动路线（图 3-3）。

图 3-2　正面下手发球

图 3-3　侧面下手发球

2. 正面上手发球

正面上手发球由于面对球网站位，因此便于观察对方，易于控制落点，准确性较高，能充分地利用转体、收腹的力量带动手臂迅速挥动击球。发球的力量大、速度快、弧线平。上手发球动作要领如下。发球队员面对球网，两脚自然开立，左脚稍前，左手托球于身前。用抬臂和手掌的平托上送，将球平稳地垂直抛向右肩的前上方，离身体水平距离约 30 厘米，高度约 1 米。在左手抛球同时，右臂抬起，屈肘后引与肩平，上体稍向右侧转动。在右肩前上方伸直手臂最高点，用整个手掌击球的中后部。击球时，手指自然张开与球吻合，手腕迅速做出推压动作，使球上旋飞行（图 3-4）。击球后，随着重心前移，迅速回到场内。难点在身体协调性、击球位置和速度。

图 3-4 正面上手发球

三、垫球

垫球是排球运动的基本技术之一，是通过双臂或单臂的迎击动作从球的下部击球的技术。它是接发球、扣球、吊球和接拦回球等的主要手段，是组织进攻战术的基础和纽带。垫球技术一般可以分为正面双手垫球、跨步垫球、体侧垫球、背向垫球、单手垫球和鱼跃垫球等。下面介绍几种常用的垫球动作。

1. 正面双手垫球

身体成准备姿势面向来球方向，在球接近身体时迅速将双臂伸直、两掌根紧靠，双手手型一般分为三种，即双手抱拳互握式、叠掌式、互靠式（图 3-5）。无论采用哪种手型，都要注意手腕下压，前臂外翻靠拢使前臂内侧形成击球平面（图 3-6）。当来球距离腹前一臂远时，两臂夹紧伸直，迅速插入球下，以前臂的内侧平面击球的后下部。

垫球时，两脚向前上方蹬地并抬臂，同时压腕顶肘，身体重心随着击球的方向前移（图 3-7）。正面双手垫球是最基本的垫球方法，是各项垫球技术的基础，只有在掌握这种技术以后，才能进一步学习和运用其他垫球技术。

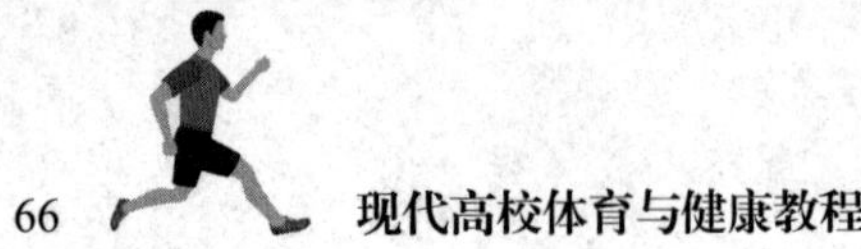

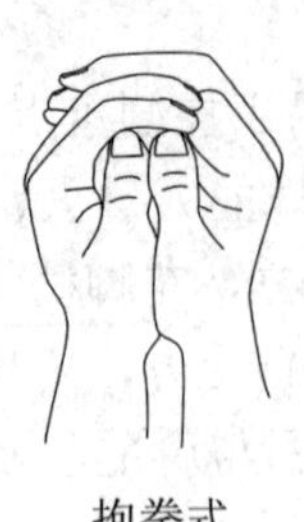

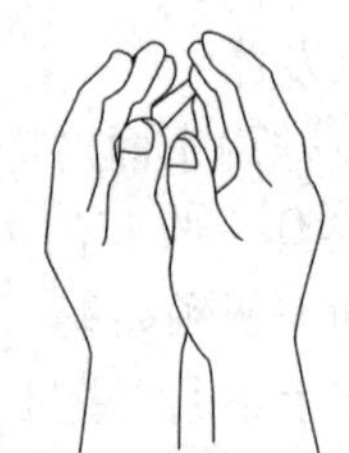

抱拳式　　叠掌式　　互靠式

图 3-5　垫球手型

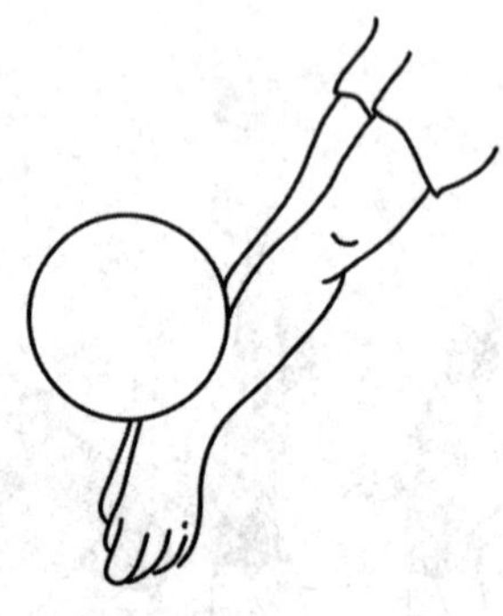

注意手腕下压，两臂外翻

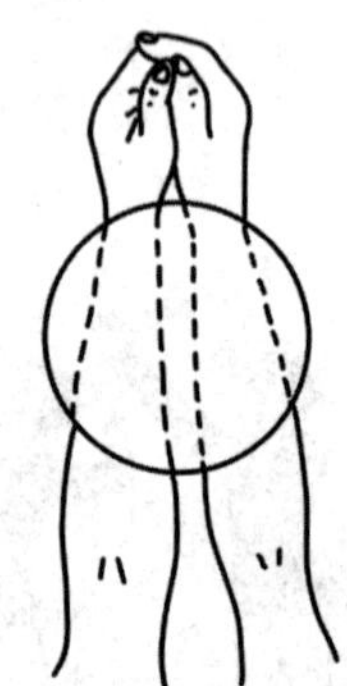

看准来球，两臂夹紧前伸

图 3-6　垫球时的手腕、手臂动作

图 3-7　正面双手垫球

2. 跨步垫球

当来球距离身体有一定距离时，迅速向来球方向跨出一大步，屈膝深蹲，重心落在跨出腿上，上体前倾，两臂夹紧伸直插入球下，用两前臂的内侧平面击球的后下部，将球平稳垫起（图 3-8）。跨步垫球通常用来处理来球速度较快、落点较低的情况，它是前扑、鱼跃、滚翻等垫球技术的基础。要学习各种高难度的垫球技术动作，必须熟练掌握跨步垫球技术。

图 3-8　跨步垫球

3. 体侧垫球

以右侧为例，当球从右侧飞来，左脚迅速蹬地，右脚向右侧跨出，身体重心移至右脚，同时两臂夹紧向右侧伸出，右臂高于左臂，击球时身体左转，调整双臂的击球平面朝向来球方向，击球的右侧后下方（图 3-9）。体侧垫球一般用来处理速度较快并飞向体侧，身体来不及移动到正面击球时的来球。体侧垫球可扩大防守范围，但不易控制垫球的方向和落点。

图 3-9　体侧垫球

4. 背向垫球

当球飞向身后时，迅速转体背对来球方向，判断击球位置，双臂抬起，击球点一般高于肩部，利用前臂内侧平面击球的中下部，击球时上身有挺胸及展腹的后仰动作，带动两臂将球向身体后上方平稳击出（图 3-10）。背向垫球通常用来处理来球速度较快并且偏高，身体来不及后退做正面垫球的状况。

图 3-10　背向垫球

5. 单手垫球

以右侧为例，当来球在身体右侧较远位置时，迅速向来球方向移动，判断击球位置，向来球方向跨出一大步，身体向右倾斜，右臂伸直，从右后下方向前上方摆动，用前臂内侧、掌根或虎口处击球的后下部，将球平稳垫起。单手垫球通常用来应急救场，当来球弧线低、距离远，来不及用双手垫球时采用，在接扣球和接拦回球时运用较多。

四、传球

传球是排球运动的一项重要技术，主要运用在二传的技术动作中，用于衔接防守和组织进攻。因为传球时使用灵活的手指和手腕的动作击球，控制球的面积大，所以传球的准确性较高。传球技术的种类较多，主要有正面双手传球、背传、侧传、跳传和单手传球等。

1. 正面双手传球

身体面对来球方向，两脚左右开立稍屈膝，上身挺起，双臂屈肘抬起，肘部下垂，两手自然张开成半球形，两拇指相对近似成“一”字形，置于额前上方。当来球接近额前时，开始蹬地、伸膝将力向上方传递。手腕稍后仰，向前上方伸臂，触球时以拇指指腹、食指全部和中指的二、三指节触球的后上部，无名指和小指在球的两侧辅助控制球的方向，手腕弹动顺着伸臂的动作将球送出（图 3-11）。双手用力要协调一致，从而准确地控制球的高度和距离。

图 3-11　正面双手传球

2. 背传

背对传球方向，准备姿势与正面双手传球相似，传球时，稍抬头挺胸，在两腿蹬地的同时，上体向后伸展，击球点保持在额头上方，手腕适当后仰，掌心向上，手指击球的下部，利用腿部蹬地和向后上方伸臂的动作，以及手指、手腕的弹力将球向背后传出（图 3-12）。背传具有一定的隐蔽性，可以出其不意，达到迷惑对方的效果，通常用于战术进攻。

3. 侧传

身体侧对传球方向，利用蹬地、躯干伸展和手臂侧伸的力量，将球向侧上方传出。侧传对身体的协调性以及传球的准确性有一定的要求，是一种战术性组织进攻技术。

图 3-12　背传

五、扣球

扣球是排球比赛中积极进攻和主要得分的手段，是排球运动重要的基本技术之一。扣球是身体在空中完成的击球技术，对运动员的弹跳高度、力量、击球时的速度控制都有较高的要求。扣球动作相对激烈，通常处于每一局的关键点。随着排球技战术的发展，扣球技术也在不断创新和提高。比较成熟的扣球技术包括“短平快”“时间差”“位置差”等。目前扣球技术无论是男子排球，还是女子排球中，都向着“高、快、狠、变、巧”的方向发展。扣球的种类一般分为：正面扣球、调整扣球和扣快球等。

1. 正面扣球

正面扣球是比赛中运用得最多的一项进攻性技术，也是一种比较直接的进攻方法，适用于近网和远网扣球。正面扣球是由助跑、起跳、空中击球和落地四个部分组成的。以右手扣球为例，从准备姿势开始，准备扣球时左脚向来球方向迈出一步，蹬地将身体重心向前移动，紧接着右脚迅速一个大跨步，左脚及时并上，以脚跟制动并双脚起跳。起跳时双臂随身体向上摆动，跳起过程中，上体稍向右转，右臂随之高抬后引，肘部自然弯曲略高于肩，挺胸展腹；击球时以向左转体和收腹的动作带动手臂向前挥动，做快速鞭打的动作，在最高点击球；五指微张呈勺形，以全手掌包球，击球的后中上部；同时主动屈腕、屈掌向前推压，使球向前下方上旋飞行；最后双脚落地并屈膝缓冲（图 3-13）。

2. 快球

快球是扣球队员在二传队员传球前或传球的同时起跳击球。快球在时间上争取了主动，起到了攻其不备的效果，可使对方在拦网和防守时产生错误的判断。这种扣球的特点是速度快、力量大、时间短、落点近、突然性强。快球的种类较多，有近体快球、半快球、短平快球、平拉开快球、背快球等。现介绍比较常用的快球技术。

（1）近体快球

扣球队员靠近网前，在二传队员约一臂前的距离起跳扣快球，称为近体快球。扣近体快球时，助跑的距离较短，扣球队员提前助跑到网前，在二传队员传球前或传球同时，迅速有力地起跳。当球上升到高出球网上沿一个半球的高度时，迅速挥动手臂击球。

图 3-13 正面扣球

（2）半快球

扣球队员在靠近网前的二传队员附近起跳，扣高出球网上沿两个半球高度的球，称为半快球。这种扣球的助跑角度、起跳动作、击球方法均与近体快球相同，只是起跳的时间较晚，一般在二传队员传球出手后迅速起跳。

（3）短平快球

扣球队员在二传队员身体前 2 米左右处，扣其顺网快速传过来的低平弧线球，称为短平快球。这种扣球的特点是速度快、进攻点灵活，突然性大，攻击性强，对方不易拦网和防守。

六、拦网

拦网是防守的第一道防线，也是反攻的重要环节。成功的拦网可以拦回对方的扣球，使本方由被动变为主动，甚至拦死直接得分。此外，有效的拦网还可以给对方心理上造成很大的压力，从而减轻本方防守的压力。目前，随着扣球技术朝着力量、高度、速度等方面发展，更加突出了拦网的重要性。拦网可分为单人拦网、双人拦网和三人拦网。

1. 单人拦网

单人拦网技术是最基本的拦网形式，它是集体拦网的基础，是由准备姿势、移动、起跳、空中拦击和落地五个相互衔接的部分组成的。拦网队员两脚左右开立约与肩宽，距球网约半臂距离。两膝弯曲，上体稍前倾，两臂在胸前自然屈肘张开，准备随时向来球方向并步或滑步移动。移动时，身体尽量保持平稳，不做过大的上下移动，两臂摆动幅度不宜过大，起跳前最后一步要迅速降低重心。起跳时两脚迅速蹬地，两臂在体侧向上方摆动，带动身体垂直起跳，并稍收腹，以控制身体平衡，两臂充分伸直，双手五指张开，当两手触及球时，手掌和手腕要紧张用力，两手之间的距离略小于一个球的直径（图 3-14）。重点在于控制力量和角度，防止触网犯规和球打手出界。落地时屈膝缓冲，控制好身体平衡，并迅速做好下一个动作的准备。

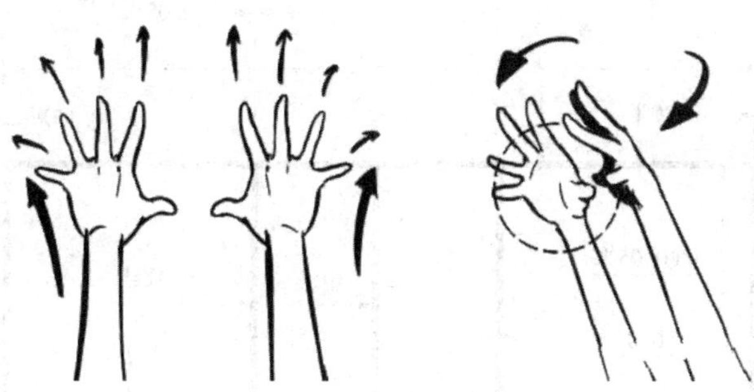

图 3-14 拦网的手部动作

2. 双人拦网

双人拦网以单人拦网技术为基础，是集体拦网的主要形式。双人拦网是由前排两个相邻队员同时起跳拦网所构成的，目的是加大拦网面积。双人拦网一般是以其中一人为主，另一人协同配合，两人起跳时，应保持适当的距离，避免互相干扰。起跳后，手臂要靠近，手掌之间的距离应小于一个球，四只手应在球网上沿形成一道屏障，阻拦对方扣球进攻的主要路线。

第三节 排球的基本规则

排球规则是由技术性规定、非技术性规定和场地设备要求等方面的内容决定的。场地设备、比赛的方法以及参赛人数等方面的规则，规定了排球项目不同于其他运动项目的性质。

一、排球比赛场地、场区

比赛场区为长 18 米，宽 9 米的长方形，其四周至少有 3 米宽呈长方形对称的无障碍区，从地面量起至少有 7 米的无障碍空间。国际比赛的场区边线外的场区至少 5 米，端线后至少 9 米，上空的无障碍空间至少 12.5 米（图 3-15）。比赛场区由中线的中心线分为长 9 米、宽 9 米的两个相等的场区。每个场区各划一条距离中线 3 米的进攻线。中线与进攻线之间为前场区。发球区在两边的端线外，两条边线的延长线上，各划两条长 15 厘米，垂直并距离端线 20 厘米的短线，两条端线之间为发球区。发球区的深度延至无障碍区的终端。

二、非技术性规定

1. 队员的服装

队员的服装包括上衣、短裤和运动鞋。同队队员必须保持一致，上衣号码为 1 至 18 号，号码颜色必须与上衣明显不同。身前号码至少为 10 厘米高，身后号码至少为 15 厘米高，号码笔画宽度至少为 2 厘米。队员禁止佩戴可能造成伤害及有利于人为加力的物品，可以戴眼镜进行比赛，但所引起的一切后果自行负责。

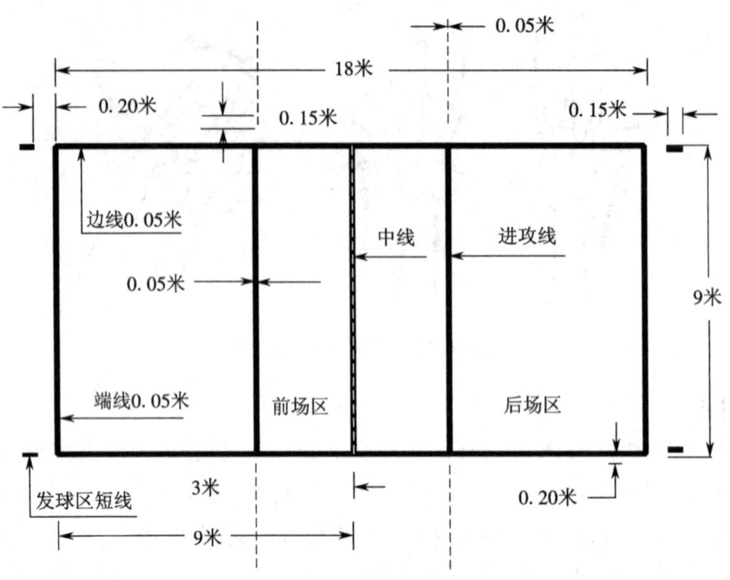

图 3-15 排球运动的比赛场地比赛场区和无障碍区

2. 参加者的基本权利

队长可以代表本队进行抽签，获胜者可以选择发球、接发球或者场区。队长可以在比赛中请求正常的比赛间断（暂停和换人等）。教练员可对场上队员进行指导，但必须坐在球队席上或在准备活动区内，不得干扰和延误比赛。

3. 队员的替换

每一局每队最多可替换六人次，一名队员离开比赛场地，而由另一名队员上场占据他的位置为一人次替换。在一次换人中可以同时替换一人或多人，替补队员每局只能上场比赛一次。

4. 比赛间断

正常的比赛间断为暂停和换人，比赛成死球时，裁判员鸣哨发球前，教练员或场上队长用相应的手势请求间断，在每局中，球队有一次暂停的机会，时间为 30 秒。但在世界比赛中，采用技术暂停的方法，即比赛中，当比分至 8 分和 16 分时，便为技术暂停，时间为 1 分钟。一次或两次暂停可以与双方的各一次换人相连续，中间无须经过比赛过程。同一队未经过比赛过程不得连续提出换人的请求，但在同一次换人请求中可以替换两名或更多的队员。暂停时，比赛队员必须离开比赛场区到球队席附近的无障碍区。

5. 延误比赛

延误比赛的行为包括：换人延误时间；在裁判员鸣哨恢复比赛后，拖延暂停的时间；请求不符合规则的替换，在同一局中再次提出不符合规定的请求；场上队员拖延比赛的继续进行。延误比赛为全队的行为犯规，同一局中第一次延误应判延误警告，再次出现则判延误判罚。

三、技术性规定

1. 发球

发球队员必须在第一裁判员鸣哨 5 秒钟内，将球抛弃或持球手撤离，在球落地前，用一只手或手臂的任何部分将球击出。如球未触及发球队员而落地，则被认为是一次发球试图，每一次发球时都允许有一次发球试图。在发球试图后，第一裁判员应及时鸣哨允许再次发球，发球队员必须在再次鸣哨后的 3 秒钟内将球发出。发球队员在击球时或击球起跳时，不得踏及场区（包括端线）或发球区以外的地面。

2. 队员的场上位置

在发球队员击球时，双方队员必须在本场区内各站两排，每排三名队员。发球队员不受场上位置的限制。队员的位置是根据其脚的着地部位来判定的，每一名前排队员至少有一只脚的一部分，比同列后排队员的双脚距中线更近；每一名右边（左边）队员至少有一只脚的一部分，比同排中间队员的双脚距场地的右（左）边线更近。在发球队员击球的一刹那，场上队员脚的着地部位必须符合其位置要求。在发球后，队员可以站在本场区和无障碍区的任何位置上。

3. 网下穿越

在不妨碍对方比赛的情况下，允许队员在网下穿越进入对方空间。允许队员的一只脚或双脚越过中线触及对方场区的同时，脚的一部分还接触中线或置于中线上空。除脚以外，不允许队员身体的任何其他部分接触对方的场区。在比赛中断后，队员可以进入对方场地。

4. 触网

新规则规定触网为犯规，但队员在无试图击球的情况下偶尔触网不算犯规。所谓无试图击球，意指已经完成了击球动作和击球试图，如完成扣球动作或掩护扣球动作之后，偶尔触网则不算犯规。

5. 进攻性击球

进攻性击球指除发球和拦网外的其他所有直接向对方的击球。当球的整体通过球网的垂直面或触及对方队员，则完成了进攻性击球。前排队员可以对任何高度的球完成进攻性击球，但触球时必须在本场地空间。后排队员则允许在后场区对任何高度的球完成进攻性击球，但起跳时脚不得踏及或越过进攻线，击球后脚可以落在前场区。如果后排队员在前场区完成进攻性击球，在触球时，球的一部分必须低于球网上沿。

6. 拦网

拦网是指队员靠近球网，将手伸向高于球网处阻挡对方来球的行动。触及到球的拦网行动即为完成拦网。只有前排队员允许完成拦网，后排队员不得完成拦网。如后排队员将球拦回，则为犯规。如拦球到本方场区，则为本队的第一次击球。前排队员的拦网触球不算作本队的一次击球，因此本队拦网后还可以再击球三次。拦网时，队员可以将手或手臂伸过球网，但不得影响对方击球，过网拦网触球应在对方队员完成进攻性击球之后。在一个拦网动作中，允许球迅速而连续地触及一名或更多的拦网队员。

7. 比赛中的击球

规则规定队员身体的任何部位都允许触球。但球必须被击中，不得接住或抛出，球可以向任何方向反弹，如果队员违反了上述规定，则判为持球。

规则规定球必须同时触及身体的不同部位，如果球先后触及队员身体的不同部位，则为连击犯规。但是在拦网动作中，允许同一队员或同一拦网中的不同队员，在一个单一的动作中连续触球。在球队的第一次击球时，允许队员身体的不同部位在同一击球动作中连续触球。第一次击球指接发球、接进攻性击球、接本方拦起的球和接对方拦回的球。而在本队第二次和第三次击球时，则不允许球连续触及身体的不同部位。

第四章　足球

第一节　足球运动概述

足球运动是世界上开展最为广泛、影响最大的体育项目之一，被誉为“世界第一运动”，深受广大群众，特别是青少年的喜爱，是国际上规模最大的单项体育组织。

由于足球运动所具有的特殊魅力，一场精彩的足球比赛，会吸引成千上万的观众，据不完全统计，现在世界上经常参加比赛的球队约 80 万支，登记在册的运动员有 4000 多万人，其中职业运动员有 10 万多人。

一、足球运动的特点

（一）对抗激烈

在比赛中，为了把球踢进对方球门，会围绕着争夺控球权而进行激烈的拼抢与竞争，尤其是在罚球区附近的争夺更为激烈。高强度、强对抗已成为现代足球的重要标志和特点。

（二）技术动作多，战术复杂，难度大

足球是一项非周期性的运动项目。足球运动是用人体最笨拙部位——脚去支配和控制球的，因此技术动作比较难掌握，在足球比赛中，除了守门员在罚球区内可以用手臂以外，其他队员都不准用手臂触摸球。由于足球比赛参加的人数多，场上出现的情况瞬息万变，行动不易协调和统一，因此攻、守战术的配合相对来说，要比其他项目困难些。

（三）比赛时间长，能量消耗大

正式足球比赛时间为 90 分钟，有的比赛还有附加赛 30 分钟，甚至以互罚点球决定胜负。在一场激烈的比赛中，一名优秀运动员的跑动距离达 10000 米以上，少则也有 6000~7 000 米以上，同时运动员要做上百个有球或无球动作，体能消耗很大，据测定，一场激烈的比赛会使运动员的能量消耗 2000 卡左右、体重下降 3 至 5 千克。

二、足球运动发展简况

（一）我国足球运动发展概况

1. 我国古代足球游戏要比其他国家早 1000 多年

据有关史料记载，我国古代足球游戏起源于公元前 475 年—公元前 221 年的战国时代。古代足球游戏称“蹴鞠”或“踏鞠”。“蹴”和“踏”都是踢的意思，“鞠”则是指球。早在 2000 多年前的战国时代，我们的祖先就用皮革制作内填毛皮一类有弹性物质的球了。

2. 我国古代足球游戏的发展

公元前 206 年—公元 220 年的汉朝时期，“蹴鞠”已是一项重要的游戏活动。

公元 618 年—907 年的唐朝，蹴鞠最为盛行，场地器材有了发展，其一是有了“充气的球”，其二是设立了“球门”。

公元 960 年—1279 年的宋朝，开始出现球会组织。到了元、明、清朝（公元 1271 年—1840 年），受儒家“中庸之道”“君无所争”的观念影响，社会上兴起“重义轻武”“立静恶动”之风，足球游戏由对抗演变为表演，至清朝时，足球已改为冰上游戏，到了清朝中期（1750 年前后），我国古代足球游戏走向消亡。

前任国际足球主席阿维兰热 1985 年在北京举行的“国际足联 16 岁以下柯达杯世界足球锦标赛”开幕式致辞时说，“我们这项体育运动起源于中国”。

3. 旧中国的足球运动

1840 年鸦片战争后，中国香港沦为英国殖民地，现代足球运动也随之传入中国，1908 年我国成立了现代足球的第一个组织———南华足球会。旧中国 1910 年和 1914 年举行过两届全国运动会，均把足球列为正式项目。同时旧中国时期足球队 1913 年至 1923 年还参加了六届远东运动会足球比赛，除第一届外，其余五届均获冠军。1923 年至 1936 年，是旧中国足球兴旺发展的时期，在第七至十届远东运动会足球比赛中连续夺冠，而且足球队还参加了在柏林举行的第 11 届奥运会，对提高中国足球运动水平和扩大国际影响力起到了重要的作用。1937 年日本帝国主义发动了侵略，使正值发展时期的中国足球运动受到严重的破坏，沪港两地埠际对抗赛到 1940 年终止。1945 年抗日战争胜利后，足球运动在香港、上海、东北等地恢复较快，曾举办过全国足球比赛和香港与上海的埠际对抗赛等，并派队参加了在伦敦举行的第 14 届奥运会足球比赛。

4. 新中国的足球运动

1974 年 9 月，中国足球协会被亚足联第六届大会接纳为亚洲足球联合会员之后，1979 年 10 月 13 日通过了重新接纳中华人民共和国足球协会为会员的决议。从此中国又回到世界足球大家庭。

1974 年至 1990 年，我国国家队、青年队及少年队先后参加了亚洲杯、亚运会、奥运会、世界杯等重大比赛，1978 年在第八届亚运会比赛中国家队获第三名，1983 年和 1985 年，国家青年男队分别打入第二届和第三届世界青年足球锦标赛的决赛圈，1988 年打入第 24 届奥运会足球决赛圈。更值得一提的是我国女子足球运动水平在这一阶段得到迅速发展，1986 年 12 月，在第六届亚洲杯女子足球锦标赛上获得冠军，1988 年在广州国际足联女子足球锦标赛上取得第四名，1989 年在香港第七届亚洲杯女子足球锦标赛上再次取

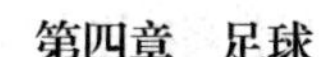

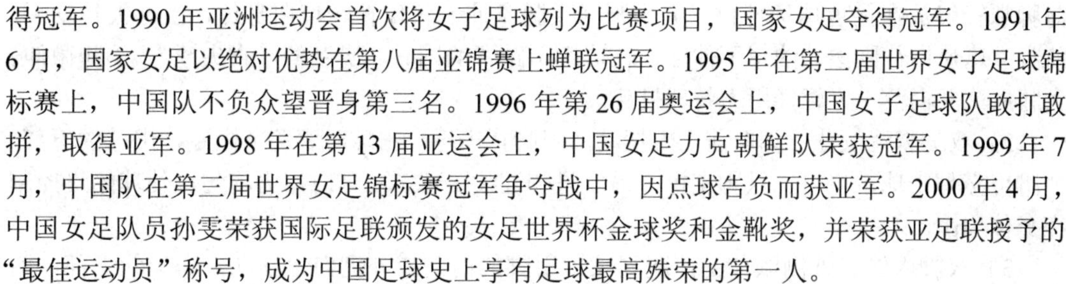

得冠军。1990 年亚洲运动会首次将女子足球列为比赛项目，国家女足夺得冠军。1991 年 6 月，国家女足以绝对优势在第八届亚锦赛上蝉联冠军。1995 年在第二届世界女子足球锦标赛上，中国队不负众望晋身第三名。1996 年第 26 届奥运会上，中国女子足球队敢打敢拼，取得亚军。1998 年在第 13 届亚运会上，中国女足力克朝鲜队荣获冠军。1999 年 7 月，中国队在第三届世界女足锦标赛冠军争夺战中，因点球告负而获亚军。2000 年 4 月，中国女足队员孙雯荣获国际足联颁发的女足世界杯金球奖和金靴奖，并荣获亚足联授予的“最佳运动员”称号，成为中国足球史上享有足球最高殊荣的第一人。

1994 年起实行以俱乐部职业队为主的全国甲级 A、B 组联赛（现更名为中国足球超级联赛），我国足球运动水平得到了迅速的提高，中国足球事业飞速发展，经过几代人的努力，44 年后，终于在 2001 年亚洲十强赛中，中国男足以 6 胜 1 平 1 负的战绩夺得小组第一名，获得直接进入第 17 届世界杯 32 强决赛圈的资格，首次冲出亚洲走向世界。

（二）世界现代足球运动发展概况

1. 亚洲足球运动发展概况

亚洲足球联合会成立于 1954 年，总部设在马来西亚，拥有 37 个会员国，我国于 1974 年 9 月被亚足联接纳为会员，国际足联 1979 年 10 月 13 日重新接纳中华人民共和国足球协会为会员。亚洲足联举办的比赛有两大赛事，一是亚洲杯，从 1956 年起每四年举行一次，二是亚运会足球比赛，自 1951 年开始，也是每四年举行一次。

2. 世界足球运动发展概况

1）现代足球运动诞生于 1863 年 10 月 26 日，英国成立了世界上第一个足球组织——英国足球联合会，并制定了统一的足球规则，故世界足坛把这一天称为现代足球运动的诞生日。1846 年，英国剑桥大学为了适应本国各学校比赛而综合制定了一个简单的规则，当时称之为“剑桥规则”。

2）1863 年以后，欧洲一些国家纷纷成立了足球协会。1885 年英格兰首创了职业足球俱乐部，这是世界上第一个职业足球俱乐部。1904 年 5 月 21 日，在巴黎由法国、瑞士、西班牙、荷兰等国的代表发起成立国际性的足球组织——国际足球联合会。

到目前为止，国际足联已成为世界上最大的体育单项组织，总部设在瑞士的苏黎世，拥有 200 多个会员国。国际足联举办的重大足球比赛有世界杯男子足球比赛、奥运会足球比赛和世界女子足球锦标赛。

第二节　足球的基本技术与教学方法

一、颠球

颠球是指运动员用身体的各个有效部位连续地触击球，并加以控制尽量使球不落地的技术动作。

1. 技术动作要领

1）支撑脚踏在球的侧后方 25~30 厘米处，膝关节微屈，牢固支撑身体重心，挑球脚前脚掌轻轻放在接近球顶部位，屈小腿（大腿微伸）将球轻轻拉向身体，当球被拉动后，前脚掌迅速向往回滚动的球下伸去，在球滚至趾背的同时，脚趾伸（脚尖翘）、小腿微伸、大腿屈，并向前上方轻轻用力将球挑起。

2）双脚脚背颠球：脚向前上方摆动，用脚背击球，击球时踝关节固定，击球的下部。两脚可交替击球，也可一只脚支撑，另一只脚连续击球。击球时用力均匀，使球始终控制在身体周围。

3）双脚内侧、外侧颠球：抬腿屈膝，用脚的内侧或外侧向上摆动，击球的下部，两脚内侧或外侧交替击球。

4）大腿颠球：抬腿屈膝，用大腿的中前部位向上击球的下部，两腿可交替击球，也可一只脚做支撑，用另一侧的大腿连续击球。

5）头部颠球：两脚开立，膝盖微屈，用前额部位连续顶球的下部。顶球时，两眼注视球，两臂自然张开，以维持身体平衡。

2. 易犯错误

1）脚击球时踝关节松弛，造成用力不稳定。

2）击球时脚尖向下或向上勾，造成球受力后向前或向后触碰身体，使球难以控制。

3）颠球时身体其他部位不够放松，以至于动作僵硬。

4）头部颠球时腿部、躯干、颈部配合用力不协调，仅靠颈部。

3. 练习方法示例

1）一人一球颠球：体会触球的时间、触球的部位、触球的力量和整个动作的协调配合。

2）两人一球颠球：用脚背、大腿、头部以及身体各部位触球，掌握好触球的力度，尽量不让球落地。每人可触球一次颠给对方，也可触球多次互颠。

二、踢球

踢球是指运动员有目的地用脚把球击向预定目标的技术。踢球是足球技术中最重要的技术，主要用于传球和射门。

1. 技术动作结构分析

踢球的方法很多，动作要领也有所不同，但是每一种踢法都是由助跑、支撑脚站位、踢球腿的摆动、脚触球和踢球后的随前动作五个环节组成。在这五个环节中，支撑脚的站位、踢球腿的摆动、脚触球是主要的因素。

（1）助跑

调整人与球的方向、距离，以便在踢球时使支撑脚处于正确位置，从而增加击球力量。助跑最后一步要大一些，为踢球腿的充分摆动、增大摆腿速度、制动身体的前冲和提高击球的准确性创造条件。

（2）支撑脚站位

支撑脚的位置要以踢球腿的摆动能达到最大的摆幅、发挥最大的速度和有利于踢球脚准确地接触球的合适部位为原则。支撑脚的位置一般是由所使用的踢球方法来决定的：凡采用的踢法需要踩在球侧后方的，一般距离球 25~30 厘米。踢活动球时，更要掌握好支撑

脚的位置。因支撑脚落地球在继续运行之中，要把踢球脚后摆的时间计算在内。如追踢向前滚动的球时，支撑脚落地的位置要稍靠前，这样才能与球保持合适的距离。支撑脚要积极踏地以制动身体的前冲力量；膝关节要微屈，以维持身体的平衡并保证充分摆腿及自如踢球，支撑脚实际上起着固定支点的作用。

（3）踢球腿的摆动

摆幅的大小、摆速的快慢、踢出去的摆动动作是否正确，直接关系到踢球的力量、击出球速度和球的运行距离。踢球腿的摆动是在支撑脚跨步时（助跑最后一步）顺势向后向前摆。当膝盖摆到接近球的垂直上方的刹那或球内侧的垂直上方的刹那，小腿加速前摆。

（4）脚触球

一般来说，用脚的某一部位击球的后中部，作用力通过球心，出球平直。当踢各种活动来球时，应准确判断来球的速度、方向等，根据出球目标，合理选择踢球脚以及踢球脚的部位和击球的部位。在现代足球比赛中，运动员已广泛地采用了弧线球（香蕉球）踢法。这种踢法主要运用脚背内侧或外侧击球，击球的作用力不通过球心，使球产生旋转，并沿着一定弧线运行。这种球具有一定的隐蔽性。

（5）踢球后随前动作

踢球后随着腿的前摆和送髋，使身体重心向前移动，这样易于控制出球方向并可加大踢球力量，还能缓和因踢球腿急速前摆而产生的前冲惯性，以维持身体的平衡。

2. 技术动作要领

踢球的方法很多，主要有脚内侧、脚背正面、脚背内侧、脚背外侧以及脚尖和脚跟踢球等。

（1）脚内侧踢球

其特点是脚与球接触面积大，出球准确平稳，且易于掌握。但出球力量相对较小。

1）脚内侧踢定位球：直线助跑，支撑前的最后一步稍大，支撑脚站在球的侧面约 15 厘米处，脚尖正对出球方向，支撑腿膝关节微屈。在支撑脚着地时，踢球腿大腿带动小腿由后向前摆动，在前摆的过程中大腿外展，当膝关节的摆动接近球的正上方时小腿做爆发式摆动，在触球前将脚跟送出使得脚内侧部位所形成的平面与出球方向垂直，踢球脚脚底与地面平行，脚尖微微翘起，踝关节功能性地紧张使脚型固定，触球后身体跟随移动，髋关节向前送。

2）脚内侧踢各种方向来的地滚球时主要应考虑：脚触球瞬间，支撑脚与球的相对位置能否保证与踢定位球时基本相同。出球方向应考虑与脚接触时的入射角及球运行的速度。由于来球方向不同，踢球腿摆动多数依靠小腿爆发式的摆动。

（2）脚背正面踢球

脚背正面踢球由于其解剖特点，力量大，准确性也较强。但出球的方向及性质相对变化也较小。

脚背正面踢定位球：直线助跑，最后一步稍大些，支撑脚积极着地支撑，在球的侧面 10~12 厘米处，脚尖正对出球方向，膝关节微屈，踢球腿随跑动向后摆动，小腿屈曲，支撑的同时踢球腿以髋关节为轴，大腿带动小腿由后向前摆动。当膝关节摆至接近球的正上方时，小腿做爆发式的摆动，脚趾屈，以脚背正面部位击球的后中部。击球后身体及踢球腿随球前移。

（3）脚背内侧踢球（又称内脚背踢球）

这是一种用第一跖骨及跖趾关节部位触击球的踢球方法。其技术结构与前两类踢球方法相同，但技术细节则有所区别。

1）脚背内侧踢定位球：斜线助跑，助跑方向与出球方向约成45°，最后一步稍大，以支撑脚底积极着地，脚尖指向出球方向，距球内侧后方20~25厘米，膝关节微屈。在支撑同时，踢球腿已完成后摆，并开始以髋关节为轴大腿带动小腿由后向前摆动，当大腿摆至与支撑腿接近同一平面时，小腿做爆发式摆动，此时脚尖外转、脚背绷直，以脚背内侧部位触击球。击球后踢球腿及身体继续随球向前。

2）脚背内侧踢各种方向来的地滚球：根据来球的速度、运行轨迹，选好击球时的位置并及时移动到位。在选择支撑点时应考虑到来球的情况和摆腿的速度，以保证脚触球的瞬间，球与脚的相对位置仍能保持规格要求。

（4）脚背外侧踢球（又称外脚背踢球）

脚背外侧踢球是用三、四、五跖骨部位接触球的一种方法。由于踢这种球的脚踝灵活性较大，摆腿方向变化较多，且助跑时又是正常的跑动姿势，故其出球隐蔽性较强，足球比赛中各种距离的弧线球及非弧线球均可使用。

1）脚背外侧踢定位球：助跑、支撑脚站位及踢球腿摆动均与脚背正面踢球技术的三个环节相同，脚触球是用脚背外侧部位。此时要求膝关节和脚尖内转，脚背绷紧，脚趾紧屈并提膝，触球后身体随踢球腿的摆动前移。

2）脚背外侧踢地滚球：可用于踢前方、侧前方及正侧方、侧后方来的地滚球。踢球的动作规格要求与踢定位球相同，但支撑脚站位时应考虑球的滚动速度，以保证在脚触球的瞬间支撑脚与球的相对位置符合规格要求。

（5）脚跟踢球

这是用脚跟（跟骨的后面）接触球的一种踢球方法。球在支撑脚外侧时，踢球脚在支撑脚面交叉摆到支撑脚外侧用脚跟击球。

3. 易犯错误

（1）踢定位球

1）支撑脚位置偏后，踢球时身体后仰或臀部后坐，脚触在球的后下部，踢出球偏高。

2）踢球腿的后摆摆幅较小或没有后摆，而仅是将球踢出以至前摆过分，造成踢球无力或出球较高。

3）在前摆过程中小腿爆发式的摆动过早，使得出球时并非是小腿摆速最大之时，因而出球无力（对出球方向也有影响）。

4）踢球腿摆动方向不正，以至踢球施力方向没通过球的重心，出球旋转。

5）脚趾屈得不够，以至不能用脚的正确部位触球，出球力量和方向均受到影响，且易损伤脚趾。

6）踢球脚与球接触时未能按要求接触球的合理部位，影响了出球的准确性，对出球力量及性质也相应产生影响。

（2）踢地滚球

1）支撑脚部位不当，没有根据来球的方向、速度、性能等选择支撑脚的位置，也没有对自己踢球腿的摆动速度加以控制。

2）没有根据来球的方向和速度合理选择助跑路线和脚法。

4. 练习方法示例

（1）各种踢球技术动作的模仿练习

在地面设想有一目标（足球），跨步上前做踢球动作，然后过渡到几步慢速助跑的踢球模仿动作练习，最后可做快速助跑踢球的模仿动作练习。练习中应注意要求有设想球，尤其注意设想触球一瞬间踢球脚踝关节的固定和脚背绷紧。

（2）一人用脚底挡球，另一人踢球

此方法应注意踢球腿摆动与触球部位的正确与否。

（3）利用足球墙和标杆做踢旋转球的练习

可将标杆插在踢球者与墙之间，标杆与人及墙的距离视需要而定，开始可大些，当技术掌握后再逐步缩小。各种旋转球的练习都可以利用足球墙进行，尤其对初学者，使用足球墙既可充分利用练习时间增加练习次数，又能使练习者较好地集中注意力掌握技术规格。对于要求提高技术的练习者，足球墙同样也是一个有力的帮手。

（4）各种脚法的两人练习

若两人练习踢定位球，则辅以接球练习；若进行踢活动球练习，则可相隔一定的距离进行不停顿的连续传球练习。两人一组还可以进行有对抗的传射练习。

三、接球

接球是指运动员有目的地用身体的合理部位把运行中的球接下来，控制在所需要的范围内，以便更好地衔接下一个技术动作。

1. 技术动作结构分析

无论采用哪一种接球方法，动作结构都是由以下四个环节组成。

1）观察和移动：为了完成接球动作，事先要注意观察来球的情况。从球的运行路线、球的旋转与速度等情况中，迅速判断落点，及时移动，使自己能处于做接球动作时所需要的最佳位置。

2）选择接球的部位和接球方法：接球的不同部位和采用不同的方法，各有其不同的作用。

3）改变来球的力量：根据来球力量大小和接球实际需要，可分别采取加力或减力（缓冲）方法。

4）随球移动：接球动作一做完立即随球移动，紧密衔接下一个动作，在接球与处理球的动作之间不能有停顿。

2. 技术动作要领

（1）脚内侧接球

1）脚内侧接地滚球：支撑脚脚尖正对来球，膝关节微屈，同侧肩正对来球。接球腿提膝大腿外展，脚尖微翘，脚底基本与地面平行，脚内侧正对来球并前迎，当脚内侧与球接触的一刹那迅速后撤，把球接在脚下。当需要将球接在侧面时，支撑脚脚尖应向同侧斜指，脚内侧与来球方向成一定角度触球，同时支撑脚提踵，以前脚掌为轴做适当转动，身体移动。当来球力量不大时，只需将脚提到一定的高度，并使脚内侧与地面形成锐角轻触球。也可在触球时用下切动作使球前进之力部分转变为旋转力，而将球接在脚下。

2）脚内侧接反弹球：根据来球的落点，及时移动到位，支撑脚与球落点的相对位置在球的侧前方，支撑腿膝关节微屈，身体向接球后球运行的方向偏移。接球腿提起小腿且放松，脚尖微翘，脚内侧对着接球后球运行的方向并与地面成锐角，当球落地反弹刚离地面时，大腿向接球后球运行的方向摆动，用脚内侧部位轻推球的中上部。

3）脚内侧接空中球：根据来球的速度及运行轨迹，及时移动到位。若为抛物线较小的平空球则应根据临场的实际情况选择适当高度的接球点，将接球腿抬起，使脚内侧部位对准来球的方向并前迎，脚在接触球的一瞬间后撤，并将球接在所需的位置上。

（2）脚背外侧接球

1）脚背外侧接地滚球：将接球点放在接球腿一侧，支撑腿膝关节微屈。接球腿提起屈膝，脚内翻使小腿和脚背外侧与地面成锐角，并对着接球后球运行的方向，脚离地面的高度应略等于球的半径，然后大腿向接球后球运行的方向推送，同时身体随球移动。

2）脚背外侧接反弹球：根据来球的落点及时移动到位，支撑脚站在来球落点的侧后方，除触球部位外，其他环节均与脚背外侧接地滚球相同。

（3）脚底接球

1）脚底接地滚球：身体正对来球方向，移动前迎，支撑脚站在球的侧面（前后均可），脚尖正对来球方向，膝关节微屈。同时接球腿提起，膝关节微屈，脚背略屈，使脚底与地面约小于 45° 角（且脚跟离开地面），一般以前脚掌接触球的后上部为宜。在触球瞬间接球脚可轻微跖屈（前脚掌下点）将球停住，也可根据需要在接球同时将球推向前方或拉向身后。

2）脚底接反弹球：根据来球落点，及时前移迎球，支撑脚站在落点侧后方，脚尖正对来球方向，球落地瞬间，用前脚掌去触球的中上部，微伸膝，用脚掌将球接在体前。若需接在身后则应在触球瞬间继续屈膝，将球回拉，并伴随支撑脚以前脚掌为轴旋转 90° 以上。

（4）大腿接球

1）大腿接抛物线较大的下落球：面对来球方向，根据球的落点迅速移动到位，接球腿大腿抬起，在球与大腿接触的瞬间大腿下撤将球接到需要的位置上。

2）大腿接低平球：面对来球方向，根据来球高度，接球腿大腿微屈，送髋前迎来球，在球与大腿接触瞬间收撤大腿，使球落在所需要的位置上。

（5）胸部接球

1）挺胸式接球：面对来球站立（两脚左右或前后开立），两膝微屈，重心置于支撑面内，上体后仰，下颌微收，两臂自然张开，维持身体平衡。接触球瞬间，两脚蹬地，膝关节伸直且胸部轻托球的下部使球微微弹起于胸前上方。对于较高的平直球也可采用这种方法将球接于胸前，但触球瞬间膝关节由直变屈，脚由提踵状态变全脚掌落地，整个身体保持接球时的姿势，下撤将球接在胸前。

2）收胸式接球：多用于接齐胸高的平直球。面对来球，两脚左右或前后开立，两臂自然张开，挺胸迎球，触球瞬间收胸、收腹、臀部后移将球接在体前。若需要将球接在体侧，则触球瞬间转体将球接在转体后相应的一侧。

3. 易犯错误

（1）接地滚球

1）球从脚下漏过。主要原因是未掌握好脚的触球部位距离地面的高度。

2）接球时将球卡死在接球地点，触球部位过高。

3）接球后身体不能及时跟上，影响后续对球的控制。

（2）接反弹球

1）球从脚下漏过，未能准确判断球的落点和从地面反弹的路线。

2）接球时将球卡在触球点，影响下一个动作的衔接。

（3）接空中球

1）对球在空中运行的速度与轨迹判断不准确，或迟或早、或高或低，从而造成漏接。

2）未能将球接到理想的位置。

4. 练习方法示例

（1）个人接球技术练习

1）利用足球墙进行练习：采用足球墙练习各种方法接地滚球。由开始原地接逐渐过渡到迎上去接，或开始接在脚下，再逐渐过渡到接所设想的适宜的位置上去。另外，也可练习接反弹球与空中球。

2）个人将球踢高或用手抛起，然后进行接反弹球的各种练习。

（2）多人接球技术练习

1）正面接地滚球：两人对面站立，相距 10 米左右，一人踢球，另一人接球。

2）两人在跑动中进行练习。在一定范围内跑动中练习，要求接球时尽量使用多种方法，距离近时以地滚球为主，距离远时以空中球为主，从而提高接球能力。

3）两人一组对面站立，相距 5 米左右，一人用手抛球，另一人接各种空中球（如大腿、腹部、胸部、头部），可逐渐加大距离、加大力量（或增加旋转）以适应各种变化的来球。

四、运球

从狭义上讲，仅是指运球的方法，即指用身体的某一部分触球，使球能随运球者一起运动；从广义上讲，则不仅是让球随人运动，还必须越过对方的防守，也就是说如何使用这些运球方法达到越过对方防守的目的。这里就包含了运球方法的运用问题。

1. 技术动作结构分析

运球技术动作通常是由运球方法的选择与准备、跑动中间断触球、为下一动作的连接做好准备这三个环节组成。

（1）运球方法的选择与准备

这一环节的进行是根据临场情况瞬间做出，同时随时根据需要改变运球方法，所以这一环节仅仅指开始实施运球技术时所应进行的。

（2）跑运中间断触球

这一环节是运球技术的最关键部分，当开始实施运球技术后，应根据临场情况的需要使用适宜部位去间断触球，并使球始终处在自己的控制范围内。运球跑动要自然、重心低、步幅小、频率快。运球过程中眼睛不要只注视在球上而应注意周围情况，这样才能在

临场情况发生突然变化时迅速采取措施，并将球控制到所需要的位置上去。

（3）为下一动作的连接做好准备

这里主要是指运球的任务已经结束，接着需要传球和射门时，球所处的最佳位置及身体处于何种状态更有利于下一个动作。

2. 技术动作要领

常用的运球技术有脚内侧、脚背正面、脚背外侧、脚背内侧运球。

（1）脚内侧运球

要求在运球前进时支撑脚始终领先于球，位于球的侧前方，肩部指向运球方向，支撑腿膝关节微屈，重心放在支撑腿上，另一条腿提起屈膝，用脚内侧推球前进。由于肩部指向运球方向，身体侧转，虽然移动速度较慢，但身体前倾有利于将对方与球隔开，因而这种技术多用在运球寻找配合传球时，或有对方阻拦需用身体做掩护时。

（2）脚背正面运球

运球时身体持正常跑动姿势，上体稍前倾，步幅不宜过大，运球脚提起，膝关节稍屈，髋关节前送，提踵，脚尖下指，着地前用脚背正面部位触球后中部将球推送前进。

（3）脚背外侧运球

运球时身体持正常跑动姿势，上体稍前倾，步幅不宜过大，运球腿提起，膝关节稍屈，髋关节前送，提踵，脚尖绕矢状轴向内旋转，使脚背外侧正对地运球方向，在运球脚落地前用脚背外侧推拨球的后中部。

（4）脚背内侧运球

身体稍侧转并自然协调放松，步幅小，上体前倾，运球腿提起外展，膝微屈外转，提踵，脚尖外转，使脚背内侧正对运球方向，在运球脚落地前用脚背内侧推拨球，使球随身体前进。脚背内侧运球由于身体稍侧转，不能采用正常的跑动姿势，因而不适用于高速运球。但由于接触部位和支撑位置的特点易于完成向支撑脚一侧的转动，故多用于向支撑脚一侧的转动变向运球。

（5）其他

1）拨球：利用脚踝关节向侧方的转动，以达到脚背内侧或脚背外侧触球，将球拨向身体的侧前方、侧方、侧后方。

2）拉球：将前脚掌放在球的上部或侧上部，另一脚在球的侧后方支撑，然后触球脚向后下方用力将球拉回。拉球时，除了往回拉以外，也常使用接触球的上部向左右侧拉球。

3）扣球：这种方法与拨球相同，不同的是它的用力是突然的并伴随着突然转身或急停，使对手在来不及调整重心的瞬间，突然从反方向推送球越过对手的防守。

4）挑球：用脚背部位触球的下部并突然向上方挑起，在对手来不及实施挡球动作时球已越过，运球者随球迅速跟进。

3. 运球过人方法

（1）利用速度强行过人

持球者以突然的快速推拨球并与快速的奔跑相结合越过对手的阻挡。

（2）利用身体的掩护强行过人

当持球者接近对手时双方速度减慢，持球者侧身用身体靠住对手以另一侧脚将球拨出，同时转身将对手倚在身后并随球越过对手。

（3）利用变速运球过人

对手在持球者侧面，持球者用另一侧脚运球，利用运球速度的变化达到甩掉对手或越过对手的目的。

（4）恰当地组合推、拨、挑、扣、拉、颠等动作过人

以单脚或双脚轮流选用上述动作，使组合起来的动作适时地变化运球的方向与速度，使对手难于判断过人的方向与时机，或造成对手重心出现错误的移动，运球者抓住其漏洞而越过对手。

（5）利用穿裆球过人

当运球者遇到对手从正面阻挡时，若发现对手两脚开立较大，而且重心在两脚之间，运球者应侧身运球接近对手，抓住时机将球从对手两脚之间推（拨）过，身体也随着从防守者侧面越过并控制球。这种过人的方法有时可以收到奇效。还可以用假动作引诱防守者使其两腿分开较大，然后再使球穿裆而过。

（6）人球分路过人

当防守者出脚抢球时，运球者抢先将球推（拨）到前方，而防守者的抢球脚未触到球着地时，身体重心也移过来了，这时运球者迅速从防守的另一侧越过去控制球，防守者再转身启动很难追上。若以推球时使用“蹭”的方法，蹭出弧线球来，就更有利于运球者越过防守者后控制球。

比赛中运球过人的方法很多，只有熟练地掌握上述各种运球方法和动作，并注意处理好下列诸因素，才能在比赛中较有把握地完成运球过人。

一是注意观察对手所处的位置，然后再决定自己所采取的过人方法。

二是掌握好过人时机。如运球行进速度很快时，则应离对手距离近些再实施过人动作，否则对手将有时间转身启动将球追上。用假动作过人时，应善于利用对手因判断错误而造成重心移动的时机实施过人动作，这样，对手再调整好重心时已为时过晚。

4. 易犯错误

1）眼睛只盯着球，不能随时观察周围情况，因而不能根据临场情况及早采取措施。

2）身体僵硬影响了动作的协调自如，造成不恰当的触球，或触球时力量过大。

3）运球技术运用不合理，步幅过大，重心偏高，不能随心所欲地触球控球。

5. 练习方法示例

1）在慢跑中分别用单脚的脚内侧运球、脚背正面运球、脚前外侧运球，运球方向沿直线进行。

2）在慢跑中沿弧线运球。用脚内侧、脚背内侧、脚背外侧做顺时针、逆时针运球练习。

3）慢跑中单脚交替用脚背内侧和脚背外侧运球，沿折线运行。

4）在慢跑中双脚交替用脚背内侧运球，沿折线运行。

5）拨球练习。在一定范围内自由运球，按手势用一只脚做支撑，另一只脚用脚背内侧或外侧拨球绕支撑脚做圆周运球，两脚轮流练习。

6）拉球练习。在一定范围内自然运球，听哨音后用一只脚做支撑脚，另一脚用脚前掌触球顶部，接球绕支撑脚做圆圈运动。一步一步拉球。

7）接球转身 180° 运球练习。在一定范围内自由运球，听哨音后用一只脚支撑，另一

只脚拉球至身后，沿拉球脚一方转体 180° 继续运球。

8）扣球转身变向运球练习。在一定范围内自由运球，听哨音后用一只脚支撑，另一脚用脚背内侧做扣球，使球改变方向应在 90° 以上，身体随其转动沿改变后的方向继续运球。

9）单脚交替后拉球转体 180° 练习。如先用左脚支撑，右脚拉球向后转体 180°，右脚迅速着地做支撑，左脚踏在球顶部，如此交替进行。

10）扣拨组合练习。每人一球沿折线向前运球，运球中用右脚脚背内侧扣球，扣球后用右脚支撑，接着左脚脚背外侧立即向斜前方拨球，可继续运两步球（或不运球），然后右脚支撑，左脚脚背内侧向右斜前方扣球后成左脚支撑，接着用右脚脚背外侧向斜前方推拨球，依此进行。进行这种练习应注意扣球方向能保证运球路线沿折线行进，扣球变向的角度不可太大，扣球后另一只脚应立即用脚背外侧拨球。

11）扣推组合练习。运球中，右脚脚背内侧侧向（或侧后向）扣球，左脚脚内侧推直线球。依此交替进行。

12）拉、推（拨）组合练习。用右脚将身前的球接到身后，接着用脚内侧（或脚背外侧）向同侧斜前方推（拨）出，跟上后继续运球，重复上述动作，两脚轮流进行。

五、抢截球

抢截球技术是指运动员在规则允许的范围内，使用身体的合理部位将对手的控球权夺过来或破坏掉。

1. 技术动作结构分析

抢截球技术的动作结构是由选位、抓住时机实施抢截动作、实施抢截动作后与下个动作紧密衔接三个环节组成。

1）选位：包括对对方控制球情况和接应队员情况的观察以及对对方意图的分析判断。根据观察、分析和判断，及时移动到实施抢截球最有利的位置上，这一环节虽短暂，但它是成功实施抢截球的先决条件，不具备这些条件，抢截球则是盲目的。

2）抓住时机，果断实施动作：一种是对个人控制企图越过防守时的抢截时机，这种情况多是在控球者做触球动作后，触球脚即将落地或重心已移至即将落地的触球脚时，此时实施抢截动作，持球者已无法再改变球的运球路线；另一种为对方传接球过程中的抢截时机，这种时机都是在对方将球传出后未被同伴接到前，抢先出击截获或触及球。

3）在实施抢截动作后，应迅速使身体恢复到下一个动作所需要的状态和位置：抢截技术需要在不同情况下使用不同的抢截动作，有时在实施抢截动作时会使身体呈现各种状态，可能不利于下一个动作的连接（例如倒地铲球后身体已失去正常状态），为保证与下一动作的紧密连接，应使身体恢复到所需要的状态和位置。

2. 技术动作要领

（1）正面跨步堵抢

抢球者两脚前后开立，迎着运球者而站，两膝微屈，身体重心下降并置于两脚间，当运球者与抢球者间的距离缩小到一定范围（即抢球者上前跨一大步可能触及球），运球者脚触球后即将落地或刚刚落地时，抢球者后脚用力蹬地并跨步向前，以脚内侧去堵截球，当已堵住球时，另一只脚应迅速上步。若抢球脚堵住球，两位对手也堵住球时，则抢球者应将另一只脚迅速前移做支撑脚，抢球脚在不脱离球的情况下迅速向上提拉，使球从对手脚面滚过，身体重心也迅速跟上并将球控制好。

（2）合理冲撞抢球

当防守者并肩与运球者跑动追球时，防守者重心稍下降，靠近对手一侧的手臂紧贴身体，利用对方同侧脚离地的过程，用肘关节以上部位适当冲撞对手同样部位，使对手身体失去平衡，乘机将球控制住。

（3）正面铲球

移动接近控球者，膝关节微屈，重心下降，当控球者触球脚触球后尚未落地时，抢球者双脚沿地面向球滑铲，随即用手扶地做向一侧的翻滚，并尽快起身。

（4）异侧脚铲球

当双方都不能用正常的动作触球时（指跑动中），防守者应根据与球的位置，同侧脚用力蹬地使身体跃出，异侧脚向前沿地面对着球滑出，脚底将球铲出，然后小腿外侧、大腿外侧、手依次着地。或铲出球后身体向铲球腿一侧翻转，手撑地后立即起身，使身体恢复到与下一动作衔接的状态和位置。

（5）同侧脚铲球

防守者在跑动中应根据双方离球的距离做出判断，当对手不能立即触球时，用异侧脚用力蹬地，使身体向前方跃出，同侧脚沿地面向前滑出的同时向外摆踢（脚踝应有向外的动作），用脚背外侧将球踢出。也可用脚尖将球捅出，接着向对方一侧翻转，手撑地迅速恢复到下一个动作所需要的位置。在激烈的比赛中，由于铲球可以更大限度地争取时间和扩大控制面而被广泛地运用到踢球、接球、运球、抢球技术中去。这项技术应引起高度的重视。

六、头顶球

1. 前额正面头顶球

这是由额肌覆盖着的额骨正面部分去击球的一种动作方法。

1）原地头顶球：身体正对来球方向，眼睛注视运动中的球，两脚左右开立（或前后开立），膝关节微屈，重心置于两脚间的支撑面上（或后脚上），两臂自然张开。当球运行到将垂直于地面的垂线时，两腿用力蹬地，迅速向前摆体，微收下颌，在触球瞬间颈部做爆发式振摆，用前额正面击球中部，上体随球前摆。

2）跑动头顶球：顶球的动作要领与原地顶球相同，只是第一环节应正对来球跑出抢点。球顶出后，由于跑动速度较快，为保持平衡身体须随球向前移动。

3）原地跳起头顶球：这种技术用在本方传来或对方传来高球时运用。两膝屈，重心下降，然后两脚用力蹬地起跳，同时两臂屈肘上摆，在身体上升阶段展腹挺胸，两臂自然张开，眼睛注视来球，身体自然成背弓。当球运行至身体额状面时，迅速收腹，上体前摆，触球瞬间颈部做爆发性振摆，用前额正面将球顶出。同时两腿向前做振摆，球顶出后两腿屈膝屈踝落地。

4）跑动跳起头顶球：一般助跑跳起顶球时都使用单脚起跳。根据来球的速度、运行轨迹，选好起跳位置，及时跑到起跳点，起跳前一步稍大些，起跳脚用力蹬地跳起，同时另一腿屈膝上摆，两臂屈肘自然上提。其余各环节与原地跳起头顶球相同。

2. 前额侧面头顶球

1）原地头顶球：根据来球的运行速度、运行轨迹，及时移动到位。两脚前后开立（或左右开立），出球方向的异侧脚在前，重心逐渐过渡到前脚上，眼睛注视来球，前膝微屈，两臂侧前后自然张开，当球运行至体前上方时，用力蹬地，前脚掌并适度旋转，上体随着向出球方向扭摆，同时用力向击球方向甩头，以前额侧面击球的后中部。

2）跑动头顶球：与原地额侧头顶球动作要领相同，不同的是此动作是在快速跑动中开始和完成的，注意完成动作后的身体平衡。

3）跳起头顶球：分为原地跳起顶球和助跑跳起顶球。起跳动作及第一环节与前额正面跳起头顶球相同。在起跳后的身体上升阶段上体向出球的相反方向侧摆，在身体达到最高点时，上体急速向出球方向摆出，颈部扭摆甩头，用前额侧面击来球的后中部，将球击向预定的目标。落地时屈膝以缓冲落地力量并保持身体平衡。

七、假动作

假动作渗透在各种技术中，如踢球、接球、顶球、运球、抢截球、掷界外球以及守门员技术等。

1. 技术动作结构分析

比赛中根据临场的需要及时做出使用何种假动作的决定，假动作的实施并非都是一次性的，有时为了使对手重心产生不适当的移动，需要连续做几个假动作才能奏效。实施假动作时最好能在活动中进行。

2. 技术动作要领

（1）传球前的假踢

如传球前为了使堵住传球路线的对手闪开空当，可先向一方做假踢动作，当对手去堵假踢的传球路线时，突然改变踢球脚法将球从另一方向传出。

（2）接球前的假接

如对手在体侧紧逼的情况下，可先向一侧做假接球动作，当对手重心发生不适当的偏移时，突然改变向另一侧接球。

（3）运球过人假动作

1）运球过人时的虚晃假动作，诱骗并转身越过对手。

2）先用减速或停顿的假动作，再以突然启动的方法越过对手。

3）当对手在侧后追抢时，运球者上前用异侧向前从球上跨过，诱使对手堵抢，然后用同一脚脚背外侧将球向另一侧扣回（或用另一脚脚背内侧将球扣回），甩掉对手。

4）防守者从正面迎上准备抢球，运球者用一只脚假做向另一侧前方踢球，诱使对手上前堵截，此时改假踢脚为支撑脚，用另一脚内侧将球向另一侧推出或向对手胯下将球推过，接着迅速绕过对手运球前进。

（4）抢球假动作

作为防守者，当对手运球向自己跑来时，如果防守者能调动进攻者，就可以变被动为主动，而抢截假动作就是达到此目的的一种手段。

3. 易犯错误

1）假动作不够逼真，易被地方识破。

2）真动作衔接太慢不易收到预想的效果。

3）缺乏观察判断和随机应变能力。

4. 练习方法示例

（1）在无对抗的情况下一人一球做假动作练习

1）向右（左）假踢，向左（右）拨球前进。

2）向右（左）假拨，向左（右）拨球前进。

3）向右（左）假踢触球，瞬间改用前脚掌将球拉回，再向左（右）推拨球前进。

4）向右（左）跨过球，向左（右）拨球前进。

（2）在对抗情况下练习

1）两人一组，其中一人进行消极防守，两人轮流进行假动作练习。

2）在掌握一定的假动作技术基础上可结合传球和射门进行假动作后的传球、假动作后的射门练习，也可利用 3 对 3 或 4 对 4 的传抢练习或用小比赛进行练习。

八、掷界外球

由于掷界外球接球人不受越位规则的约束，因此其不仅用于恢复比赛，而且可以为进攻创造有利条件。

1. 技术动作结构分析

1）掷界外球的动作是一个下端固定的爆发式平摆运动，需稳固的支撑。

2）根据身高和臂长掌握合理的掷出角（不超过 45°），它是影响远度的重要因素，球出手速度快则掷得远，这需要力量基础和协调用力能力。

3）充分利用助跑有助于将球掷远。

2. 技术动作要领

1）原地掷界外球：面对出球方向，两脚前后或左右开立，每脚均应有一部分站立在边线上或边线外。膝关节弯曲，上体后仰成背弓，重心移到后脚上（左右开立时，重心在两脚间），两手自然张开，拇指相对，持球的侧后部，屈肘将球置于头后。掷球时，后脚用力蹬地（或两脚用力蹬地），两腿迅速伸直，身体重心由后脚移到前脚，收腹屈体，同时两臂急速前摆。当球摆到头上时用力甩腕将球掷入场内。掷球时，后脚可沿地面向前滑动，但两脚均不得离地。

2）助跑掷界外球：两手持球放在胸前，在助跑迈出最后一步时，上体后仰成背弓，同时将球上举至头后，掷球时的动作与原地掷界外球动作相同。将球掷出后，后脚可在地面上向前滑行，但不得离地。

3. 易犯错误

1）掷界外球时动作不符合规则要求，造成犯规。

2）用力不协调，掷出角不合理而影响出球的远度。

4. 练习方法示例

1）两人一球，相距 15 米，原地掷球。

2）两人一球，相距 25 米，助跑对掷界外球。

第五章　乒乓球运动

第一节　乒乓球概述

乒乓球运动起源于19世纪末的英国，流行于欧洲，据记载是由于受到网球运动的启发。因为网球受天气气候的影响较大，一些英国大学生便发明了一种室内游戏，类似于现在的乒乓球，那时的乒乓球是橡胶或软木实心球，球台很简单就是在课桌或饭桌上支起网，颇有一番乐趣，这种游戏当时被叫作“弗利姆 - 弗拉姆”。直到一种叫赛璐珞材质制成的空心球被发明后，击球时发出“乒乓”声，故而得名。其英文名为“table tennis”俗称“桌球”，也称“桌上网球”。1926年国际乒乓球联合会正式成立，1928年国际乒联正式确定“乒乓”的名称。

乒乓球运动是一项极富有锻炼价值的运动，它的特点是球小、弹性强、速度快、变化多、易于掌握，这项运动深受广大群众喜爱，在我国被誉为“国球”。经常参加乒乓球运动，可以提高人体神经系统的灵活性、敏锐性；能改善人的心血管、脑血管系统的机能；能促进交流，增进友谊；能培养勇于进取和敢于拼搏的优良品质与作风，促进身心全面发展。

第二节　乒乓球的基本技术

一、握拍法

握拍即是指单手持球拍的方法。乒乓球握拍方法分直拍握拍法和横拍握拍法，不同的握拍法各有其优缺点，从而产生各种不同的打法。

（一）直拍握拍法

食指第三指关节贴在球拍柄右侧，食指第二指关节压住球拍的右肩，食指第一指关节自然向内弯曲。拇指第一指关节压住球拍的左肩（拇指与食指之间的距离要适中）。其他三指自然弯曲重叠，以中指第一关节托于球拍背面，保持球拍平稳。采用直握的国手有：许昕、王皓、马琳。

直拍握拍法优缺点：正反手都是用球拍的同一拍面击球，速度快，正手攻球快速有力，不论攻斜线还是直线球，球拍面变化不大，对手很难判断。但反手攻球因受身体阻

碍，较难掌握，防守时兼顾面积较小（图 5-1）。

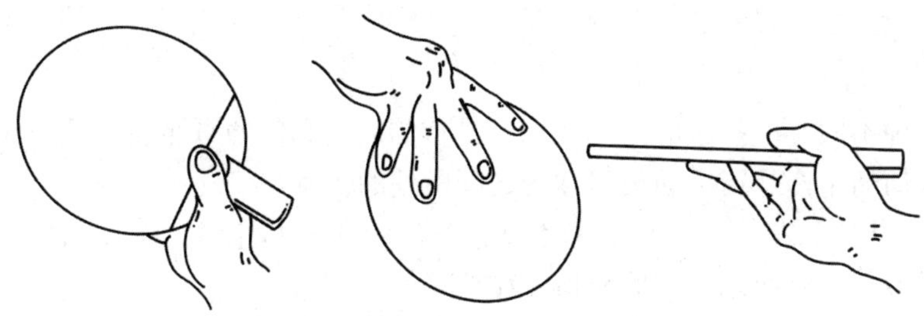
图 5-1　直拍握拍法

（二）横拍握拍法

横拍握拍法分为横拍攻击型（包括快攻和弧圈）和防守型（包括以攻为主结合削球和以削为主结合进攻）两种。这两种握拍方法基本相同，所不同的是可分为浅握和深握。浅握是指以中指、无名指、小指自然地握住拍柄，拇指在球拍的正面贴在中指旁边，食指自然伸直斜放于球拍背面，虎口轻微贴拍。深握同浅握相比，虎口要紧贴球拍。采用横握的国手有：张继科、樊振东、李晓霞、丁宁、刘诗雯。

横拍握拍法优缺点：握拍简单，通过手腕控制板型。护台范围大，正反手适合主动发力，中远台进攻颇具威胁。易于出成绩。但是台内小球处理等台内技术不如直板，横板的中间偏腋下位置始终是横板选手的软肋（图 5-2）。

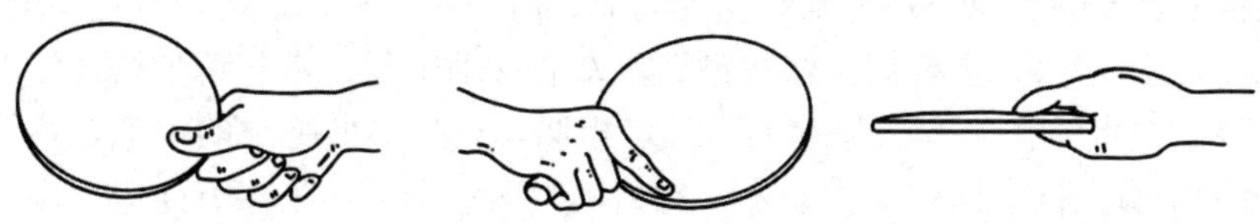
图 5-2　横拍握拍法

二、准备姿势

基本姿势是运动员在发球或接球时站立的方位和身体姿势。较好的准备姿势有利于快速启动、照顾全台，还有利于采用各种技术回击来球。

动作要领：两脚开立与肩同宽或略比肩宽，两膝微屈，前脚掌着地（主要以脚内侧蹬地），脚跟微离地面，重心置于两脚之间，上体略前倾、收腹，下颌微收，持拍手臂自然弯曲，直握拍的肘部略向外张，球拍置于腹部右前方，手腕自然放松，拍头指向右斜前方，横握拍的肘部向下，前臂自然平举，手腕自然放松，拍头指向上方，非持拍手臂自然弯曲于身体左侧。两眼注视来球。

针对性练习：学生分排站好，在教师的示范下练习准备姿势；把学生分成偶数列，单数列同学练习准备姿势，双数列同学纠正，交换进行。

三、基本站位技术与步法

（一）站位

应根据各种不同类型打法的技术特点、身体的高度和能照顾全台的要求来决定站位方法。乒乓球运动的站位是指运动员与球台之间所处的位置。

1）快攻类站位：左推右攻打法基本站位在近台 30~40 厘米，偏左站位；两面攻打法基本站位在近台 40~50 厘米，中间略偏左站位。

2）弧圈类站位：以弧圈球为主打法基本站位在中台，离台 50 厘米左右，偏左站位；两面拉打法在中间略偏左站位。

3）削球类站位：横拍攻削结合打法基本站位在中台附近；以削为主配合反攻打法基本站位在中远台附近，离台 100 厘米左右。

（二）步法

步法移动是击球的基本环节之一。确保适合的击球位置，提高击球的准确性。步法分类如下。

1）单步：是以一只脚为轴，另一只脚向前、后、左、右不同的方向移动一步，身体重心也随之落到移动脚上。

2）跨步：是以一只脚向前、后或左、右不同的方向跨出一大步，身体重心随即移到跨步脚上，另一只脚也迅速地滑动半步跟过去。

3）跳步：以一脚蹬地，两脚同时离地向前、后、左、右、跳动，双足有瞬间的腾空。跳步移动范围比跨步大，主要用于快攻型选手左右移动击球，常与跨步结合使用。

4）并步：并步的移动方法基本上和跳步相似，只是不做腾空的跳动。移动时，先以来球不同方向的脚向同方向的脚并一步，然后同方向的脚再向来球方向迈一步。

5）交叉步：先以靠近来球方向的脚作为支撑脚，使远离来球的脚迅速向前（左、右）不同的方向跨出一大步，而原作为支撑的脚跟着前脚的移动方向再迈一步。一般用来对付离身体较远的球。

针对性练习：进行单个步法练习；个人结合挥拍动作做步法练习；进行双人面对面站立步伐练习，互相观察对方并纠正错误动作；根据长短球做步法练习。

四、发球技术

发球是乒乓球的基本技术之一，发球质量的好坏直接决定着随后技战术的发挥，是比赛中力争主动、先发制人的重要环节。乒乓球的发球种类较多，基本方法有正手发奔球、正反手发左右侧上（下）旋球。

1. 正手发奔球

1）动作要领：发球时左脚稍前，身体略向右转，两膝微屈，身体略向右转前倾，持拍手自然防于身前，抛球同时，持拍手向右后上方引拍，拍面较垂直，球下落至稍高于球网时开始击球；击球中上部，向左前方发力（图 5-3）。

2）特点：速急、落点长、冲力大，发至对方右大角或中左位置，对对方威胁较大。

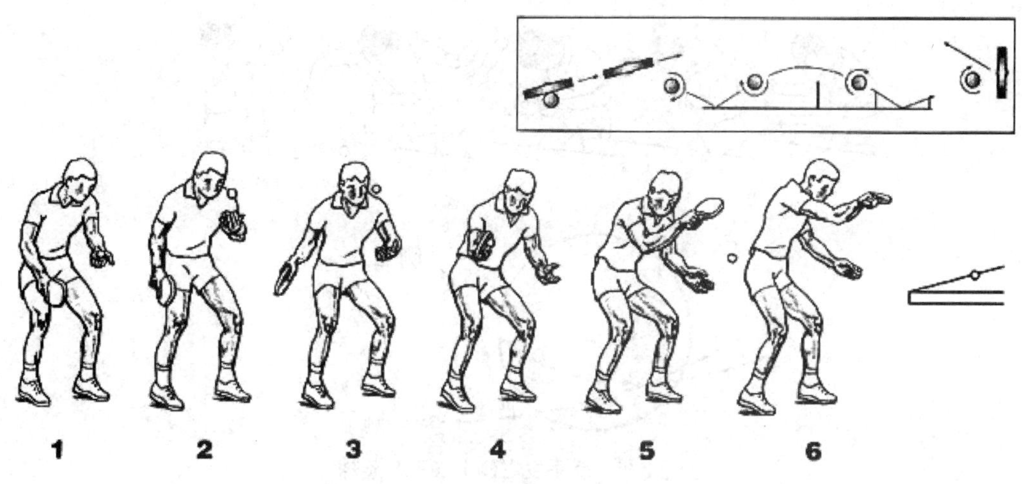

图 5-3　正手发奔球

2. 正手发左侧上（下）旋球

1）动作要领：正手发左侧上旋球时，站位左半台，抛球同时持拍手迅速向右上方引拍，身体向右转，手臂自右上方向左下方挥摆，球拍从球的右侧中下部向左侧面摩擦；若发左侧下旋球时，手臂自右上方向左前下方挥摆，球拍从球的右侧中部向左侧下部摩擦；第一落点在本方端线附近（见图 5-4）。

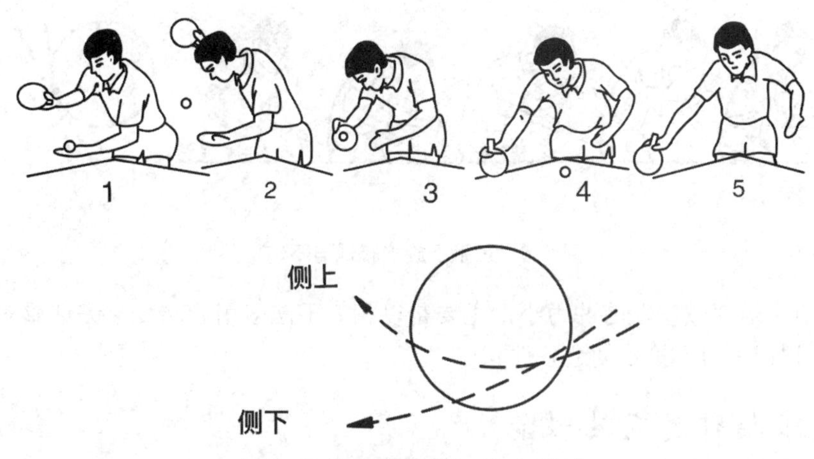

图 5-4　正手发左侧上（下）旋球

2）特点：正手发左侧上（下）旋球时，手法较为相似，并能充分发挥手臂和手腕的作用，旋转力较强，对方挡球后，向其右侧上（下）方反弹。

3. 反手发右侧上（下）旋球

1）动作要领：右脚在前，持拍手向左上方引拍，拍柄略向下。抛球后，当球下落时，前臂和手腕同时发力，向右下方挥拍，在与网同高时击球，触球瞬间手腕向右上方转动，使拍从球的中部略偏下向右上方摩擦。发右侧下旋球时手腕向右下方转动，使拍从球的中下部向右下方摩擦（图 5-5）。

2）特点：能充分运用转体动作，旋转力较强，对方挡球后，向其左侧上（下）反弹。

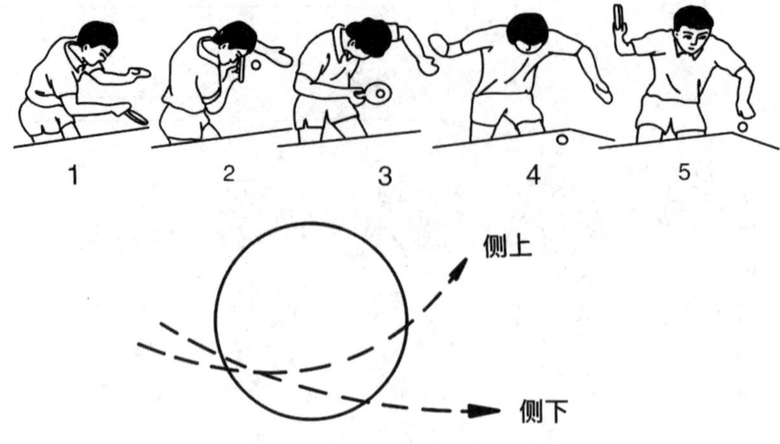

图 5-5 反手发右侧上（下）旋球

4. 正手发下旋加转球与不转球

1）动作要领：右脚在后，前臂向后上方引拍，拍面略后仰。抛球后，待球下落时前臂迅速向前下方挥动并略外旋，手腕用力转动使拍面后仰角度大些，约与网同高时击球，摩擦球的中下部（图 5-6）。

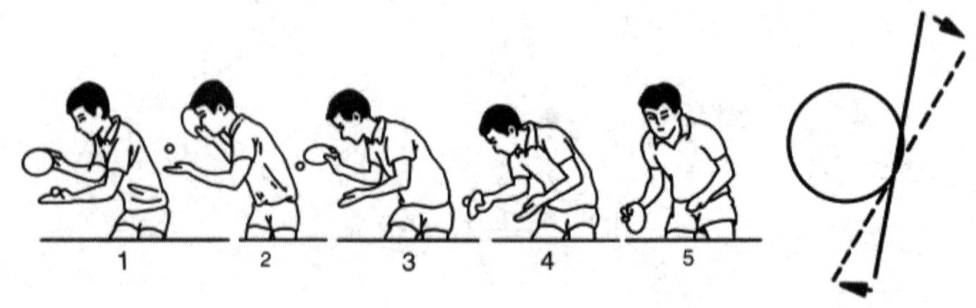

图 5-6 正手下旋加转球与不转球

2）特点：球速较慢，前冲力小，主要是以相似手法多用旋转变化来迷惑对方，造成对方接球失误或为自己抢攻创造条件。

五、球拍种类及其性能

乒乓球的运行，有的飘忽难测、有的路线诡秘、有的势大力沉、有的绵里藏针。之所以万千变化，与球拍的选择有直接关系。不同的技术打法，要求选择不同性能的球拍。了解球拍的种类及其性能，对于提高乒乓球比赛的欣赏水平和自身参与乒乓球运动，都大有裨益。

（一）正胶胶皮拍

1. 正胶短齿胶皮拍

胶皮上有一粒粒排列均匀的圆柱形软体小颗粒，胶粒高度在 1.5 毫米之内，一般高度为 0.8~1.0 毫米，颗粒密度为每平方厘米 10~50 颗，胶皮和胶粒总厚度不得超过 2 毫米。

正胶短齿胶皮拍弹力均匀，击球稳，容易掌握。这种胶粒与球摩擦能产生一定旋转。但由于它的弹性较差，球的运动速度慢，力量也不够大，本身不易制造强烈的旋转。

2. 正胶短齿生胶胶皮拍

这种胶皮在规格上和正胶胶皮很相似，颗粒的高度一般也是在 0.8~1.0 毫米之间，只是胶体的含胶量比正胶胶皮大，故颗粒比较柔软，弹性也较大。正胶短齿生胶胶皮拍击球时，在重打的情况下，控制球的能力较好，有利于消除对方弧圈球强烈的上旋。

3. 正胶长齿胶皮拍

这种胶皮的胶体很柔软，颗粒的高度一般在 1.5~1.7 毫米之间，故又称长齿胶皮。正胶长齿胶皮拍由于长齿胶皮颗粒细长，支撑力小，故颗粒在受到来球压力时容易倾斜。所以，长齿胶皮能起到改变旋转的作用。

（二）正胶海绵拍

1. 正胶熟胶海绵拍

这种球拍在木板和胶皮之间夹有一层海绵，海绵连同胶皮总厚度不得超过 4 毫米。正胶熟胶海绵拍弹力适中，回球速度在所有种类的球拍中最快，能制造一定强度的旋转，其旋转性质较“怪”，使对方不易控制，但不能制造很强烈的旋转，命中率比反胶海绵拍低。

2. 正胶生胶海绵拍

这种球拍是以一种生胶皮贴在较薄的海绵上，其胶粒和胶皮比正胶皮稍软。正胶生胶海绵拍弹力强，摩擦力较小，击出球的速度比正胶熟胶海绵拍略快，并且带有下沉，能减弱对方拉弧圈球的威力；在控制球方面也有一定成效。但不易制造悬殊的旋转变化，击球时要更多地依靠运动员本身的发力。

3. 正胶长齿海绵拍

这种球拍是把长齿胶皮贴在一层薄薄的海绵上。正胶长齿海绵拍与正胶长齿胶皮拍的性能基本相同。所不同的是，由于有了一层薄海绵，弹力相应地增大，速度相应地加快，对方接球的难度也增大了。另一方面，球的控制也更难，球的飘忽更为明显，旋转差异更大。

（三）反胶海绵拍

1. 反胶海绵拍

这种球拍是将胶皮有颗粒的一面贴在海绵上，平的一面向外。反胶海绵拍胶皮表面平整，有较大的黏性，摩擦力在所有胶皮海绵拍中最大，能“吃”住球，附在硬型海绵上可以制造出强烈的旋转球。但由于胶粒向内，表面同海绵之间有一定的空隙，因此弹力比正胶短齿海绵拍差，回球速度也比正胶短齿海绵拍慢，且不易控制旋转球。

2. 防弧海绵拍

这种球拍是在一种结构疏松的海绵上，反贴一块质地近似于正胶皮的胶皮。防弧海绵拍的海绵相对较软，胶皮厚、硬，所以弹性很差，黏性小，缓冲性高。运用这种球拍，可以有效减弱球的旋转，便于控制对方的弧圈球。

第三节　乒乓球竞赛规则及裁判法

一、球台

1）球台的上层表面称为比赛台面，应为与水平面平行的长方形，长 2.74 米，宽 1.525 米，离地面高 76 厘米。

2）比赛台面不包括球台台面的侧面。

3）比赛台面可用任意材料制成，但应具有一致的弹性，即当标准球从离台面 30 厘米高处落至台面时，弹起高度应约为 23 厘米。

4）比赛台面应呈均匀的暗色，无光泽。沿每个 2.74 米的比赛台面边缘各有一条 2 厘米宽的白色边线，沿每个 1.525 米的比赛台面边缘各有一条 2 厘米宽的白色端线。

5）比赛台面由一个与端线平行的垂直的球网划分为两个相等的台区，各台区的整个面积应是一个整体。

6）进行双打时，各台区应由一条 3 毫米宽的白色中线，划分为两个相等的“半区”。中线与边线平行，并应视为各半区的一部分。

二、球网装置

1）球网装置包括球网、悬网绳、网柱及将它们固定在球台上的夹钳部分。

2）球网应悬挂在一根绳子上，绳子两端系在高 15.25 厘米的直立网柱上，网柱外缘离开边线外缘的距离为 15.25 厘米。

3）整个球网的顶端距离比赛台面 15.25 厘米。

4）整个球网的底边应尽量贴近比赛台面，其两端应尽量贴近网柱。

三、球

1）球应为圆球体，直径为 40 毫米（从 2000 年 10 月 1 日起生效）。

2）球重 2.7 克（从 2000 年 10 月 1 日起生效）。

3）球应用赛璐珞或类似的塑料材质制成，呈白色或橙色，且无光泽。

四、球拍

1）球拍的大小、形状和重量不限，但底板应平整、坚硬。

2）底板厚度至少应有 85% 的天然木料。加强底板的黏合层可用诸如碳纤维、玻璃纤维或压缩纸等纤维材料制成，每层黏合层不超过底板总厚度的 7.5% 或 0.35 毫米。

3）球拍两面不论是否有覆盖物，必须无光泽，且面为鲜红色，另一面为黑色。

4）比赛开始时及比赛过程中运动员需要更换球拍时，必须向对方和裁判员展示他将要使用的球拍，并允许他们进行检查。

五、一些专业术语的解释

1）回合：球处于比赛状态的一段时间。

2）球处于比赛状态：从发球时球被有意向上抛起前静止在不执拍手掌上的最后一瞬间开始，直到球触及比赛台面、球网装置、执拍手手中的球拍或执拍手手腕以下部位以外的任何物体，或者到该回合被判得分或重发球。

3）击球：用握在手中的球拍或执拍手手腕以下部位触球。

4）阻挡：对方击球后，向比赛台面方向运动的球，在没有触及本方台区、也未越过端线之前，即触及本方运动员或其穿戴的任何物品。

5）越过或绕过球网装置：除从球网和比赛台面之间通过以及从球网和网架之间通过的情况外，球均应视作已“越过或绕过”球网装置。

6）端线：包括球台端线以及端线两端的无限延长线。

六、合法发球

1）发球时，球应放在不执拍手的手掌上，手掌张开并伸平。球保持静止，在发球方的端线之后，比赛台面的水平面之上。

2）发球员须用手将球几乎垂直地向上抛起，不得使球旋转，并使球在离开不执拍手的手掌之后上升不少于 16 厘米，球下降到被击出前不能碰到任何物体。

3）当球从抛起的最高点下降时，发球员方可击球，使球首先触及本方台区，然后越过或绕过球网装置，再触及接发球员的台区。在双打中，球应先后触及发球员和接发球员的右半区。

4）从球离开运动员手掌的那一刻到球被击中，球都应该在球台平面的高度之上和在发球选手的端线之上。

5）当球被击中时，发球选手或他的双打队友的身体与衣服的任何部位都不能在球与网之间的范围内。防止在接发球选手视线以外隐蔽式发球。从球被抛出到击中的时间，都必须保持在球台平面高度之上。

6）运动员发球时，应让裁判员或副裁判员看清他是否按照合法发球的规定发球。①如果裁判员怀疑发球员某个发球动作的正确性，并且他或者副裁判员都不能确信该发球动作是否合规，一场比赛中此现象第一次出现时，裁判员可以警告发球员而不予判分。②在同一场比赛中，如果发球员或其双打同伴发球动作的正确性再次受到怀疑时，不管是否出于同样的原因，均判接发球方得 1 分。③无论是否第一次或任何时候，只要发球员明显没有按照合法发球的规定发球，他将被判失 1 分，无须警告。

7）运动员因身体伤病不能严格遵守合法发球的某些规定时，可由裁判员做出免于执行的决定，但此情况须在赛前向裁判员说明。

七、合法还击

对方发球或还击后，本方运动员必须击球，使球直接越过或绕过球网装置，或触及球网装置后，再触及对方台区。

八、重发球

回合出现以下情况时，应重发球。

1）如果发球员发出的球，在越过或绕过球网装置时，触及球网装置，此后成为合法发球或被接发球员或其同伴阻挡。

2）如果接发球员或接发球方未准备好时，球已发出，而且接发球员或接发球方没有企图击球。

3）由于发生了运动员无法控制的干扰，而使运动员未能合法发球、合法还击。

4）裁判员或副裁判员暂停比赛。

5）在双打时，运动员错发、错接。

九、比赛次序

1）在单打中，首先由发球员合法发球，再由接发球员合法还击，然而两者交替合法还击。

2）在双打中，首先由发球员合法发球，再由接发球员合法还击，然后由发球员的同伴合法还击，再由接发球员的同伴合法还击，此后，运动员按此次序轮流合法还击。

十、发球、接发球和方位的选择

1）选择发球、接发球和这一方、那一方的权力应由抽签来决定。中签者可以选择先发球或先接发球，或选择先在某一方位。当一方运动员选择了先发球或先接发球，或选择了先在某一方位后，另一方运动员必须有另一个选择的权力。

2）在获得每两分之后，接发球方即为发球方，依此类推，直至该局比赛结束，或者直至双方比分都达到 10 分或实行轮换发球法，这时，发球和接发球次序仍然不变，但每人只轮发 1 分球。

3）在双打的第一局比赛中，先发球方确定第一发球员，再由先接发球方确定第一接发球员。在以后的各局比赛中，第一发球员确定后，每一接发球员应是前一局发球给他的运动员。在双打中，每次换发球时，前面的接发球员应成为发球员，前面的发球员的同伴应成为接发球员。一局中首先发球的一方，在该场下一局应首先接发球。在双打决胜局中，当一方先得 5 分时，接发球方应交换接发球次序。一局中，在某一方位比赛的一方，在该场下一局应换到另一方位。在决胜局中，一方先得 5 分时，双方应交换方位。

十一、一局比赛

在一局比赛中，先得 11 分的一方为胜方。10 平后，先多得 2 分的一方为胜方。

十二、一场比赛

1）一场比赛应采用五局三胜制或七局四胜制。

2）一场比赛应连续进行，除非是经许可的间歇。

十三、轮换发球法

如果一局比赛进行到 10 分钟仍未结束（双方都已获得至少 9 分时除外），或者在此之前任何时间应双方运动员要求，应实行轮换发球法。当时限到时，球仍处于比赛状态，裁判员应立即暂停比赛。由被暂停回合的发球员发球，继续比赛。当时限到时，球未处于比赛状态，应由前一回合的接发球员发球，继续比赛。此后，每名运动员都轮发 1 分球，直至该局结束。如果接发球方进行了 13 次合法还击，则判发球方失 1 分。轮换发球法一经实行，或一局比赛进行了 10 分钟，则该场比赛剩余的各局都必须实行轮换发球法。

第六章 羽毛球运动

第一节 羽毛球概述

19 世纪 60 年代，英国退役军官从印度孟买带回国一种类似羽毛球运动的游戏，名为“普那”（poona）。1873 年，英国波菲特公爵在拜明顿村（格洛斯特郡）的庄园宴请宾客，从印度回来的英国军官做了“普那”表演。从此，“拜明顿游戏”（Game of adminton）在英国开始流传。这种游戏就是羽毛球运动。1893 年英国举办了首届全英羽毛球锦标赛。20 世纪初，羽毛球运动由英国传到英联邦各国，随后又传到美洲、亚洲、大洋洲各国，最后传到非洲。1934 年国际羽毛球联合会成立，1939 年国际羽毛球联合会通过了会员国共同遵守的《羽毛球规则》。国际羽毛球联合会于 1948—1949 年举办了第一届汤姆斯杯赛（国际男子羽毛球团体锦标赛），1956—1957 年度举办了第一届尤伯杯赛（国际女子羽毛球团体锦标赛），1977 年举办了第 1 届世界羽毛球锦标赛。1978 年 2 月，亚、非地区的发展中国家发起成立世界羽毛球联合会（简称世界羽联）。1978 年世界羽毛球联合会举办第一届世界羽毛球锦标赛，1979 年举办了第一届世界杯团体赛和第二届世界羽毛球锦标赛。国际羽毛球联合会和世界羽毛球联合会于 1981 年 5 月 26 日宣布合并，统一称为国际羽毛球联合会。

第二节 羽毛球运动基本规则

一、比赛场地

羽毛球场地为长方形，长 13.40 米，单打场地宽 5.18 米，双打场地宽 6.10 米，球网两端离地面的高度为 1.55 米，中央为 1.524 米（图 6-1）。羽毛球场地上的线宽度为 40 毫米，线的颜色最好是白色、黄色或其他容易辨别的颜色。所有线都是它所确定区域的组成部分。从球场地面起，网柱高 1.55 米。当球网被拉紧时，网柱应与地面保持垂直。不论是单打还是双打比赛，网柱都应放置在双打边线上。球网应由深色、优质的细绳组成。网孔为方形，每边长均在 15~20 毫米之间。球网全长至少 6.1 米，上下宽 760 毫米。球网的上沿应有 75 毫米宽的白布对折成夹层，用绳索或钢丝从夹层穿过。夹层上沿必须紧贴绳索或钢丝。绳索或钢丝应牢固地拉紧，并与网柱顶取平。球网两端与网柱之间不应有空隙。必要时，球网两端应与网柱系紧。

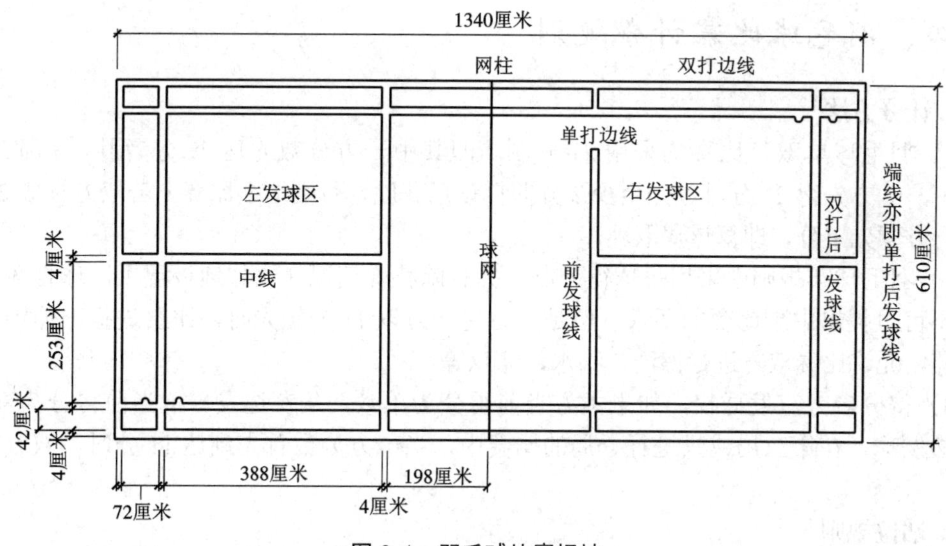

图 6-1　羽毛球比赛场地

二、羽毛球

1）羽毛球可由天然材料、人造材料或用上述材料混合制成。只要球的飞行性能与自然羽毛和包裹羊皮的软木球托制成的球性能相似即可。

2）球应有 16 根羽毛固定在球托部。最好的球是鹅毛球，一只鹅身上只能取到 4 只。羽毛长 62~70 毫米，每一个球的羽毛从球托面到羽毛尖的长度应一致。羽毛顶端成圆形，直径为 58~68 毫米。羽毛应用线或其他适宜材料扎牢。

3）球托底部为圆球形，直径为 25~28 毫米。球重 4.74~5.50 克。

4）非羽毛制成的球：用合成材料制成裙状或如天然羽毛制成的球状。球的尺寸和重量由于合成材料与天然羽毛在比重、性能上的差异，可允许不超过 10% 的误差。只要球的一般式样、速度和飞行性能不变，经有关组织批准，以下特殊情况可以不使用标准球。由于海拔或气候等条件不宜使用标准球时；只有更改才有利于开展比赛时。

三、羽毛球拍

1）球拍由拍柄、拍弦面、拍头、拍杆、连接喉构成。拍柄是击球者握住的部分。拍弦面是击球者用于击球的部分。拍头界定了拍弦面的范围。拍杆通过规则所述的部件连接拍柄与拍头。连接喉连接拍杆与拍头。

2）拍头、连接喉、拍杆和拍柄总称球拍框架。球拍长不超过 680 毫米，宽不超过 230 毫米。

3）拍弦面应是平的，用拍弦穿过拍头十字交叉或其他形式编织而成。编制的式样应保持一致，尤其是拍弦面中央的编织密度不得小于其他部分。拍弦面长不超过 280 毫米，宽不超过 220 毫米。不论拍弦用什么方式拉紧，规定拍弦进连接喉区域不超过 35 毫米，连同这个区域在内的整个拍弦面的长度不超过 330 毫米。

四、羽毛球比赛计分规则

1. 计分方法

1）羽毛球单双打比赛均采用 21 分制，即其中一方分数先达 21 分者胜，3 局 2 胜。每局中，一方先得 21 分且领先至少 2 分即算该局获胜，否则继续比赛；若双方打成 29 平后，一方领先 1 分，即算该局取胜。

2）羽毛球新规则中采用每球得分制，并且除特殊情况（比如地板湿了，球打坏了），球员不可再提出中断比赛的要求。但是，每局一方以 11 分领先时，比赛进行 1 分钟的技术暂停，允许比赛双方进行擦汗、喝水、休息等。

3）得分者方有发球权，如果本方当前得分为单数，从左边发球；当前得分为双数，从右边发球。在第三局或只进行一局的比赛中，当一方分数首先到达 11 分时，双方交换场区。

2. 站位规则

（1）单打比赛站位规则

1）发球员的分数为 0 或双数时，双方运动员均应在各自的右发球区发球或接发球。

2）发球员的分数为单数时，双方运动员均应在各自的左发球区发球或接发球。

3）如“再赛”，发球员应以该局双方总得分数来确定站位。若总分为单数，双方运动员均应在各自的左发球区发球或接发球；若总分为双数，双方运动员均应在各自的右发球区发球或接发球。

4）球发出后，双方运动员击球就不再受发球区的限制，运动员的站位也可以在自己这方场区的界内或界外。

（2）双打比赛站位规则

1）一局比赛开始获得发球权方任意一名队员应从右发球区开始发球。

2）只有接发球员才能接发球；如果他的同伴接球或被球触及，发球方得一分。

①在发球方得分为 0 或双数时，应该由发球方站在右侧的运动员发球，接发球方站在右侧的运动员接发球；发球方得分为单数时，则应由站在左发球区的运动员发球或接发球。

②每局开始首先接发球的运动员，在该局本方得分为 0 或双数时，都必须在右发球区接发球或发球；得分为单数时，则应在左发球区接发球或发球。

③发球方的非发球运动员和接发球方的非接发球运动员站在另一发球区内。

3）任何一局的接发球方得一分时，接着由接发球方运动员之一发球，如此交换发球权。注意，交换发球权时双方 4 位运动员都不需要变换站位。

4）运动员不得有发球和接发球的错误，也不得在同一局比赛中有两次发球。

5）一局胜方的任一运动员可在下一局先发球，负方中任一运动员可先接发球。

6）球发出后，双方运动员击球就不再受发球区的限制，运动员的站位也可以在自己这方场区的界内或界外。

3. 场区规则

（1）以下情况运动员应交换场区

1）第一局结束。第三局开始。第三局中或只进行一局的比赛进行至一方达到 11

分时。

2）运动员未按以上规则交换场区时，一经发现立即交换，此前已得分数有效。

（2）合法发球

1）发球时任何一方都不允许延误发球。

2）发球员和接发球员都必须站在各自发球区内发球和接发球，脚不能触及发球区的界限；两脚必须都有一部分与地面接触，不得移动，直至将球发出。

3）发球员的球拍必须先击中球托，与此同时整个拍框必须低于发球员的腰部。

4）击球瞬间拍杆应指向下方，从而使整个拍框明显低于发球员的整个握拍手部。

5）发球开始后，发球员的球拍必须连续向前挥动，直至将球发出。

6）发出的球必须向上飞行过网，如果不受拦截，应落入接发球员的发球区。

4. 羽毛球的违例

1）发球不合法违例，或接发球者提前移动。

注：发球时，球拍拍框高于握拍手的手腕（称为：过手）或者拍框过腰（称为：过腰）属于违例。

2）发球员发球时未击中球。

3）发球时，球过网后挂在网上或停在网顶。

4）比赛时，球落在球场边线外；球从网孔或从网下穿过；球未过网；球碰屋顶、天花板或四周墙壁；球碰到运动员的身体或衣服；球碰到场地外其他人或物体（由于建筑物的结构问题，必要时地方羽毛球组织可以制定羽毛球触及建筑物的临时规定，但其他组织有否决权）；球拍和球的最初接触点不在击球者网的这一方。

5）比赛进行中，运动员球拍、身体或衣服触及网或网的支持物；运动员的球拍或身体，以任何程度侵入对方场区（击球者击球后，球拍可以随球过网）；妨碍对手，如阻挡对方紧靠球网的合法击球；运动员故意分散对方注意力的任何举动，如喊叫、故作姿态等；击球时，球夹在或停滞在拍上紧接着又被拖带；同一运动员两次挥拍连续击中球两次；同一方两名运动员连续各击中球一次；球碰球拍继续向击球方场区后方飞行；运动员违反比赛连续性的规定；运动员行为不端。

6）重发球：遇到下列情形之一者，要重新发球：

①遇不能预见或意外的情况，应重发球；

②除发球外，球过网后，球挂在网上或停在网顶，应重发球；

③发球时，发球员和接发球员同时违例，应重发球；

④发球员在接发球员未做好准备时发球，应重发球；

⑤比赛进行中，球托与球的其他部分完全分离，应重发球；

⑥司线员未看清球的落点，裁判员也不能做出决定时，应重发球；

⑦“重发球”时，最后一次发球无效，原发球员重发球。

7）死球：

①球撞网并挂在网上，或停在网顶上；

②球撞网或网柱后开始在击球这一方落向地面；

③球触及地面；

④“违例”或“重发球”。

5. 发球区错误

发球区错误主要分为以下几种情况：发球顺序错误；从错误的发球区发球；在错误的发球区准备接发球，且对方球已发出。

发球区错误的裁判方法如下。

1）如果错误在下一次发球击出前发现，应重发球；只有一方错误且对方得分，则错误不予纠正。

2）如果错误在下一次发球击出前未被发现，则错误不予纠正。

3）如果因发球区错误而“重发球”，则该回合无效，纠正错误重发球。

4）如果发球区错误未被纠正，比赛也应继续进行，并且不改变运动员的新发球区和新发球顺序。

6. 比赛中的球出界判定

1）单打的边线是内侧边线的外沿；双打的边线是外侧边线的外沿。单打的前发球线是最靠近球网且平行于球网的一条线，后发球线就是底线。发球区位于前发球线和后发球线之间。

2）双打的前发球线和单打一样，后发球线是底线前的那一条线。发球区位于前发球线和后发球线之间。

7. 裁判职责

1）裁判长对比赛全面负责。临场裁判主持一场比赛并管理该球场及其周围。裁判员应向裁判长负责。发球裁判员应负责宣判发球员的发球违例。司线裁判对球在其分管线的落点宣判“界内”或“界外”。临场裁判员对其所分管职责内的事实的宣判是最后的裁决。

2）裁判员应做到：维护和执行羽毛球比赛规则，及时宣报“违例”或“重发球”等；对申诉应在下一次发球前做出裁决；使运动员和观众能随时了解比赛的进程；与裁判长磋商后撤换司线或发球裁判员；在缺少临场裁判员时，对无人执行的职责做出安排；在临场裁判员未能看清时，执行该职责或判“重发球”；记录与规则有关的情况并向裁判长报告；将所有与规则有关的争议提交裁判长（类似的申诉，运动员必须在下一次发球击出前提出；如在一局比赛结尾，则应在离开赛场前提出）。

第三节　羽毛球的基本技术

羽毛球运动的基本技术主要由上肢的基本手法和下肢的基本步法两大部分组成。上肢的基本手法由握拍、发球和击球三个技术部分组成；下肢的步法由基本站位、前场上网、中场左右和后场后退步法组成。

一、握拍技术

（一）正手握拍技术（以下介绍的基本技术均以右手握拍者为例）

（1）动作要领

先用左手握住球拍的中杠，使拍框与地面垂直；开右手，使虎口对准拍柄斜棱上的第二条棱线，此时眼睛从左至右可同时看见四条棱线，然后用近似握手的方法握住拍柄，拇指和食指贴在拍柄两侧的宽面上，其余的三指自然握住拍柄；拍柄与掌心不要握紧，应留有空隙。握拍的位置可视个人的情况而定，一般情况下，以球拍柄端靠近手掌的小鱼际为宜；握拍力度要适宜。正手发球、右场区各种击球及左场区头顶击球等，一般都采用这种握法（图 6-1）。

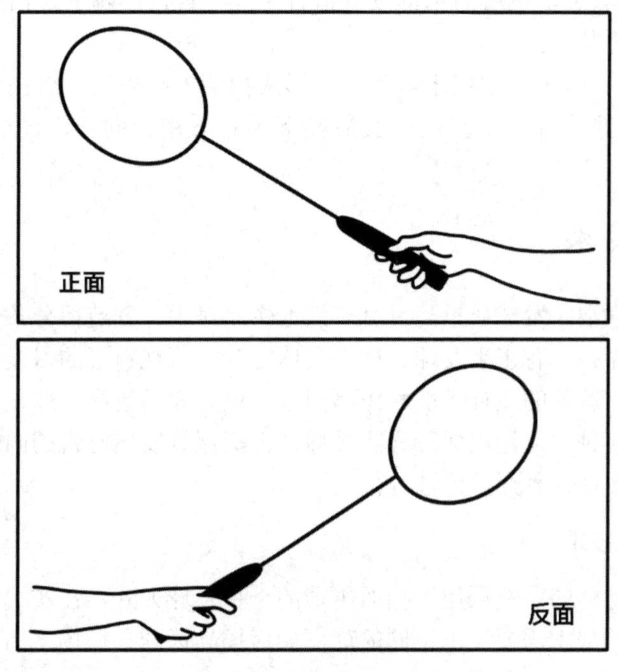

图 6-1 正手握拍技术

（2）注意事项

1）打球过程中，手指不离开拍柄；除反手击球动作外，手指与球拍位置不发生改变，仅在杀球、抽球或需要很大发力的高球时可适当加重握拍力度，尽量放松握拍。

2）绝对不能在击球过程中，将食指伸直，以防受伤。

（二）反手握拍技术

（1）动作要领

在正手握拍的基础上，将球拍柄稍向外旋，拇指顶贴在拍柄第一斜棱旁的宽面上，也可将大拇指放在第一、二斜棱之间的小窄面上，食指稍向下靠；击球时，靠食指后的三指紧握拍柄，同时拇指前顶发力击球；为了便于发力，掌心与拍柄间要留有充分的空隙（图 6-2）。

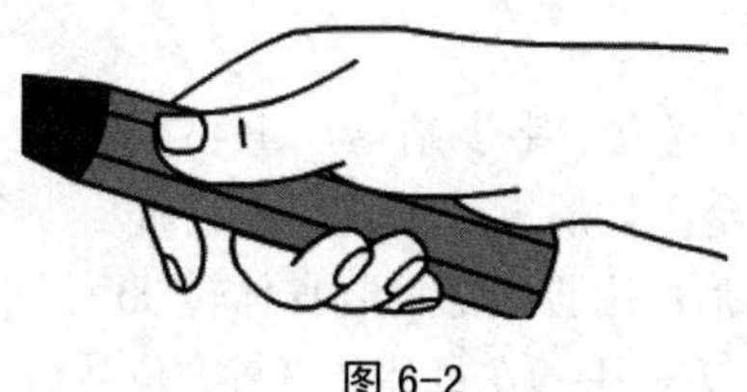

图 6-2

（2）注意事项

1）采用“西方式”握拍法握拍。这种握拍方法在羽毛球击球中，主要在近网扑球和封网时才较多使用。

2）“一把抓”握拍，即食指低于拇指与中指并拢握拍。

3）食指过于前伸，直接按在拍柄上部，造成在击球瞬间难以握紧球拍发力。

4）击球前握拍太紧，掌心与拍柄没有留有空隙，直接影响了握拍的灵活变化，同时也影响了击球瞬间的发力。

5）握拍时，小鱼肌未和拍柄末端齐平，形成拍柄末端外露。这在双打发球、平抽挡和封网时是正确的握拍方法，但在一般情况下不宜采用。同样，过于后握球拍也是错误的。

二、发球技术

发球是比赛的开端。发球质量高，可有效地牵制对手，创造得分条件，甚至可直接得分。就发球的姿势而言，有正手发球、反手发球之分。可视自己的习惯或战术的需要来选用正手或反手发球。就球的飞行角度和距离而言，可分为后场高远球、后场平高球、后场平射球和网前小球四种。无论用何种方式发球，在把握好发球时机的同时，还要注意发球动作的隐蔽性、突变性、落点多样性等待点。

（一）正手发球技术

正手发球是在身体的右侧采用正拍面击球的一种发球方式，在实战中被广泛采用。正手发球可根据不同的战术需要发出不同的球，如后场高远球、后场平高球、后场平射球和网前小球等不同弧度的球（见图 6-3）。

图 6-3 正手发球

1. 动作要领

1）侧身对网，双脚与肩同宽成丁字步站立，重心在两腿之间；左手手臂弯曲，以酒杯状持球于胸口前方；右手拉至身体后方，手臂可直可屈。

2）左手无初速度将球抛落后，用腰腹部控制身体转 90°，重心移至左脚，右脚尖踮起；同时右手手臂伸直转至身体正前方，手腕在身体 7 点钟方位从后往前上方击打下落的球。

3）球离开拍面后，可放松手肘同时依照惯性挥动大臂至左上方，手肘超过下颚。

2. 注意事项

1）击球有效部位在拍面中间从上往下数第 6 至第 8 根横线。

2）击球时不能屈肘，手腕快速击球且拍面要正对前方，身体转正的同时击球以保证球的飞行轨迹高、远、直。

（二）反手发球技术

反手发球技术是在身体的左前方用反拍面击球的一种发球方式。同正手发球技术一样，用反手同样能发出各种弧度的球；与正手发球所不同的是，反手发球时动作的力臂距离相对要小，发球时对球的控制力更强，加之反手发球动作更具一致性、隐蔽性和突然性，因此在比赛中，尤其是在双打比赛中反手发球被广泛采用（图 6-4）。在实战中，发球方根据双打战术的特点和需要，常以发反手后场平高球、后场平射球和网前小球为主。

图 6-4　反手发球

1. 动作要领

1）准备动作：两脚与肩同宽，右脚在前，左脚尖侧后点地，重心放在前脚上；用左手的拇指、食指、中指握住球的羽毛处，将球置于腹前腰部以下；右臂屈肘稍向上提起，用反手握拍，以反拍面将球拍自然置于腹前持球手的后面，两眼正视前方，完成发球前的准备姿势。

2）引拍动作：左手放球的同时，右臂以肘为轴，前臂旋内。带动展腕由后向前做回环半弧形引拍动作。

3）击球动作：击球时屈指伸腕，拇指前端发力，用正拍面向前上方将球击出。

4）击球后的动作：发高远球、平高球时以制动动作结束发力，发近网小球时拍面自然前送。

2. 注意事项

1）发远球时用正拍面击球，发小球时用后仰拍面击球；

2）发远球时用弹射的力量，发小球时用切击的力量；

3）击球点应在身体的前方；

4）发球时拍面不可超过腰部和手，否则被判犯规。

三、羽毛球的准备动作与正反手挑球技术

1. 准备动作

（1）技术要领

1）双脚与肩同宽站立，右脚在左脚前半个脚的距离；双手平举，双肘距离宽过身体，小臂向内成八字，球拍拍头与胸口正中持平。

2）膝盖微屈，同时提起脚后跟，用脚前掌着地。

（2）注意事项

1）脚尖垂直于球网，同时膝盖垂直下蹲，脚尖与膝盖都不要成内八字或外八字。

2）右手举起拍子，左手同时也要举起保持平衡。

3）在发球至球落地的过程中，每次击球结束都要迅速恢复准备动作等待下一个来球。

2. 正手挑球（右脚迈一步击球）

（1）技术要领

正手挑球的技术要领（准备活动后）包括以下三点。

1）右脚向右前方迈出一步同时右手手臂伸直伸向预备击球点，手腕从后往前上方击打落下的球，同时左手向后伸出保持身体平衡，手、身体与脚成一直线指向击球点。

2）球离开拍面后，可放松手肘同时依照惯性挥动大臂至左上方，手肘超过下颚。

3）右脚收回的同时左右手收回，恢复准备动作等待下一次击球。

（2）注意事项

1）右腿屈膝成弓箭步，右脚脚尖打开（脚尖比身体前进方向更向右方打开）防止脚踝扭伤。

2）击球时不能屈肘，手腕快速击球且拍面要正对前方，以保证球的飞行轨迹高、远、直。

3. 反手挑球（右脚迈一步击球）

（1）技术要领

反手挑球的技术要领（准备活动后）包括以下四点（图 6-5）。

1）调整至反手握拍动作 1，转动腰腹部右脚向左前方迈出一步同时右手屈肘，肘部指向预备击球点，同时左手向后伸出保持身体平衡，手、身体与脚成一直线指向击球点。

2）小臂从下往上挥动至与大臂成一直线后，手腕从后往前上方击打落下的球，并适当使用腰腹力量。

3）球离开拍面后，可依照惯性挥动大臂至上方。

4）转动腰腹部收回右脚的同时左右手收回，恢复准备动作等待下一次击球。

（2）注意事项

1）右腿屈膝成弓箭步，右脚脚尖与弓箭步成一直线防止脚踝扭伤。

2）大拇指竖直击球，击球时不能屈肘，手腕快速击球且拍面要正对前方，以保证球的飞行轨迹高、远、直，并适当使用腰腹力量。

图 6-5　反手挑球

四、羽毛球网前正、反手步法

1. 正手上网挑球（两步上网）

（1）技术要领

1）在中场（整个场地的中心）准备启动前，脚跟一定要虚提，并且要保持轻微的晃动，通俗讲就是两个脚不要站死，这样才能在启动时迅速出脚。

2）为了加速上网，还可采用垫步上网，即用右脚向右前方（步法练习时为向右前方 45°）迈一小步后，左脚快速跟进到右脚跟后，利用左脚掌内侧后蹬，右脚向右前方跨出一大步（图 6-6），身体重心也从双腿之间移至右脚。

图 6-6　正手上网步法脚步示意图

3）右脚向右前方跨出一大步的同时，手臂右手伸出准备击球，动作参考正手挑球动作，在此之前左右手一直保持在准备动作时的位置。

4）球离开拍面后，可依照惯性挥动大臂至上方。

5）击球结束退回中场时采用交叉步法，左右手收回的同时右脚在不转动腰腹部的前提下迅速向后移至左脚后，同时重心从右脚收回至双腿之间，右脚着地后左脚向后移至右脚后（此时左脚大致与准备启动前的站位相同），左脚着地后，右脚退回同时双脚小跳调整左右脚站位与准备启动前站位一致，等待下一次击球。

（2）注意事项

1）上网的最后一步右腿屈膝成弓箭步（稳住身体重心），右脚脚尖打开（脚尖比身体前进方向更向右方打开）防止脚踝扭伤。

2）击球时不能屈肘，手腕快速击球且拍面要正对前方，以保证球的飞行轨迹高、远、直，并适当使用腰腹力量。

3）除击球动作外，左右手一直处于准备动作时的位置，身体在行进中一直保持侧身。

2. 反手上网挑球（两步上网）

（1）技术要领

1）在中场（整个场地的中心）准备启动前，脚跟一定要虚提，并且要保持轻微的晃动，通俗讲就是两个脚不要站死，这样才能在启动时迅速出脚。

2）为了加速上网，还可采用垫步上网，即转动腰腹部用右脚向左前方（步法练习时为向左前方 45°）迈一小步后，左脚快速跟进到右脚跟后，利用左脚掌内侧后蹬，右脚向左前方跨出一大步（图 6-7），身体重心也从双腿之间移至右脚。

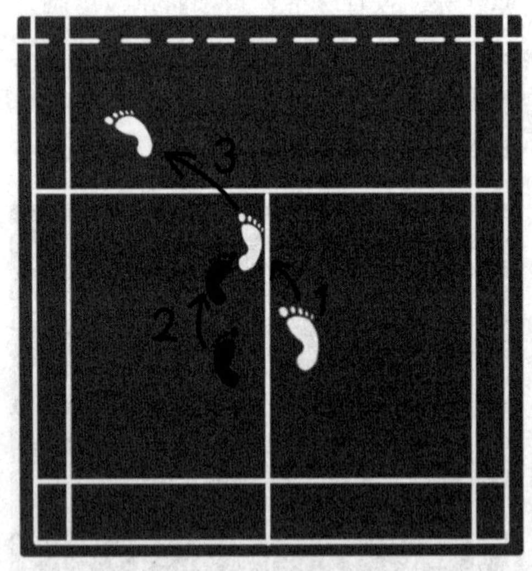

图 6-7 反手上网步法脚步示意图

3）右脚向左前方跨出一大步的同时，手臂右手伸出准备击球，动作参考反手挑球动作，在此之前左右手一直保持在准备动作时的位置。

4）球离开拍面后，可依照惯性挥动大臂至上方。

5）击球结束退回中场时采用交叉步法，左右手收回的同时右脚在不转动腰腹部的前提下迅速向后移至左脚后，同时重心从右脚收回至双腿之间，右脚着地后左脚向后移至右脚后（此时左脚大致与准备启动前的站位相同），左脚着地后，右脚退回同时双脚小跳调整左右脚站位与准备启动前站位一致，等待下一次击球。

（2）注意事项

1）上网的最后一步右腿屈膝成弓箭步（稳住身体重心），右脚脚尖与弓箭步成一直线防止脚踝扭伤。

2）大拇指竖直击球，击球时不能屈肘，手腕快速击球且拍面要正对前方，以保证球的飞行轨迹高、远、直，并适当使用腰腹力量。

3）除击球动作外，左右手一直处于准备动作时的位置。

4）上网时要首先转动腰腹部再迈出右脚，击球结束回复准备动作时要在最后才转动腰腹部收回右脚，以确保身体在行进中一直保持侧身。

五、正手击高远球技术

（一）羽毛球的挥拍动作

1. 原地挥拍

（1）技术要领

1）挥拍 1：侧身对网，双脚与肩同宽成丁字步站立，重心在两腿之间；右手大臂举起至与身体成 90°，小臂夹紧大臂，小臂、手腕、拍子成一直线；左手肘部、手掌微屈，左手指向来球方向；身体侧身成一直线。

2）挥拍 2：腰腹部转动 90° 面对球网，重心从双腿之间移至左脚，右脚踮起；同时保持右手大臂小臂夹紧角度不变，右肘转至眼睛上方指向 11 点钟方向，大臂贴近耳朵，小臂挂拍于身后，同时左手自然垂下。

3）挥拍 3：保持大臂不动，小臂引拍至与大臂成一直线时，手腕转动拍面正对来球方向，击球时手腕迅速从后 45° 挥至前 45°。

4）挥拍 4：击球结束，放松右臂使其依照惯性回落至体侧。

5）回转腰腹部，左右手向上举起恢复至准备动作，准备下一次击球。

（2）注意事项

1）做挥拍 2 转动身体是靠腰腹部转动而不是肩膀，转身结束时身体包括肩膀正对球网；大臂小臂在转动过程中要一直保持夹紧，并非打开后再夹紧。

2）做挥拍 3 时大臂保持不动，击球过程中大臂小臂成一直线：高远球指向 11 点钟，吊球杀球等进攻击球需更靠向 10 点半钟方向；手腕在手臂成一直线时快速转动：挥拍练习时高远球为后 45° 至前 45°，实际击打可根据来球速度与方向以及回球落点控制手腕转动的角度与力度，通常情况想要球更高则从后往中多发力（转动速度快）且角度大，想要球更远则从中往前多发力（转动速度快）且角度大。吊球和杀球等进攻击球为后 5°~10° 快速往前往下，角度与速度取决于回球落点的选择，具体参考吊球与杀球的教程。

3）击球在挥拍 3 动作结束后结束，故挥拍 4 动作不需要发力。

4）挥拍 4 动作结束后恢复至挥拍 1 动作时，右手直接向上举，而不是先往后再往上

（手臂运动距离长则浪费时间）。

2. 起跳挥拍动作（跳转步）

（1）技术要领

1）挥拍 1、2、3、4：准备动作，左脚为支撑脚，以左角为轴线，身体以腰腹开始发力，右脚往后跨一步（以来球判断该步的大小）且脚尖踮地。同时双手动作与原地挥拍 1 一致，身体侧身保持与来球方向一致。

2）挥拍 5、6、7、8：右脚脚尖踮地后，马上发力起跳，在起跳的过程中做挥拍 2、挥拍 3-1 的动作，起跳的最高点做挥拍 3-2 的动作，以保证在最高点击球（起跳的最高点同时也是击球的最高点）。

3）挥拍 9：挥拍 3-2 结束，左脚首先落地，挥拍 4 的动作由于腰部转动幅度甚于原地挥拍时的幅度，右脚随着腰部的转动后落地（图 6-8，其中右脚落地动作未画出）。

图 6-8 起跳挥拍

（2） 注意事项

1）整个起跳挥拍是以手部动作，即原地挥拍动作带动脚步动作，不要刻意为了记住脚步的先后顺序而忽略手部动作。

2）右脚转身踮地时，膝盖弯曲小腿保持发力状态，踮地后要迅速起跳。

3）起跳挥拍与原地挥拍一样，发力的起始点在腰腹，因为起跳动作的幅度大于原地挥拍并且起跳有停滞，所以落地时先左脚后右脚。

4）原则上，双脚都落地后，身体与回球方向一致成一直线，右脚在左脚前，以便于回中场准备下一个来球。

六、正手、头顶后场步法

1. 正手后场步法

（1）技术要领（两步起跳）

1）并步后退：右脚向后方跨出一小步与来球方向一致，同时举起双手成挥拍准备动作，然后左脚并向右脚（图 6-9）。

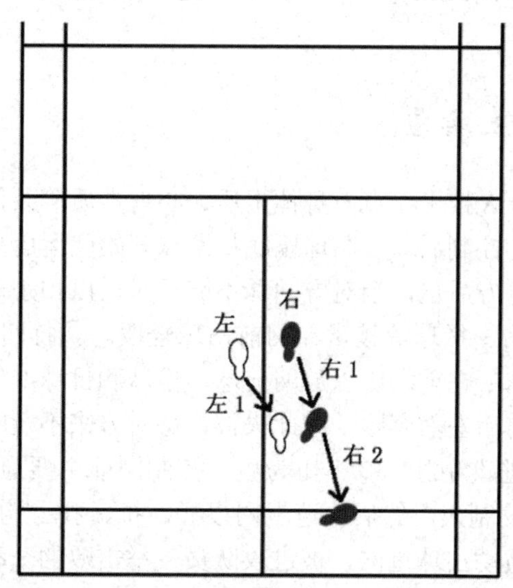

图 6-9　正手后场步法脚步示意图

2）起跳挥拍：右脚再次向后蹬跨出合适击球的距离，右脚脚尖踮地后与起跳挥拍动作（跳转步）的挥拍 5 后一致。

3）右脚落地后，尽量保持脚尖对准中场方向，左脚向中场跑出一大步，同时双手成准备动作时的姿势。紧接着右脚再跑出一步到中场，左脚再向前一步后与右脚同时小跳一次，回到最初的准备动作。

（2）注意事项

1）在两步跑不到击球位置的时候采用三步起跳动作，即在第一步和第三步中间，加入一步调整。无论两步起跳还是三步起跳都必须做到后一步距离大于前一步距离。

2）在向后并步后退时，双手要在第一时间上举做好挥拍准备。

3）挥拍结束右脚随腰腹转动落地时要尽量把重心往前往中场方向下压，以便左脚快速跑回中场。回中场的脚步和一般跑步一样，力求快速。回中场的时候双手不可挂在两边，要做好随时停下可击下一次回球的准备。

4）并步要求膝盖永远成微曲状态，贴地移动。

5）最后回到中场的小跳不可省略，小跳结束后仍然保持右脚在前，双手平举的准备动作。

2. 头顶后场步法

（1）技术要领

头顶后场步法基本同正手后场步法，只是移动方向是向左后而已。

（2）注意事项

1）即使击左后方的来球，只要采用头顶击球而不是反手击球动作，一定要先跨出右脚，并以左脚作为支撑轴转动腰腹，使右脚移至左后方。

2）头顶后场相对正手后场步法，最后一步的起跳挥拍腰腹需要更充分的发力。

第四节 羽毛球基本战术

一、单打的打法类型

单打的打法是根据个人技术特点、身体素质、心理素质等条件而形成的技术打法。常见的大约有以下五种。①控制后场，高球压底从发球开始就运用高远球或进攻性的平高球压对方后场底线，迫使对方后退，当对方回球不够后时，以扣杀球制胜；或当对方疏于前场防守时，就可以以轻吊、搓球等技术在网前吊球轻取。②打四角球，高短结合在后场，如高远球、平高球和吊球；在前场则以放网前球、推球和挑球准确地攻击对方场区前后左右四个角落，调动对方前后左右奔跑，顾此失彼，待对方来不及回中心位置或回球质量差时，向其空档部位发动进攻制胜。③下压为主，控制网前主要通过后场的高远球、扣杀、劈杀、吊球等技术，先发制人，然后快速上网以搓、推、扑、钩等技术，高点控制网前，导致对方直接失误，或被动击球过网，被进攻队员一举击败的一种打法。④快拉快吊，前后结合以平高球快压对方后场两底角，配合快吊网前两角（或运用劈杀）引对方上网，当对方被动回击网前球时，即迅速上网控制网前，以网前搓、钩球结合推后场底线两角，迫使对方疲于应付，为前场扑杀和中、后场大力扣杀创造机会。⑤守中反攻，攻守兼备以平高球和快吊球击向对方前后左右四个角落，以调动对方。让对方先进攻，针对进攻方打的高远球、四方球、吊球等，加强防守，以快速灵活的步法、多变的球路和刁钻准确的落点，诱使对方在进攻中匆忙移动，勉强扣杀，造成击球失误，或当对方回球质量较差时，抓住有利战机，突击进攻。

二、双打的打法类型

双打打法是根据双方的技术水平、身体素质和心理素质以及伙伴的配合特点，经过长期训练而形成的。常见的大致有以下三种。①前后站位打法此打法基本上是本方处于发球时所采用。发球的队员站位较前。当发球员发球后立即举拍封堵前场区，另一名球员则负责中场或后场的各种来球。前后站位法可充分运用快攻压网前搓、吊、推、扑技术，寻找空隙，一举打乱对方站位；或通过后攻前扑，后场连续大力扣杀，前场积极封堵，当回球在网附近时，给以致命打击。②左右站位打法本打法基本上为本方处于接发球状态和受到下压进攻时所采用。对方发球或打来的平高球处于后场，接球方可从原来的前后站位立刻转换为左右站位，两人各负责左右半场区的防守，以平抽、平打压住对方后场底线两角，在对方扣杀球时也能以平抽反击或挑高远球至两底角，造成对方回球无力，一举扣杀或吊球成功。③轮转站位打法在比赛中，攻守双方总是根据比赛的情况而不断地在前后站位和左右站位间相互变换。

对于站位的变换通常具有如下特点。①发球或接发球时前后站位。当对方回击高球至后场偏一侧进攻时，位于前面的队员要直线后退，后方的队员看情况向侧移动，改换成左右站位。②发球或接发球时处于左右平行站位。在发球后或在对击球过程中，一旦有机会进行下压进攻时，一名球员便快速上网封堵，另一人则快速移动到后场进行大力扣、吊、杀球，导致对方处于被动地位。

第五节　羽毛球主要赛制介绍

一、羽毛球运动的国际重要赛事

1. 个人类

个人赛事包括奥运会中的羽毛球比赛、羽毛球世界锦标赛、羽毛球世界杯以及各大公开赛，如全英公开赛、中国公开赛、印尼公开赛等。

2. 团体类

团体类赛事包括汤姆斯杯、尤伯杯、苏迪曼杯。

二、各项赛事简介

1. 国际羽联世界锦标赛

它通常被称为世界羽毛球锦标赛，是一项由国际羽毛球联合会组织的羽毛球单项锦标赛事，以之为世界顶尖的羽毛球选手加冕。世界羽毛球锦标赛是国际羽毛球联合会主办的世界最高水平的羽毛球单项锦标赛，至今共举办了 21 届。

2. 世界羽毛球联合会组织的世界杯羽毛球赛

该赛事从 1981 年开始已连续办了 17 届，1997 年因多种原因而中断。按照国际惯例，世界杯羽毛球赛将邀请世界排名男单前十六名、女单前十二名、男双前八名、女双和混双前六名的选手参赛。2005 年世界杯羽毛球赛再次恢复，世界羽毛球联合会与国际羽毛球联合会合并后，2006 年后该赛事不再举办。

3. 苏迪曼杯

它又被称为世界羽毛球混合团体锦标赛，1989 年开始举办，两年一届，在奇数年举行。苏迪曼杯是印度尼西亚羽毛球协会代表本国人民向国际羽毛球联合会捐赠的一座奖杯。比赛采用五场三胜制，由男子单打、女子单打、男子双打、女子双打和混合双打等五个项目组成，是代表羽毛球整体水平的最重要的世界大赛之一，与汤姆斯杯赛和尤伯杯赛齐名。

4. 汤姆斯杯羽毛球赛（Thomas Cup Badminton，中文简称“汤杯”）

它是世界上最高水平的男子羽毛球团体赛，是世界男子羽毛球团体锦标赛，由原国际羽联创办于 1948 年。每两年举办一次。1934 年国际羽联成立时，英国人乔治 · 汤姆斯（George Thomas）被选为主席。五年后，汤姆斯在国际羽联会议上提出，组织世界性男子团体比赛的时机已成熟，并表示将为这一比赛捐赠一个奖杯，称为“汤姆斯杯”。

5. 尤伯杯（Uber Cup）

它也称为世界女子羽球团体锦标赛。该奖杯是英国羽毛球选手贝蒂·尤伯于1956年在国际羽联理事会上向该组织捐赠的。尤伯杯羽毛球赛（Uber Cup Badminton）实际就是世界女子羽毛球团体锦标赛，是世界上最高水平的女子羽毛球团体赛。尤伯杯赛由国际羽联创办于1956年。每两年举办一届。

从1956年至1998年间，国际羽联共举办了17届尤伯杯赛。同汤姆斯杯一样，尤伯杯从1984年起改为每两年一届。

6. 全英羽毛球锦标赛

它是1899年由英格兰羽毛球协会创办的，是世界历史上最悠久的羽毛球赛事。最初由英国和英联邦国家选手参加，现在已成为全球性的羽坛大会战。

7. 奥运会羽毛球比赛

这是世界上最高荣誉的羽毛球赛事。1992年羽毛球成为奥运会正式比赛项目，只设男子单打、女子单打、男子双打、女子双打四个单项比赛。1996年亚特兰大奥运会起增设混合双打项目，奥运会羽毛球赛冠军是世界羽坛的至高荣誉。

历届奥运会羽毛球各单项冠亚、季、军统计情况如下。

（1）1992年巴塞罗那奥运会

1）男子单打：

冠军：魏仁芳（印度尼西亚）

亚军：阿迪（印度尼西亚）

季军：劳里森（丹麦）

季军：蔡祥林（印度尼西亚）

2）男子双打：

冠军：朴柱奉、金文秀（韩国）

亚军：洪忠中、郭宏源（印度尼西亚）

季军：李永波、田秉毅（中国）

季军：拉·西德克、贾·西德克（马来西亚）

3）女子单打：

冠军：王莲香（印度尼西亚）

亚军：方铢贤（韩国）

季军：黄华（中国）

季军：唐九红（中国）

4）女子双打：

冠军：黄惠英、郑素英（韩国）

亚军：关渭贞、农群华（中国）

季军：姚芬、林燕芬（中国）

季军：吉永雅、沈恩婷（韩国）

（2）1996 年亚特兰大奥运会

1）男子单打：

冠军：霍耶尔 - 拉尔森（丹麦）

亚军：董炯（中国）

季军：西德克（马来西亚）

2）男子双打：

冠军：迈纳基、苏巴吉亚（印度尼西亚）

亚军：谢顺吉、叶锦福（马来西亚）

季军：安东纽斯、康托诺（印度尼西亚）

3）女子单打：

冠军：方铢贤（韩国）

亚军：张海丽（印度尼西亚）

季军：王莲香（印度尼西亚）

4）女子双打：

冠军：葛菲、顾俊（中国）

亚军：吉永雅、张惠玉（韩国）

季军：秦艺源、唐永淑（中国）

5）混合双打：

冠军：金东文、吉永雅（韩国）

亚军：朴柱奉、罗景民（韩国）

季军：刘坚军、孙曼（中国）

（3）2000 年悉尼奥运会

1）男子单打：

冠军：吉新鹏（中国）

亚军：叶诚万（印度尼西亚）

季军：夏煊泽（中国）

2）男子双打：

冠军：吴俊明、陈甲亮（印度尼西亚）

亚军：李东秀、柳镛成（韩国）

季军：河泰权、金东文（韩国）

3）女子单打：

冠军：龚智超（中国）

亚军：卡米拉 • 马丁（丹麦）

季军：叶钊颖（中国）

4）女子双打：

冠军：葛菲、顾俊（中国）

亚军：黄楠雁、杨维（中国）

季军：高峻、秦艺源（中国）

5）混合双打：
冠军：张军、高崚（中国）
亚军：特里库斯、许一敏（印度尼西亚）
季军：西蒙·阿彻、琼妮·古德（英国）
（4）2004 年雅典奥运会
1）男子单打：
冠军：陶菲克·西达亚特（印度尼西亚）
亚军：孙升模（韩国）
季军：索尼·迪维·坎科罗（印度尼西亚）
2）男子双打：
冠军：河泰权、金东文（韩国）
亚军：李东秀、柳镛成（韩国）
季军：徐永贤、林培雷（印度尼西亚）
3）女子单打：
冠军：张宁（中国）
亚军：张海丽（荷兰）
季军：周蜜（中国）
4）女子双打：
冠军：张洁雯、杨维（中国）
亚军：黄穗、高崚（中国）
季军：罗景民、李敬元（韩国）
5）混合双打：
冠军：张军、高崚（中国）
亚军：纳赞·罗伯特森、盖尔·埃姆斯（英国）
季军：梅特·施约尔达格、扬斯·埃里克森（丹麦）
（5）2008 年北京奥运会
1）男子单打：
冠军：林丹（中国）
亚军：李宗伟（马来西亚）
季军：陈金（中国）
2）男子双打：
冠军：基多、塞蒂亚万（印度尼西亚）
亚军：蔡赟、傅海峰（中国）
季军：李在珍、黄智万（韩国）
3）女子单打：
冠军：张宁（中国）
亚军：谢杏芳（中国）
季军：尤里安蒂（印度尼西亚）

4）女子双打：
冠军：杜婧、于洋（中国）
亚军：李敬元、李孝贞（韩国）
季军：魏轶力、张亚雯（中国）
5）混合双打：
冠军：李龙大、李孝贞（韩国）
亚军：维迪安托、纳西尔（印度尼西亚）
季军：何汉斌、于洋（中国）
（6）2012 年伦敦奥运会
1）男子单打：
冠军：林丹（中国）
亚军：李宗伟（马来西亚）
季军：谌龙（中国）
2）男子双打：
冠军：蔡赟、傅海峰（中国）
亚军：鲍伊、摩根森（丹麦）
季军：郑在龙、李龙大（韩国）
3）女子单打：
冠军：李雪芮（中国）
亚军：王仪涵（中国）
季军：内瓦尔（印度）
4）女子双打：
冠军：田卿、赵芸蕾（中国）
亚军：藤井瑞希、垣岩令佳（日本）
季军：索罗基娜、维斯洛娃（俄罗斯）
5）混合双打：
冠军：张楠、赵芸蕾（中国）
亚军：徐晨、马晋（中国）
季军：菲舍尔、彼得森（丹麦）
（7）2016 年里约奥运会
1）男子单打：
冠军：谌龙（中国）
亚军：李宗伟（马来西亚）
季军：阿塞尔森（瑞典）
2）男子双打：
冠军：蔡赟、傅海峰（中国）
亚军：吴蔚升、陈蔚强（马来西亚）
季军：埃利斯、兰格里奇（英国）

3）女子单打：
冠军：马林（西班牙）
亚军：辛德胡（印度）
季军：奥原希望（日本）
4）女子双打：
冠军：松友美佐纪、高桥礼华（日本）
亚军：克里斯汀娜 - 彼德森、尤尔（丹麦）
季军：郑景银、申升瓒（韩国）
5）混合双打：
冠军：阿玛德、纳西尔（印尼）
亚军：陈炳顺、吴柳萤（马来西亚）
季军：张楠、赵芸蕾（中国）

第七章　网球运动

第一节　网球运动概述

一、网球运动的概述及发展

网球运动是一种世界流行的球类体育项目，通常是两个单打球员或两对组合球员在网球场上隔着球网用网球拍击打网球。

网球与高尔夫球、保龄球、桌球并称为世界四大绅士运动。它的起源可以追溯到12—13世纪的法国，近代网球起源于英国。1873年，会打古式网球的英国少校M.温菲尔德在羽毛球运动的启示下，设计了一种适用于户外的、男女都可以从事的网球运动，当时叫作司法泰克（Sphairistike，意思为击球的技术）。

紧随英国之后开展网球运动的国家就是美国。因为当时的美国总统西奥多·罗斯福喜爱网球运动，因此美国的网球运动得到了空前发展，时至今日，美国的网球运动始终处于世界领先地位，优秀的网球明星层出不穷。

19世纪70年代以后，网球又得到了进一步发展，其主要原因有两点。

一是允许职业选手参加温布尔顿等锦标赛，开创了职业网球巡回赛的先例，取消了职业选手和业余选手的界限，增加了大赛的激烈程度，从而促进了运动员技术水平的提高，吸引了广大网球爱好者从事该项目的热情以及观看、评论网球比赛的积极性；

二是科技在球拍等器材制造中的应用，促进了先进器材的生产、技术水平的提高，造就了一批年轻的优秀选手，从而促进了网球运动不断向前发展。

总之，网球运动的由来和发展可以概括为：孕育在法国，诞生在英国，其后在美国开始普及和形成高潮，现在在全世界盛行，被称为世界第二大球类运动。现代网球运动诞生于19世纪的英国伯明翰，最初被称为是“草地网球”，此后网球运动得到了飞速发展，1877年首个大满贯赛温布尔登锦标赛创立，随后是1881年的美国网球公开赛、1891年的法国网球公开赛以及1905年的澳大利亚网球公开赛，即网球四大满贯赛事，每年举行一次，是最重要的网球赛事。

二、网球运动在中国的发展

网球运动于19世纪后期传入我国，先是上海、广州等大城市的外国传教士和商人之间出现网球活动，后来一些教会学校也开展起这项运动，但始终在少数人中开展。新中国成立后，在中央和地方各级领导的关怀下，我国的网球运动逐渐发展，但由于起点低、基础差，故整体水平较低。但近年来，我国网球运动水平有了较大幅度的提高，目前女子项目水平高于男子，出现了李娜、李婷、孙甜甜、郑洁、晏紫、彭帅等优秀的女子网球运动员，她们在一系列大赛中取得的优异成绩，不仅让中国网球从一无所有到收揽单双打大满贯，也让更多人知晓并喜爱这项运动，极大地推动了我国网球运动的发展。

第二节　网球运动的基本技术

网球运动的基本技术包括握拍方式、击球技术、发球技术、接发球技术、切削球技术以及截击球技术等。

一、握拍方式

握拍是网球击球的基础，握拍决定了击球时的角度和接触球的位置，由于打球风格及个人习惯爱好的不同，使得握拍方法存在着差异。常用的握拍方式有大陆式握拍、东方式握拍、半西方式握拍以及西方式握拍、双手反手握拍等。

1. 大陆式握拍

这种握拍源于欧洲大陆。握拍方式（以右手为例）是将拍面与地面垂直，从上自下抓握拍柄，使手掌根与拍柄右斜面紧贴，食指根部放在 2 号斜面上，虎口的 V 形正对拍柄 1 号棱面上，食指稍离中指压住拍柄，其他三指自然弯曲叠放紧握拍柄，拇指垫握住拍柄的左垂直面，五指紧握拍柄。这种握法主要用于发球、网球截击球、削球及防卫性击球（图 7-1）。

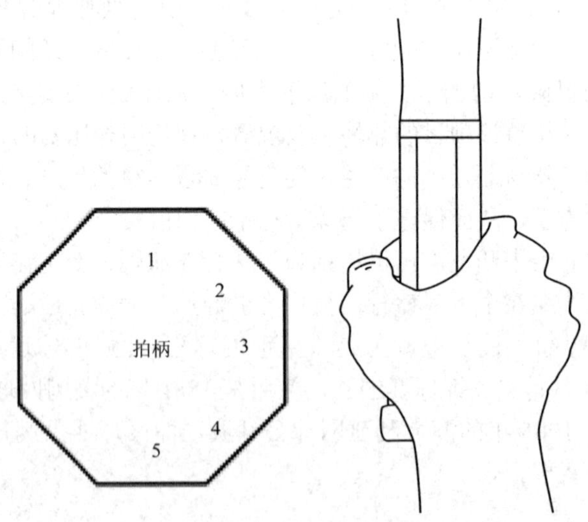

图 7-1　大陆式握拍

2. 东方式握拍

以大陆式握拍持拍（以右手为例），然后逆时针方向旋转球拍，直至虎口对正拍柄的

2 号斜面，食指根部压在 3 号棱面上，也就是大陆式握拍逆时针旋转大约 30°。这种握拍是最适合初学者的握拍方式，可以轻松击出上旋球、平击球和穿越球（图 7-2）。

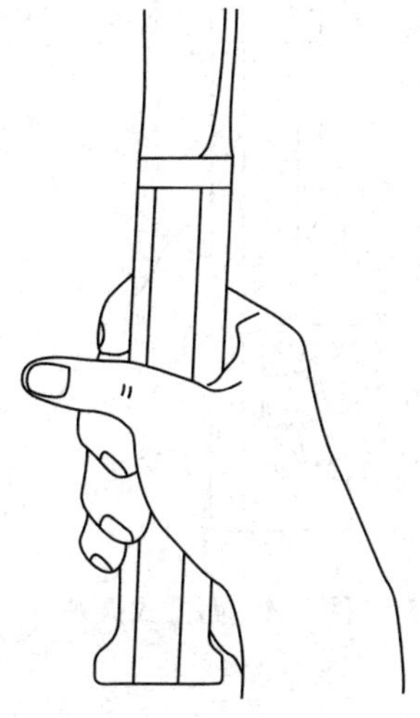

图 7-2 东方式握拍

3. 半西方式握拍

以东方式握拍持拍（以右手为例），然后逆时针方向旋转球拍，直至虎口对正拍柄的 3 号棱面，食指根部压在 4 号斜面上。这是底线型选手用的握拍方式，这种握拍可以击出更深远的平击球，也有利于控制高球（图 7-3）。

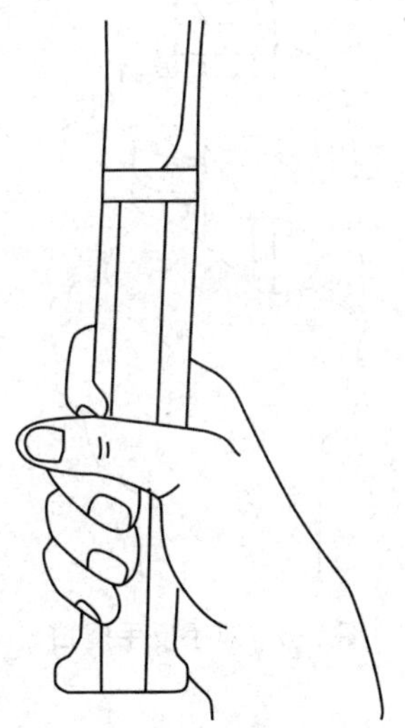

图 7-3 半西方式式握拍

4. 西方式握拍

以半西方式握拍持拍（以右手为例），然后逆时针方向旋转球拍，直至虎口对正拍柄的 4 号斜面，食指根部压在 5 号棱面上。这种握法是红土选手首选的握法，它可以打出又高又强有力的上旋球，对处理高球很有效，但对处理低球和网球截击，极为不便（图 7-4）。

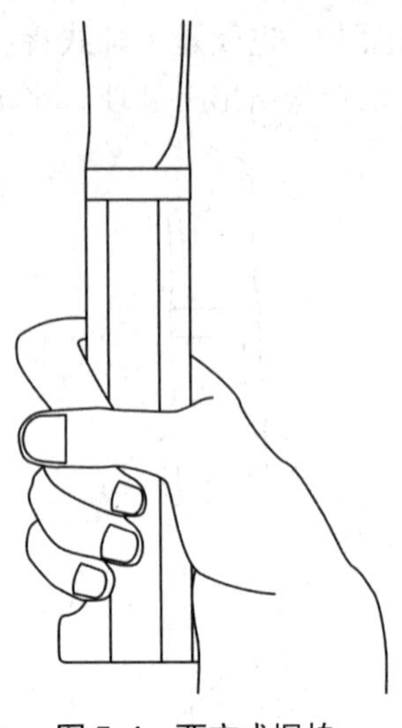

图 7-4 西方式握拍

5. 双手反手握拍

将发力手用大陆式握拍握住拍柄下方，另一只辅助手用半西方式放在上方。这是最普遍的双手握法，它是借助肩膀的转动和两只手的挥拍，回球的动作比单手反手更连贯和流畅，所以在处理回发球时比较理想（图 7-5）。

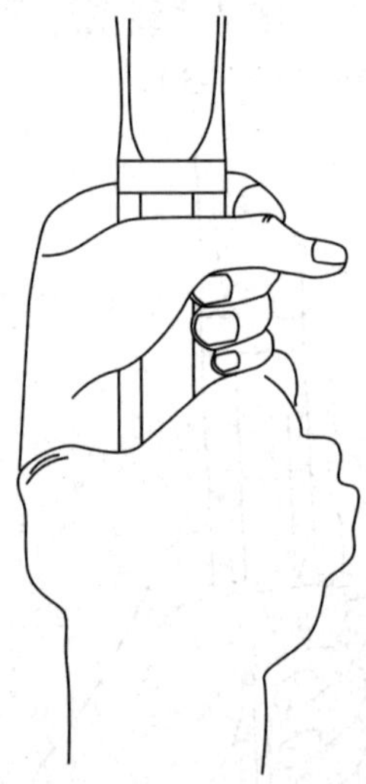

图 7-5 双手反手握拍

二、击球技术

（一）正手击球技术

正手击球技术是网球技术中最基本的击球方法，它既是初学者的入门技术，又是运动员得分取胜的主要手段。正手击球技术由四个环节组成，即准备姿势、转肩引拍、挥拍击球和前挥跟随（图 7-6）。

图 7-6　正手击球

1. 准备姿势

面对球网，两脚自然分开站立与肩同宽，双膝微屈，上体略前倾，脚跟稍提起，重心落在前脚掌上。以右手握拍为例，右手持拍于腹前，左手扶住拍颈，两肘自然下垂略外张，拍头稍高于拍柄，双眼目视前方。

2. 转肩引拍

当判断来球是正手方向时，左手马上推拍前伸，手指来球方向，转动双脚，右脚顺时针转动 90° 与底线平行，左脚向右前方上步与右脚平行站立，同时转肩转髋带动右手向后引拍，拍头向上略高于手腕，拍头指向身体后方，身体则侧身与球网垂直（此种为关闭式步法，适用于初学者转体；还有一种是开放式步法，左脚不必上步，两脚平站但需要更多的向右转体动作）。

3. 挥拍击球

以肩关节为轴，使身体转动 90°，对准来球方向迅速向前挥拍，身体重心从后脚移向前脚，迎上击球。此时手腕要后伸固定握紧球拍，拍面垂直于地面，平行于球网，击球时用大臂挥动带动小臂、手腕及球拍，击球点在身体右前方，使球击在拍面的中心（即“甜点区”）。

4. 前挥跟随

击球后，球拍应随球的方向作较长的前挥跟随动作。球拍的前挥应尽可能向前方伸展，直到手臂和拍头无法再向前运动为止，此时右手手腕迅速内旋将球拍挥至左肩上方，左手则上举扶住拍柄，面对球网。随挥跟进结束，立即恢复准备姿势，准备下一次击球。

（二）反手击球

网球反手击球指的是与握拍手相反的落地球打法，它和正拍击球一样，也是网球的基本技术中最常用的击球方法。反手击球有单手击球技术和双手击球技术两种，而双手反手击球是网球反手击球技术中最重要的一种，当今世界大批顶级优秀网球球员都采用双手反手握拍击球技术，其具有准确、隐蔽、有力等特点，适合初学者以及手臂力量不足的网球爱好者。双手反手击球技术由四个环节组成，即准备姿势、转体引拍、挥拍击球和随球动作（图 7-7）。

图 7-7 双手反手击球

1. 准备姿势

面对球网，两脚自然开立与肩同宽，两膝微屈，重心落在前脚掌上，右手持拍，左手扶拍颈，拍面垂直于地面，拍头指向对方，双目注意对方来球。

2. 转体引拍

当判断来球方向是反手时（以右手握拍为例），快速移动到位，重心移至左脚，身体向左旋转，将右肩对着来球，右肩前探，屈膝降低重心，右脚向击球方向跨出成“关闭式”步法，侧对球网。同时双手配合转动球拍，右手用东方式反拍握法，加上左手用东方式正手握拍方法，向左后方摆动引拍，手腕固定，手臂放松。在来球即将落地前，快速向后引拍，将拍头指向场地后方，拍头降低与膝关节同高。

3. 挥拍击球

当球落地弹起约在腰部高度或略低于腰部高度时击球的后中部，前挥击球时挥臂要与转体动作配合，两臂协调一致用力向前挥，左手主力，右手辅助用力并控制球的方向。挥拍击球应是一种平滑连贯的动作，要伸展手臂，固定手腕，球拍从低向高向前挥击，重心前移，双眼始终盯住球。

4. 随球动作

击球后，球拍尽量随球前送，直到球拍和两臂形成一条直线才算完成击球的姿势，双手握拍顺势挥至右侧头部高度，身体重心从左脚移到右脚，动作完成后迅速还原，恢复成准备姿势。

三、发球技术

发球技术在网球比赛中具有特殊意义，它是唯一一个不受对方制约而主动发起进攻的技术，良好的发球是制胜的关键。

1. 握拍方式

东方式反手或大陆式握拍。

2. 准备姿势

侧身在底线后站立，左肩侧对左边网柱（以右手握拍为例），双脚自然分开站立，两脚的连线根据球员不同的习惯可与底线相垂直，也可保持另外一个合适的角度，但前脚与底线需要保持 7~10 厘米的距离，以免发生脚误。球自然着落在持球手拇指、食指及中指三指上，无名指和小指自然屈于球的后部，切忌用力将球握在手里或捏在手里。身体自然前倾，屈膝降低重心，将球拍与球相结合。

3. 抛球动作

在准备动作的基础上，持球手的肘部渐渐伸直并向下靠近持球手同侧的大腿，然后从腿侧自下而上将球抛起。在整个动作过程中，手臂保持伸直的状态，其走势与地面垂直，掌心向上，以拇指、食指、中指三指将球平稳托起，球脱手的最佳点在手掌走势的最高点，脱手时托球的三手指已最大限度地展开，将球“抛送”空中。

4. 挥拍击球

抛球与挥拍击球是同时进行的。当持球手开始自下而上抛球时，持拍手迅速贴近身体像摆钟一样将球拍摆至体后，掌心朝向身体。球拍后摆至一定高度后，以肘为轴，小臂、手、拍头依次向体后、背部下吊，同时屈双膝并伴随身体后展呈“弓”状。在屈膝、背弓动作的基础上自下而上依次蹬直踝部、膝部，反弹背弓并向出球方向迅速转体，与此同时仍以肘为轴带手臂和拍头充分向前、向上伸展，在最高点击中抛送于空中的球，击球瞬间，拍面几乎与地面垂直。

5. 随挥收球

击球后应顺着身体及挥拍的惯性做收腹、转肩和收拍的动作，最终拍子由大臂带动收向持拍手的异侧体侧，结束发球动作。

四、接发球技术

接发球技术并非是一种固定的技术动作，而是接球者根据来球的路线、速度、落点以及弹跳弧度等，所采用的正反手的各种击球方法，是一项将来球回击到发球一方场地中的综合性技术。

接发球技术的基本动作是两腿自然分开宽于肩膀，两膝微屈，上体稍前倾，脚跟提起，将球拍置于体前，拍头向上，做好接发球的准备。双眼紧盯对手及其手中的球，观察发球员的抛球线路和拍面的角度，预估对手发球的线路，做到提前移动，主动出击。接发球最重要的是当对方将球抛起时，主动向前一步，调整与来球间的距离，这样做有利于动作的流畅，对提高接发球的质量有极大的帮助。

五、切削球技术

网球切削球技术可分为攻击性切削球和防守性切削球。根据不同的情形，可采用不同的切削球技术。

1. 攻击性切削球技术

一般来说，当场上形势较为主动，有足够的时间可以引拍时，便可以选择用攻击性切削给对手的回球制造更大的麻烦。很多时候，攻击性的切削后，会伴随着随球上网。

动作要领：拉拍要早，手腕回曲要充分，球拍更紧密地缠绕头部；击球前，拍头高于击球点，同时重心向前迎球；击球时，球拍尽量垂直于地面，球拍从球的正上部垂直向下切，击球点离身体较近。

2. 防守性切削球技术

如果对手的回球角度很大，没有时间到位回球，或者意识到自己将陷入被动，需要调整比赛节奏时，就可以采取防守性切削，这种切削飞行速度较慢，而且过网较高，这样便能使自己获得更为充分的回位时间。

动作要领：由于时间较为仓促，拉拍后，手腕回钩不明显；击球前，球拍上举的位置比攻击性切削时低；击球时，拍面打开较多，击球的中下部，且有明显前送的动作；击球后，拍面基本完全打开，球拍最终停留的位置较高，一般超过对侧肩膀。

六、截击球技术

截击球技术是网前技术中的一种攻击性击球方法，也可称之为上网球，是一种在对方来球落地之前，将球击回到对方半场区的击球方式，具有速度快、力量重、威胁大的特点。截击球的后摆动作不应过大，击球点应保持在身体前方 30~60 厘米，要主动向前迎击来球，拍头竖起至鼻前，击球时手腕固定，拍子应紧握，击球时拍子不能移动。截击球技术可分为正手截击球技术和反手截击球技术。

1. 正手截击球

截击时站在网前 2~3 米的位置，准备姿势与击球的准备姿势基本相同，采用大陆式握拍，截击时引拍和挥拍的幅度都不要太大，要领是腰部发力，转腰跨步进行引拍，动作要稳，手腕要固定，持拍手紧握球拍，将球向前推送出去。

2. 反手截击球

反手截击引拍需左手扶拍调整拍面（以右手握拍为例），击球点位置要比正手截击球的击球点靠后，为了不使手腕扭伤，接着用腕部动作随挥。

第三节　网球运动竞赛规则

一、网球比赛场地

网球比赛场地应是长方形，长度为 23.77 米（78 英尺），单打比赛的场地宽度为 8.23 米（27 英尺），双打比赛的场地宽度为 10.97 米（36 英尺）。场地由一条挂在绳索或钢丝绳上的球网从中间处分隔开，所使用的绳索或钢丝绳附着或挂在 1.07 米（3.5 英尺）高的两根网柱上，球网中心的高度应当为 0.914 米（3 英尺）。场上纵横交错的白线都有各自的名称，球场两端的界线称为“底线”，球场两边的界线称之为“边线”（分为单打边线和双打边线）；在球网两侧 6.40 米处的场内各有一条与底线平行的横线为“发球线”；连接两发球线的中点有一条与边线平行的线称为“中线”；中线与球网交叉成“十”字形，将发球线与边线之间的地面分成四个相等的区域，称为“发球区”；在底线的中心，向场内画一条垂直于底线的短线称为“中点”（图 7-8）。

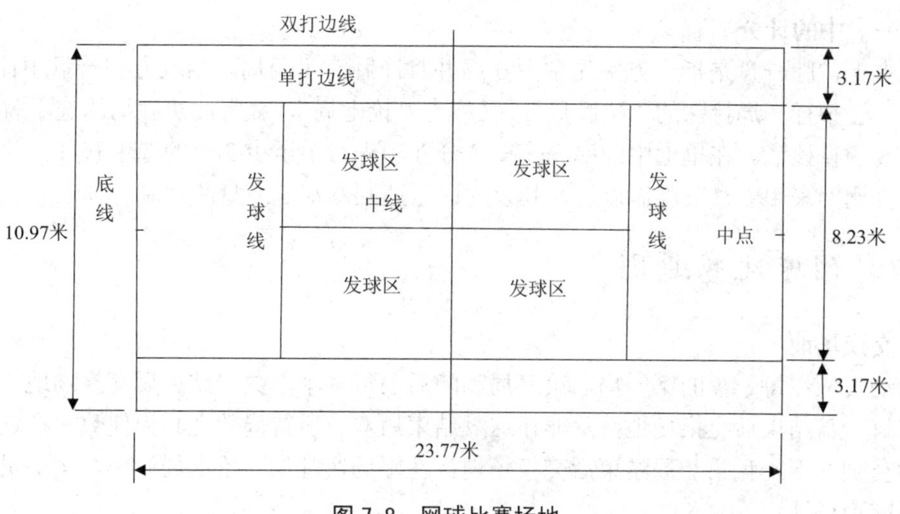

图 7-8 网球比赛场地

二、发球规则

发球前发球员应先站在端线后、中点和边线的假定延长线之间的区域里，用手将球向空中任何方向抛起，在球接触地面以前，用球拍击球（仅能用一只手的运动员，可用球拍将球抛起），球拍与球接触时，即算完成球的发送。每局开始，先从右区底线后发球，发出的球应从网上越过，落到对角的发球区内，或其周围的线上，得或失一分后，应换到左区发球。发球员每一分都有两次发球机会，若试图击中球却未能击中，发出的球在落地前触及固定物（球网、中心带和网边白布除外），球下网或落到对角发球区外以及违反发球站位规定的，则被判为发球失误。发球员第一次发球失误后，应在原发位置上进行第二次发球，若发球两次失误，就叫“双误”，对手得一分。若是发出的球触网，但球仍落进了对方的有效发球区内，则为重发球，重发球不被记为失误球。

三、计分方式

1. 一局中的计分

最原始的网球运动起源于宫廷之中，他们就地取材拿可以拨动的时钟来计分，每得一次分就将时钟转动四分之一，也就是 15 分（a quarter，一刻钟），同理，得两次分就将时钟拨至 30 分，当然一切都是以他们的方便为基础，这就是 15 分、30 分的由来。至于 40 分，它比较怪异，它不是 15 的倍数，这是因为在英文中，15 和 30 分别为“thirty”和“fifteen”，均为双音节，但是 45 的英文为“forty-five”，变成了三个音节，因此为了方便，他们就将它改成同为双音节的 40（forty），这就是看来不合逻辑的 40 分的由来，也一直沿用至今。因此网球运动比赛中一局中的计分为 0，15，30，40。若比分为 40∶40，则比分为“平分”，“平分”后如果一名运动员获得下一分，则比分为“占先”，如果“占先”的这名运动员又获得了下一分，即赢得了这一局；如果“占先”后是另一名运动员获得了一分，则比分仍为“平分”，一局比赛将在一名运动员连续获得两分后结束。

2. 一盘中的计分

基本上，胜一盘是指一方率先拿下 6 局并且净胜对手两局。当双方在一盘中比分为 6 比 6 时，会举行一局特殊的“决胜局”，又称为“抢七局”，赢得此决胜局的选手就以总局数 7 比 6 赢得该盘。在抢七中，率先获得 7 分并领先对手至少 2 分的选手获胜。除大满贯男子单打比赛采用五盘三胜制以外，其余的国际巡回赛都是三盘两胜制。

四、网球比赛通则

1. 交换场地

运动员应在每一盘的第一局，第三局和随后的每一个单数局结束后交换场地。运动员还应在每一盘结束后交换场地，除非在这盘结束后双方所得局数之和为偶数，在这种情况下运动员则在下一盘第一局结束后交换场地。在平局决胜局（抢七局）中，运动员应在每六分后交换场地。

2. 压线

球完整地或部分地落在边线上，称为压线。

3. 发球次序

在每一个常规局结束后，该局的接发球员在下一局中成为发球员，该局的发球员在下一局中成为接发球员。在决胜局中，本该轮到发球的球员先发第一分球，接着由对手发第二、三分球，然后双方轮流发两分球。

双打比赛中，每盘第一局开始时，由发球方决定由何人首先发球，对方则同样在第 2 局开始时，决定由何人首先发球。第 3 局由第 1 局发球运动员的同伴发球。第 4 局由第 2 局发球运动员的同伴发球。这个轮换次序一直延续，直到该盘结束。

第八章　游泳

第一节　游泳运动概述

游泳（Swimming），是指人在水的浮力作用下向上漂浮，凭借浮力和肢体有规律的运动，使身体在水中有规律运动的技能。游泳运动可分为竞技游泳和实用游泳，随着游泳运动的发展，游泳被分为实用游泳和竞技游泳两大类。实用游泳又分为侧泳、潜泳、反蛙泳、踩水、救护等；竞技游泳分为蛙泳、仰泳、蝶泳、自由泳。

一、游泳的起源与发展

（一）游泳的起源

现代游泳运动起源于英国，早在 17 世纪 60 年代，英国不少地区的游泳活动就相当活跃。随着游泳运动的日益普及，1828 年，英国利物浦乔治码头修造了第一个室内游泳池，到 19 世纪 30 年代，这种游泳池在英国各地相继出现。

（二）现代奥运会游泳发展概况

在举行第 1 届现代奥林匹克运动会时，就把游泳列为竞赛项目之一。当时只有男子 100 米、500 米、1 200 米自由泳三个比赛项目。1908 年，在英国伦敦举办第 4 届奥运会时，成立了国际业余游泳联合会（简称国际游联），审定了游泳各项目的世界纪录，并制定了国际游泳比赛规则，规定了比赛距离单位统一用“米”。1912 年，在瑞典斯德哥尔摩举行的第 5 届奥运会上，首次把女子游泳列入比赛项目，设女子 100 米自由泳和 4×100 米自由泳接力。在 1952 年第 15 届奥运会上，国际游联决定把蛙泳和蝶泳分为两个项目比赛。从此，竞技游泳发展成四种泳式。游泳规则随着技术的发展，多次进行修改，比赛项目也逐渐增加，至 1996 年第 26 届奥运会和 2000 年第 27 届奥运会，游泳比赛项目达到 32 项，游泳成为奥运会比赛金牌数仅次于田径的大项。

（三）我国游泳运动的发展

我国近代游泳运动是 19 世纪中叶，由欧、美传入并逐渐流行起来的，并开始在中国香港及沿海各省，如广东、福建、上海、青岛等地传播，而后传及各地。1887 年，广州沙面修建了 25 米室内游泳池，以后逐渐有了竞技游泳比赛。1920 年国内游泳比赛开始增设女子项目。1924 年成立了“中国游泳研究会”。这推动了各地游泳运动的发展，但游泳运动总体发展缓慢，比赛水平很低。新中国成立后，在党和人民政府的领导与关怀下，全国广大的城市乡村，群众性游泳活动发展很快。有条件的省市积极修复了一批旧游泳馆，同时也开始建造一批新的游泳馆。随着群众性游泳活动的开展，游泳技术水平迅速提高。从 1952 年到 1959 年举办第 1 届全运会的这段时间，我国运动员多次参加国际性比赛和出国访问比赛，积累了国际比赛经验，交流了技术，运动员的成绩得到了大幅度提高，也给祖国争得了荣誉。如 1953 年在第 1 届国际青年友谊运动会上，我国优秀运动员吴传玉获得男子 100 米仰泳冠军，新中国的五星红旗第一次在国际运动场的上空飘扬。1957 年至 1960 年，我国著名游泳运动员戚烈云、穆祥雄、莫国雄 3 人，先后 5 次打破男子 100 米蛙泳世界纪录。在 1990 年第 11 届亚运会上一举夺得 23 枚金牌，第一次超过了日本。1988 年，在广州举行的第 3 届亚洲游泳锦标赛上，我国夺得 24 枚金牌，女运动员杨文意在 50 米自由泳决赛中，以 24 秒 98 的成绩创女子世界纪录。同年，在汉城举行的第 24 届奥运会上，中国女选手实现了奖牌零的突破，取得 3 枚银牌、1 枚铜牌的优异成绩，进入女子团体前 3 名。1992 年在巴塞罗那举行的第 25 届奥运会游泳比赛中，中国获得 4 枚金牌、5 枚银牌，并打破两项世界纪录。

二、游泳运动的分类

（一）竞技游泳

竞技游泳是指有特定技术要求，按游泳竞赛规则的规定进行竞赛的游泳运动项目。目前竞技游泳分为游泳池比赛和公开水域比赛两大类别。在游泳池比赛的竞技游泳包括自由泳、仰泳、蛙泳、蝶泳四种泳式和由这四种泳式组成的个人混合泳以及接力比赛。公开水域比赛是指在江河湖海这些自然水域进行的游泳比赛，如游渡海峡、横渡江河、长距离游泳比赛等。这类比赛各有特定的规则要求，但没有严格的泳式要求，运动员多采用自由泳参赛。

（二）实用游泳

实用游泳是指直接为生产、军事、生活服务的游泳活动，包括踩水、侧泳、反蛙泳、潜泳、水上救护、着装泅渡等非竞技游泳。竞技游泳技术虽不包括在实用游泳技术中，但在泅渡、水上救护、运物和水上做积极性休息时，常采用蛙泳、仰泳，在快速救护中，常采用自由泳。

（三）大众游泳

大众游泳是一种以增强体质为宗旨，以丰富人们文化生活为目的开展的群众性游泳活动，如娱乐游泳、水中游戏、康复游泳、健身游泳等，已在世界各地蓬勃发展，成为现代游泳运动的重要组成部分。这种以健身、实用、娱乐为目的的游泳项目，不追求严格的技术和速度，形式简便多样，已越来越被人们重视，发展相当迅速。国家体育总局推出的“全民游泳锻炼等级标准”和举办成人分龄游泳比赛，即是大众游泳的范畴，也是促进大众游泳的有效措施。

三、游泳的意义

（一）保障生命安全

地球上布满江河湖海，人类生活中不可避免地要和水打交道。假如不会游泳，生命安全就会受到威胁。如果会游泳，自身的生存就会有保障，不但可以自救，还可以救人。因此，游泳成了保证生存的重要手段之一。世界上不少国家将游泳列为大学生必修的运动项目，要求从入学就要掌握游泳技能。

（二）强身健体

游泳时，由于水的压力、浮力和较低水温的作用，使人体的各部分器官都得到锻炼。水的导热能力比空气大 25 倍左右，据测量，人体在 12 ℃的水中停留 4 分钟所放散的热量，相当于人在陆地上 1 小时所放散的热量。经常进行游泳锻炼能改善体温调节能力，适应外界气温变化的需要。加之游泳时肌肉活动要消耗热量，人体必须尽快补充热量，从而促进了体内的新陈代谢。

（三）防病治病

经常进行游泳锻炼能有效地增强体质，是防病治病的有效手段。游泳时，由于冷水的刺激，能增强机体适应外界环境变化的能力，抵制寒冷，预防疾病，所以经常游泳者不易感冒。

四、游泳的安全卫生

游泳是一项深受人们喜欢的体育活动，也是高等院校学生的一门重要技术技能课程。到游泳池游泳或上课都必须十分注意安全，自觉遵守游泳安全和卫生守则，防止发生意外事故和传染疾病。

1）安全第一。对于游泳安全，必须反复进行宣传教育，游泳教师在每次上课时都要强调，并且在备课时要备安全教育和安全措施，学生必须切实遵守安全规定。游泳场（馆）必须加强安全管理，按规定配备合格的救生员和救生器材，认真制定安全制度并严格执行，尤其是在天然水域更不能独自游泳。在游泳时要互相关心互相照顾，同去同回，中间离开时应有所交代；有组织的游泳，如上游泳课，教师需严密组织，经常检查人数，措施要落实。

2）选择安全的游泳场所。尽量选择人工游泳场馆，人工游泳场馆的管理比较规范，池水经常消毒、排污和过滤，清晰度较高，深水和浅水有明显标志。

3）游泳前严格体检。游泳前进行身体检查，主要是防止患病者游泳时发生事故，同时也避免疾病相互传染。

4）饮酒、饱食后或饥饿、过度疲劳时不能游泳。游泳能刺激中枢神经系统处于过度兴奋或抑制状态，酒后游泳容易发生溺水事故。饱食后游泳会减少消化器官的血液供应，使消化器官功能降低，影响食物的消化和吸收。

5）游泳前要做好准备活动。准备活动可提高神经系统的兴奋性，增强心血管系统和呼吸系统的功能，加快血液循环和新陈代谢，可使肌肉的力量和弹性增强，身体各关节的活动范围相应加大，灵活性也有所提高。这些变化，有利于身体更好、更快地适应游泳运动的需要，同时，对防止抽筋、拉伤也有积极的作用。准备活动一般采用做操、陆地模仿、跑步及拉长肌肉和韧带经的练习，特别要活动颈、腰、髋、膝、踝、腕各部分关节。

6）量力而行不逞能。下水游泳时，初学者应在浅水区域活动。已会游泳者也要量力而行，不要好胜逞能，应合理安排运动量，当自感身体有异常反应，如头晕、胃痛、恶心或呕吐时应立即上岸休息，恢复后再下水。游泳时要避免一切危险动作，如在浅水区跳水、相互打闹、过长时间地憋气潜泳、在湿滑的池边奔跑追逐等，均应避免。

7）自救和呼救。游泳时，如遇抽筋，应保持冷静，不要慌张，应立即上岸或在水中自我解救抽筋部分，与此同时，也可呼救，以求周围的人及时来帮助、救护。如发现他人抽筋或溺水，应迅速呼喊，有能力的马上进行救护。

8）遵守公共卫生，文明游泳。游泳时应讲文明，不要穿内衣下水，不宜穿白色、浅黄色等浅色泳装游泳。自觉遵守公共卫生，不向水中吐痰、便溺和抛弃杂物，以免污染水质，损害自身和他人的健康。

第二节　游泳的基本技术与教法

游泳竞赛规则中明确规定的游泳项目称为竞技游泳，竞技游泳的姿势可分自由泳、仰泳、蛙泳、蝶泳四种，下面仅介绍自由泳和蛙泳的技术。

（一）自由泳

自由泳又称为爬泳。自由泳是身体俯卧水中，依靠两臂轮换划水，两腿上下交替打水向前游进。这种姿势的两臂轮换划水很像爬行，所以又称为爬泳。

1. 自由泳的动作要领

1）身体姿势：自由泳时，身体平直地俯卧在水中，身体的纵轴与水平面保持 3°~5° 角，微微抬起，其中平趋势姿势能缩小前进时的截面，有助于减少阻力，颈部自然后屈与水平面成 20°~30° 角，两眼注视前下方。两臂轮换前伸向后划水，两腿上下交替打水。身体保持平直，既不要收腹提臀，也不要挺胸塌腰，但在游进中身体可以绕身体纵轴有节奏的转动，这种转动一般在 35°~45° 角之间。

2）腿部动作：自由泳的打腿，主要使身体保持平衡，有利于划水，在整个自由泳的配合技术中有着重要的作用。自由泳的打腿是两腿不停地上下交替摆动。向下时，腿自然伸直，用髋关节发力，大腿带动小腿，打水的幅度一般是两腿间差距为 30~45 厘米。向下打水时，动作要快而有力，向上提腿时应放松一些。在向下打水时，由于惯性作用，此时小腿仍继续向上移动，而使膝关节有些弯曲，一般在 140°~160° 角之间（图 8-1）。

在打水时，脚尖自然伸直，在向下打水时，两脚应自然向里转一些。打水的次数，一般一个完整的划臂动作配合六次打水，但也有人采用四次打水和两次打水，这要根据个人的特点来决定。

3）臂部动作：自由泳的手臂动作是产生推进力的主要动力。整个手臂动作可分为入水、抱水、划水、出水和空中移臂五个不可分割的部分。但是它们之间并没有明显的界

限，而是一个完整的动作。①入水：在完成空中移臂后，手应向前，自然放松地入水，入水点，一般在身体纵轴和肩关节的前方延长线之间。入水时手指自然伸直并拢，通过臂内旋使肘关节抬高，弯成 130°~150° 角，使肘关节处于最高点，掌心斜向外下方。这种姿势阻力较小。②抱水：臂入水后，手掌从向斜外下方转向斜内后方，并开始屈腕、屈肘，并保持高抬肘姿势。抱水时，上臂和水平面约为 30° 角，前臂与水平面约为 60° 角，手掌接近垂直对水，肘关节屈成 150° 角，整个手臂像抱个圆球似的。③划水：划水是整个臂部动作产生推进力的主要环节。在抱水的基础上，划水时臂与水面成 35°~45° 角。开始划水时，屈肘约为 100°~120° 角。此时前臂移动快于上臂，当划至肩下垂直面时，屈肘 90°~120° 角。前臂迅速向后推水至侧腿旁，结束划水。在划水过程中，手掌微凹。④出水：划水结束后，臂借助推水后的速度惯性，利用肩三角肌、肩带肌的收缩及身体沿纵轴的转动，将肘部向上方提起，并迅速将臂部提出水面，这时臂部和手腕应柔和放松。⑤空中移臂：是臂部在一个划水周期中的休息放松阶段。移臂时，肘稍屈，保持比肩和手部都要高的位置，不要直臂侧向挥摆，也不要以手来带动臂完成屈肘移臂，这种动作会较为紧张，而且也不正确，还达不到放松的目的。⑥两臂配合：两臂是否协调配合，是前进速度均匀性的重要条件。两臂配合，通常有三种方法。前交叉：是指一臂入水时，另一臂处在滑下阶段，这是一种带滑行阶段的技术。中交叉：是指一臂入水时，另一臂已经进入划水阶段的中间部分。后交叉：是指一臂入水时，另一臂已经进入划水阶段的后半部分。

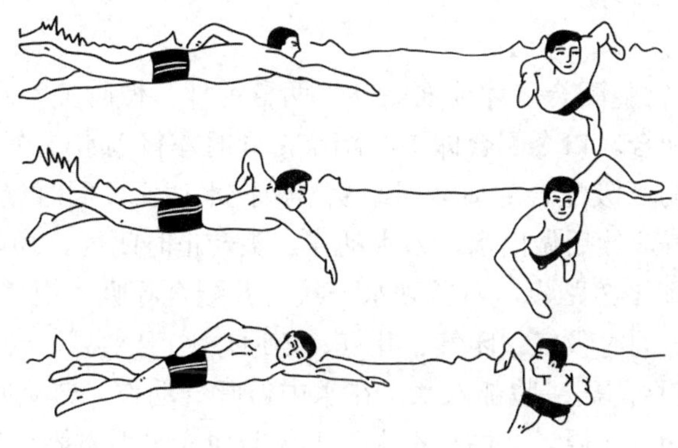

图 8-1　自由泳

4）呼吸与臂部动作的配合：自由泳的呼吸是利用头向左侧或右侧的转动，用嘴进行呼吸的。如以向右呼吸为例：右手入水以后，嘴和鼻开始慢慢地呼气，划至肩下向右侧转头，呼气量开始增加，当右臂推水即将结束，呼气量进一步加大。右臂出水时，马上张嘴吸气。移臂到一半时，吸气就结束，并开始转头复原。此时，又闭气，继续转头和移臂，脸部转向前下方。头部姿势稳定时，右臂又入水开始下一次划水。如此反复循环进行呼吸。

5）呼吸和完整动作的配合：自由泳腿、臂、呼吸的配合动作，一般采用两手各划水一次，呼吸一次和两腿打水六次的配合方法。为了充分发挥手臂的作用，提高游进速度，也有采用两臂各划一次水，呼吸一次和打腿四次的配合方法。

2. 自由泳的练习方法

（1）腿部动作练习

1）陆上练习：①坐姿打水：坐在岸边或桌椅边上，两手后撑，两腿伸直，脚尖相对，脚跟分开成八字形。以髋关节为轴，大腿带动小腿，做上下交替打水动作。先可以做慢打水，然后可以做快打水的练习。②坐池边，两脚放入水中打水，要求同上。③俯卧在池边或长凳上，两臂前伸或弯曲抱住物体固定，两腿自然并拢伸直，做上下打水动作。

2）水中练习：①扶池槽打水：俯卧水面抓住水槽可采用快速打水或慢速打水的方法。要求打水时，脚不出水面。也可用仰卧的方法，两手抓住水槽，身体仰卧水面，用仰泳腿部动作的练习，体会自由泳打水的方法，但必须注意膝盖不能露出水面。②手扶浮板或救生圈打水。方法要领同前。③脚蹬池壁滑行打水。打水方法按腿部动作要领做。④练习者由同伴拉着，做原位或后退行走的打水练习。

（2）臂部动作练习

1）陆上练习：①身体站立，上体前屈两臂伸直平举，做单臂的抱水、划水、出水、空中移臂、入水的模仿动作。②双臂的配合。原地站立，上体前屈，两臂伸直前平举做左（右）臂抱水、划水、左（右）臂出水、空中移臂入水。

2）水中练习：①站立水中，上体前倾，做手臂的划水练习。动作按臂部动作要领做。②上体前倾入水做水中走动的动作练习。③水中两腿夹板做臂的划水练习。④自己蹬池壁滑行后，做手臂划水的练习。

（3）呼吸动作练习

1）陆上练习：①臂腿配合：体前屈站立，两臂前伸，做脚尖不离地两膝轮流前屈的踏步，并与二次划水配合。口令配合即 1~3 踏步，同时左臂划水一次；4~6 踏步，同时右臂划水一次。②单臂与呼吸配合：体前屈站立，做抱水动作，同时慢呼气，并向后划水、转头、用力呼气和吸气，然后做出水、入水动作。头转正时闭气。③双臂和呼吸配合：体前屈站立，口令配合即 1~3 踏步，右臂划水一次，并配合呼吸、闭气、吐气、还原；4~6 踏步，左臂划水一次，同时吸气、闭气、吐气、还原。

2）水中练习：①体前屈：脸部入水，在水中做呼气动作；转头时，用力吐气；吸气时，下颌靠近肩部；闭气还原。②站立水中，上体前屈成水平姿势，头部放在水里。开始时，可以练习一臂划水与呼吸的配合；再练习两臂同时划水与呼吸的配合；也可以模仿向前游泳的姿势，两脚向前走动进行练习。③练习者双脚由同伴扶住，身体俯卧在水中，做呼吸与两臂配合的动作。

（4）自由泳的完整技术配合

①滑行打腿，一臂前伸，一臂划水。划时不要太快，但划水路线要长，以推水为主。②滑行打腿，两臂分解配合。③滑行打腿，两臂轮流划水，做前交叉配合。④臂与呼吸配合，滑行打腿，单臂划水，向同侧转头呼吸。掌握后再作两侧呼吸。⑤完整配合游。距离可以逐渐加长，在长游中改进和提高技术水平。

（二）蛙泳

1. 蛙泳的动作要领

1）身体姿势：游蛙泳时，身体呈水平俯卧于水中，两臂向前伸直，两腿自然向后伸直并拢，同时上体稍挺起，头略抬，使身体和前进方向成 5°~10° 角，这种流线型的姿势，既能减少前进的阻力，又可以充分发挥手、臂、腿的作用，加快游速。

2）腿部动作：腿部蹬水动作是蛙泳推动身体前进和加强游速的主要动力。腿部技术有宽蹬和窄蹬两种，近年来大多数运动员都采用窄收窄蹬的技术，特点是：窄蹬腿距离窄，大腿收得少，收腿路线短，迎面阻力小，动作比较简单易学。腿部动作可分为滑行、收腿、翻脚和蹬水四个动作阶段。①滑行：可以说是蛙泳的开始姿势，当身体借助惯性力高速向前滑行时，两腿并拢向后伸直，身体成水平姿势，下肢放松，只靠腿部肌肉的适当收缩，把脚跟稍稍提向水面，为收腿做好准备。②收腿：收腿是蹬腿的准备动作，路线要短，阻力要小，要为蹬水创造有利条件。收腿时两腿稍微内旋，使脚跟分开，膝关节随腿的下沉向前边收边分。收腿结束时，大腿和躯干之间角度为 130°~140°，小腿尽量靠近臀部，并藏于大腿的投影之中，两膝的距离约与肩同宽，两脚掌几乎是平行向前收，靠腿的内旋使脚跟分开与臀部同宽。③翻脚：翻脚实质上是从收腿到蹬水的一个过程，是收腿的继续、蹬水的开始。蹬水效果的好坏，一般取决于翻脚技术是否正确。为了延长蹬水的路线，随着收腿的结束，两脚应继续向臀部靠紧，大腿内旋使两膝内压的同时小腿向外翻，接着脚尖也向两侧外翻，使脚掌内侧正对蹬水方向。整个翻脚的动作是由内收腿、压膝、翻脚三个连贯动作组成。应当强调压膝是指大腿内旋，带动小腿外翻的过程。④蹬水：蛙泳蹬水就像蹬池壁一样，要使蹬水方向向后由髋部发力，带动膝关节和踝关节，然后相继伸直。如用窄蹬动作，能利用小腿内侧和脚掌内侧的合理对水，造成向前的推进作用力。另外，蹬水翻脚时大腿内旋造成膝内压，能带动小腿和脚向后蹬水，使蹬水形成一个有力的鞭状打水动作。为了延长有效的蹬水动作路线，踝关节的伸直，要在两腿蹬直之后进行，而不要过早地伸直，否则会缩短蹬水的有效距离。因此，踝关节的灵活性对提高蹬水效果特别重要（图 8-2）。

3）臂部动作：蛙泳的臂部动作可分为滑行、抓水、划水、收手、伸臂五个连续的动作。①滑行：伸臂结束后，身体向前滑行，这时两臂向前伸直，手指并拢，掌心向下，两手尽量接近水面，使身体在较高的位置上保持稳定，整个身体成为流线型。②抓水：是滑行后进入划水前的动作，如果立即进入划水动作，其动作方向会向外下方，不仅不利于推进身体，还会造成身体过分起伏，所以从滑行到划水之间要有一个准备划水的抓水动作。抓水时，肩保持前伸，两臂内旋，使两臂和掌心转向斜外下方，屈手腕成 150°~160°。结束抓水时，两臂和水平面及前进方向应为 15°~20°，肘关节伸直。③划水：抓水后紧接着划水。划水路线是向后偏外下方，划至与前进方向约成 80°。划水时，肩部向前伸展，保持高抬肘的姿势。整个动作过程是肘高于手并前于肩，手带动前臂和上臂向后划水的过程中，肘关节的角度为 120°~130°。划水是用手掌加速内拨的动作，这个动作带动前臂收至超过垂直部位并开始降时，掌心从外后转向内急促拨水而结束划水，这也是蛙泳划水最有效的阶段。④收手：划水结束即开始收手。收手就是结束划水后，手掌在向内上移动的同时，上臂外旋，向前推肘的动作过程。收手时，要尽量把两臂收在身体的投影之中，以发挥划水造成的推进惯性作用，减少水对臂前移的阻力。⑤伸臂：收手后继续推肘伸臂。推肘不是先伸肘关节，而是伸肩关节的同时伸肘关节。两手先向前上、再向前伸。两臂伸直后即恢复成滑行姿势。伸臂时不能有停顿的动作。

4）呼吸和完整动作的配合：蛙泳的呼吸方法有两种：一种是早吸气，一种是晚吸气。

早吸气是两臂抓水时抬头用力呼气，在划水过程中吸气，在收手过程中闭气低头，伸臂滑行时吐气。晚吸气是划水几乎结束时才开始抬头用力呼气，在两臂结束划水和收手过程中，身体达到最高点时吸气，结束收手时闭气低头，伸臂的后段直至划水过程中慢慢吐气。一般优秀运动员多采用晚吸气的方法，因为这种方法能保持身体平衡，动作连贯，使得前进速度也会更均匀，对提高成绩很有帮助。但是晚吸气动作要求严格，吸气时间比较短促。所以一般游泳爱好者和初学者，先从早吸气的方法开始为宜，它比较简单，易学。

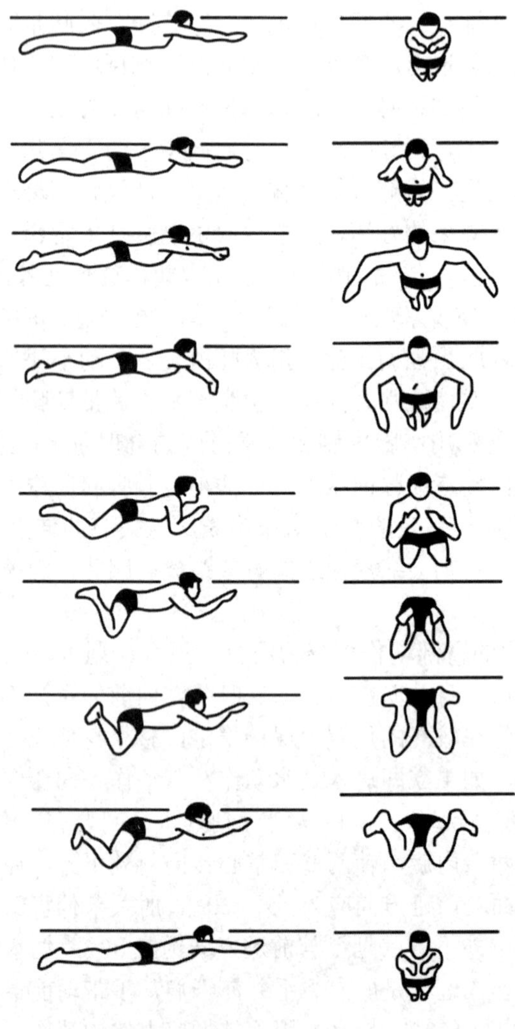

图 8-2　蛙泳

2. 蛙泳的练习方法

（1）腿部动作

1）陆上练习：①模仿蛙泳腿。坐在凳上或池边上，上体稍后仰，两手撑在体后，两腿伸直并拢，髋关节展开，做蛙泳腿的收腿、翻脚、蹬夹水和停止动作。练习时，可先分解做，再连贯做。

动作练习要求：收腿时大腿带动小腿，边收边分，翻脚时脚向蹬水方向，膝稍内压；

蹬夹水时应向后弧形蹬夹；停止时两腿并拢伸直放松。初学者练习时，可先用眼睛看着自己腿部动作是否正确。特别对翻脚这一动作，开始可能不太习惯，要反复多做，这样才能熟练掌握，等自己认为动作基本上正确后，闭上眼睛边想边做。②俯卧在凳子上做收、翻、蹬夹、停的动作。先做分解动作，再做连贯的完整动作。要求边想边做，开始可以由同伴帮助体会和纠正动作。重点是体会翻脚和蹬夹水的路线及动作的节奏。③单腿练习：一脚站立，一脚收腿。然后用手搬脚上翻，做蹬夹水练习。

2）水中练习：①支撑池壁做蛙泳腿练习。一手抓住水槽，一手撑住池壁，使身体浮起平卧于水中，髋关节展开，两腿放松后伸并拢，然后作收、翻、蹬夹和停的蛙泳腿动作。先分解做，然后连贯做，也可由同伴帮助做。

水中练习要求：除注意陆上练习中有关要求外，还应做到把肩沉入水中，腰腹部肌肉稍紧张，臀部靠近水面，防止塌腰、挺腹、臀下沉。收腿时要放松慢收，小腿和脚在大腿投影之内；向外翻脚时要充分，脚和小腿内侧对准水，脚心朝天；向后做弧形蹬夹水时要连贯，速度相对要快，停时要双腿并拢伸直漂一会儿，当两脚上浮后再做下一个收腿动作。②扶池槽仰卧做蹬夹水动作。③扶池槽俯卧做蹬夹水动作。④扶池槽仰卧或俯卧由同伴帮助或纠正蹬夹水的动作。⑤在水中由同伴托住腰腹后，做腿的蹬夹水动作。⑥用救生圈或救生衣使身体浮起后，做蹬夹水动。⑦双手扶木板或其他浮体的前端，练习收、翻、蹬夹和停的腿部动作。⑧由同伴拉着前伸的手，牵引着做腿部的完整练习。⑨自己蹬池壁滑行后，做蛙泳腿的练习。

（2）手臂动作

1）陆上练习：①原地站立，做手臂的划、收、伸动作。两手上举后向下侧划，划至肩前停止，然后两臂向胸前回收，并经胸面部前方上举还原。动作练习要求：划水时掌心向外侧下方，手内收时用力压摸水，动作完成后两臂向前伸直。②原地站立，上体前屈，两臂前伸，掌心向下，做蛙泳划水动作。

2）水中练习：①在水中原地站立，上体前屈成水平姿势。然后两掌心向下前伸于水中，做划水、收手、前伸的动作。可先分解做，然后再连贯做。②在水中上体前倾，走动中做两臂划水、收手和伸臂的连贯动作。③由同伴托扶腰腹，使身体成水平姿势，在水中做手臂的划、收、伸动作。④用救生衣或救生圈保护，在水中做划臂动作。⑤自己蹬池壁，在滑行中做双臂的划水连贯动作。

（3）蛙泳的呼吸练习

1）陆上练习：①原地站立，双臂上举，当双臂左右分开时，抬头呼吸，随之低头，双手还原。②原地站立，上体前屈成水平姿势，两臂前伸，掌心向下，当两臂向左右分开时，即抬头呼吸，随之划水时低头。

2）水中练习：①在水中原地站立，上体前倾，头没水中，两臂在水中伸直，当两臂向左右分开时，即抬头呼吸，随之划水低头。②在水中练习走动的呼吸动作。由保护人帮助夹抱着双腿，使身体俯卧于水面，然后听保护人口令做吐气、吸气的呼吸练习。

（4）完整配合技术的练习

1）陆上练习：原地站立，双臂上举，开始划臂并呼吸，继而低头继续划水，收手时单腿抬腿。臂伸直时，蹬夹腿。

2）水中练习：①在同伴托扶下练习完整的配合技术，并可根据保护人的口令做划手、呼吸、低头划水、收手收腿、伸臂蹬夹的动作。②采用浮体物（如救生衣、救生圈等）练习完整配合技术。练习时可以自己默念着划手、吸气、收手、收腿、伸臂、蹬腿来做。③漂浮成俯卧后做一次划臂、两次或三次蹬腿、一次呼吸的配合动作。保护人可在旁边指导。④做一次划水、一次呼吸、一次蹬腿的练习。动作要求慢而正确，不要太急，要放松，不要紧张，以防动作变形。⑤双人或多人的蛙泳练习。队伍前面找一个游得较好的人带领游蛙泳，后面的人扶住前面人的腰做蛙泳的蹬水和呼吸练习。

第三节　水上救护

一、水上救护

（一）观察与判断

水上救护中的两个主要环节是——“看水”和“现场急救”。所谓看水，即观察水面情况，分析事故性质，判断营救措施。

1. 溺水事故的成因

游泳时，游泳者因以下原因，往往导致溺水事故。

1）技术因素：指不会游泳或刚学会但技术掌握尚不熟练，以致在体力不支、水情变化或受人冲撞等情况下，导致溺水。

2）生理、病理因素：指患有不宜游泳的疾病（如心脏病等）和在饥饿、过饱、过冷的过度疲劳等情况下游泳，从而引起病理性并发症和生理性低血糖、中暑、抽搐症等导致溺水。

3）环境因素：指对游泳场所的情况不清楚（如水深、水底和天然游泳场的水流、水草、旋涡等），盲目游泳而导致溺水。

4）伤害因素：指违反游泳场所对游泳者的规定（如浅水区不准跳水、深水区定向游等）以及在江河中撞鱼、船、物致伤而导致溺水。

5）缺乏知识因素：指对安全和救生知识不了解（如抽筋、呛水等常规知识），最后导致溺水。

6）心理因素：指怕水、心情紧张，若稍有意外，就惊慌失措而导致溺水。

7）组织管理因素：指游泳场所的组织管理不当（如体检、救生力量配备、场地管理中的防范措施等不合规定）而导致溺水。

2. 观察方法（在游泳池）

观察的任务是贯彻“立足于防”，要有“不怕一万，就怕万一”的责任感。观察的一般方法如下。

1）救生人员必须思想高度集中，认真负责地、不间断地扫视（或环视）水域。必须定人、定点划分观察区域，做到“突出重点（主责区）、照顾全面（交叉观察，互相补漏）”。

2）观察方法上（在扫视水域时）必须掌握“池面与池底、池面与岸边、点与面”三个结合。

3）观察时，既要看清池面上有无游泳技术勉强的溺水“苗子”，同时又必须看清水面下和池底有无溺水者。

4）在扫视池边水域时，既要看清池边水域有无溺水“苗子”，又要观察池岸上有无无人看管幼儿或脸色苍白、呆坐及卧在岸边的游泳者。

5）观察区划分（责任区）一般有“直线切割法”即将游泳池用直线大致平均地划割成几个长方形水域；“弧形切割法”即以救生台为圆心，以 10~15 米为半径切割水域，以弧形水域为主责区。

3. 判断方法（游泳池常规判断）

1）开场时的意外事故：由于游泳者怀着急于下水的心情，开场铃一响就争先恐后，一拥而进，然而多数人进池后乱蹦乱跳，容易造成互相挤倒、压倒，最容易出意外事故。

2）深浅交界处的意外事故：深浅交界处，一些似会不会者一般集中在这里，是救生中的“危险段”。

3）深水区下水口的意外事故：这一地区汇集的是能游一点但基本上属不会游的，遇到他人干扰时，容易发生意外事故。

4）跳水中的意外事故：不具备跳水条件的游泳池中，游泳者用跑跳、反跳及翻腾动作身体触池壁击伤、昏迷等意外事故。

5）游泳违纪中的意外事故：如池内打闹、乱抓乱摸、“没顶”后久沉不起、潜泳后俯在水底、或在水中静止不动者，均可判为意外事故的警号。

（二）间接救护技术

间接救护是救护者利用救生器材，对较清醒的溺者施救的一种技术。游泳场所一般都应备有救生圈、竹竿、木板、泡沫块、轮胎、绳子及输氧设备等。下面介绍几种常用的救护器材和使用方法。

1. 救生圈

最好在救生圈上系好一条绳子，当发现溺水者时，可将救生圈掷给溺者。如在江河里，就向溺者的上游掷去，在溺者得到救生圈后，利用救生圈将他拖至岸边。

2. 竹竿

溺者离岸、船较近时，可用竹竿伸给溺者，切勿捅戳。待溺者抓住后再将其拖至岸边或船边。

3. 绳子

在绳索的一头系一漂浮物，将绳子盘成圆形，救护者握住绳子的一端，然后将盘起来的绳子掷在溺者的前方，使溺者握住绳子上岸。

4. 木板（包括一切可浮物）

在没有其他救护器材的情况下，木板也可作为救护器材。将木板掷给溺者，亦可扶木板游向溺者，然后将溺者拖带上岸。

（三）直接救护技术

直接救护技术是救护者不借助任何救生器材，徒手对溺者施救的一种技术。直接救护技术大致可分为入水前的观察、入水、游近溺者、水中解脱、拖运、上岸、岸上急救等过程。

1. 入水前的观察

当发现溺水者，立刻迅速扫视水域、判辨溺者与自己的距离和方位。在江河湖海中还要注意水流方向、水面宽窄、水底性质等因素。救护者要遵循入水后尽快游近溺者进行施救的原则，迅速选择入水地点。

2. 入水

入水指救护者在发现溺水情况后，由岸（船）边跳入水中准备赴救的过程。入水方法大致分两种。

1）在熟悉的水域或游泳池，可用鱼跃式（头先入水）的出发动作。其优点是速度快。

2）在不熟悉的水域，可用“八一”式（脚先入水）的动作。动作要领起跳后，两臂侧前举，一腿前伸微屈，一腿稍向后屈。当身体接近水面时，两腿夹水，手臂迅速压水。这种入水方法的优点是不会使身体下沉过多，并能防止碰到石头或暗桩，而且使头部基本不入水，以便看清目标。

3. 游近溺者

游近溺者指救护者在入水后迅速靠拢和控制溺水者做好拖带准备的过程。一般采用速度较快的抬头自由泳，亦可采用头不入水的蛙泳，以便观察溺者。当游到离溺者 2~3 米处，深吸口气并采用潜深技术接近溺者，以保证自身体力。如溺者面向自己，则潜入水中，游到溺者身旁，两手扶住他的髋部，将他转至背向自己，然后再进行拖运。另一种方法是正面游近溺者后，用左（右）手握住他的左（右）手，用力向左（右）边一拉，借助惯性使溺者身体转 180° 背向自己，然后进行拖运。如溺者背向自己，可直接游近溺者急停后，一手托腋，使其口鼻露出水面，一手夹胸作好拖带准备，并有效控制对方。在水质混浊的游泳场所，还应有意识地由正面转向溺者的一侧，看清并及时抓住溺者，在水面上挣扎的近侧手，边拉边做夹胸动作控制对方。

4. 水中解脱

水中解脱指救护者在接近或寻找溺者时被溺者抱住后施行解脱，并进行有效控制溺者的一项专门技术。由于水中挣扎的溺者，一旦抓住任何东西就不会轻易松手，所以救护人员需要掌握一定的解脱方法，以防万一。解脱时一般利用反关节和杠杆的原理，动作要迅速、熟练、突然。下面介绍几种常见的水中解脱方法。

1）虎口解脱法：虎口是指溺者拇指与食指之间的部位。当救护者的臂部（单臂或双臂）的任何部位被抓住时，都可用这种方法进行解脱。①当溺者两手从上抓住救护者的两手腕时，救护者可握紧双拳向溺者的拇指方向外旋，肘内收来解脱。如果溺者从下抓住救护者的两手腕，则紧握拳向溺者虎口方向内旋，肘关节向外展，即能解脱。②单手臂被溺者双手抓住的解脱方法，当溺者两手从下抓住救护者的一只手腕时，救护者一手可握紧拳头，另一手从溺者的两臂中间穿出，握住自己拳头突然从虎口下拉，即可解脱。

2）托肘解脱法：救护者向上推托肘关节而施行的一种解脱方法。①从后面被溺者抱住颈部：救护者首先握住溺者靠近自己胸前的一只手腕，另一手从下向上托溺者同侧臂的肘关节使之转体，然后低头，并向上推溺者的肘关节，使救护者头部从溺者腋下钻出来。离开溺者肘关节后，乘势将溺者的手腕拉至背后，另一手扶住溺者的前胸，进行拖运。

②被溺者从前面被抱住颈部：救护者用左（右）手推溺者的左（右）肘关节，右（左）手握住溺者的同一手腕并向下拉，然后，头从溺者的两臂中间钻出来。这时握住溺者的手腕从他腋下向后扭转拉到背后，同时另一手放开推溺者肘关节的手，并托住溺者的下颌进行拖运。

3）推扭解脱法：即救护者推扭溺者头部所施行的一种解脱方法。溺者从前方被拦腰抱住：救护者一手按住溺者的后脑勺，另一手托住溺者的下颌，向外扭转他的头，并顺势把溺者转至背向自己，然后进行拖运。

4）扳指解脱法：即救护者扳动溺者的大拇指所施行的一种解脱方法。溺者从后方被拦腰抱住：救护者用右手抓住溺者右手的一指，用左手抓住溺者左手的一指，分别向右左用力拉开，然后放开溺者的一只手，乘势转至溺者背后进行施运。

5）外撑解脱法：救护者利用两手掌相对屈肘外撑所施行的一种解脱方法。溺者从背后被连同两臂拦腰抱住：救护者两腿用力向下蹬夹水，连同溺者一起在水中升高身体位置。当头出水后深吸口气，然后突然下沉，同时用两臂向外撑的方法进行解脱。随后转到溺者背后进行拖运。

5. 拖运

拖运是指救护者采用侧泳或反蛙泳进行水上运送溺者的一项专门技术。拖运时为防止溺者因不明被救而强行挣扎，一般均采用夹胸拖带法。但应注意救护者及被拖运者的嘴、鼻必须露出水面。夹胸臂不可贴近溺者的喉部。拖运分侧泳和反蛙泳两种技术。

1）侧泳拖运法：是指救护者侧卧水中，一手扶住溺者，一手在体侧划水，两腿做侧泳蹬剪水的动作前进。拖运时，一种是一臂伸直托住溺者的后脑，一手在体侧划水，两腿做侧泳蹬剪水的动作。另一种是一手抄腋下，同侧髋部紧贴溺者的背部，另一手在体侧划水，两腿做侧泳蹬剪水动作。

2）反蛙泳拖运法：是指一手或两手扶住溺者，以反蛙泳腿的动作使身体前进。拖运时，一种是仰卧水面，两臂伸直，两手扶住溺者的两颊，腿做反蛙泳动作使身体前进。另一种是仰卧水面、双臂伸直以两手的四指挟着溺者的两腋窝下，大拇指放在肩胛骨上，腿做反蛙泳动作使身体前进。

6. 上岸

看到处于昏迷状态的溺者，可先将他拖运到岸边，然后再将他弄上岸以便抢救。这在浅滩或斜坡的河岸比较方便，如果在游泳池或陡坡，上岸就比较困难。下面介绍两种在游泳池上岸的方法。

1）池边上岸方法：救护者先用右手握住溺者的右臂，将其右手先放到岸边，用右手和两腿的力量支撑上岸。然手迅速用右手拉住溺者的右手腕（溺者背靠池壁），再用左手拉住其左手腕，将溺者沉入水（头不要没入水中），借溺者身体向上的浮力，把他提拉上来，并立即进行抢救。

2）扶梯上岸方法：将溺者拖运至梯前，背在自己的右肩上，两手握住扶梯，稳步上岸。当溺者的臂部移到池边时，慢慢放下，随后将右脚踏在池边上，右手托住溺者的颈部，左手抓住扶梯，弯腰向前，先慢慢将溺者放倒，再立即进行抢救。

7. 岸上急救

将溺者救上岸以后，首先是观察溺者的病状，然后再决定做人工呼吸或做心脏按压，同时找救护车。

1）观察病状：①确认意识：握握手或大声喊叫，溺者若有意识的话，就会反握握手者的手，或有回应，也有时眼皮眨动。此法大致可确认有无意识，如果仍无反应时，可用手拧一拧看，反应出"痛！"②确认呼吸情况：把脸贴在溺者的鼻、口，感觉呼吸的交流。同时观察胸腹部，若有呼吸，腹部的皮肤就有上下起伏。③确认脉搏：一般切手腕的动脉，切不到此脉时，就切颈动脉。通常脉率成年人：60~80 次 / 分；小孩：80~100 次 / 分。当脉搏只有 30 次 / 分左右时（无脉或微跳时），应立刻做心脏按压。

2）人工呼吸（口对口的呼吸）：当溺者救上岸后，心脏还在跳动，应立刻进行人工呼吸。在进行人工呼吸前，先要清除溺者口鼻中的异物，保持呼吸道的通畅。有活动的义齿时应及时取出，以免坠入气管内。如溺者牙关紧闭，救护者从他后面，用两手大拇指由后向前顶住溺者的下颌关节，并用力向前推，同时用两手的食指与中指向下搬颌骨就可搬开溺者的牙关。在迅速做完上述处理后，接着进行控水，将溺者呼吸道中的水排出，以便进行人工呼吸。控水的方法是：救护者一腿跪着，另一腿屈膝，将溺者腹部放在屈膝的大腿上，一手扶着溺者的头，使溺者嘴向下，另一手压背部，把水排出。排出水后，要立即进行人工呼吸。实践证明，口对口吹气的效果比较好，而且简便易行。操作方法：使溺者仰卧，救护者在他身旁，用一手捏住溺者的鼻子，另一手托着他的下颏，深吸一口气，然后用嘴对紧溺者的嘴吹气。吹完一口气后，离开溺者的嘴，同时松开捏鼻子的手，并用手压一下溺者的胸部，帮助他呼气。如此有规律地反复进行，每分钟做 14~20 次。开始时可稍慢，以后可适当加快。

3）心脏按压：当溺者失去知觉时，心脏按压和人工呼吸同时进行很重要。心脏按压法包括：俯卧压背法、仰卧举臂压胸法、侧卧压胸法和胸外压放心脏法。这里介绍常用的仰卧举臂压胸法和胸外压放心脏法两种。①仰卧举臂压胸法：此法特点是既可做人工呼吸又能起到压放心脏的作用，因此遇溺者呼吸、心脏均停止时可采取此法。方法是：溺者仰卧，肩下垫毛巾或衣服，头稍后仰，救护者跪于溺者头部上方，握其两手腕。操作呼气动作时，救护者上体前倾，增加压力，将溺者的双臂弯曲，用其两前臂压迫双肋处，通出肺部空气，操作吸气动作时，将溺者双手提起，向左右两侧做伸展动作，此时胸腔扩展，空气便会进入肺里。之后再继续将溺者的两臂经头上，回复到呼气手势动作。②胸外压放心脏法：此法适用于溺者无心跳或心跳极微弱时。具体方法：溺者仰卧，救护者跪在溺者身旁，将一手掌置于溺者的胸骨下端，另一手掌覆在上，两手掌重叠在一起，两臂伸直，借助身体的重力，稳健有力地向下垂直加压，压力集中在手掌根部，使溺者胸骨下陷 3~4 厘米，压缩心脏，然后抬起手腕，使胸廓扩张，心脏舒张。这样有节奏地进行，成人每分钟 60~80 次，小孩 80~100 次，直至心脏再跳动或确已死亡为止。做人工呼吸和心脏按压，应先在 3~4 秒内做 2 次人工呼吸，然后做 15 次连续的心脏按压，这样反复进行。另外，做心脏按压的同时，应注意观察两点：切颈动脉查脉搏，观察瞳孔。当呼吸停止和心脏停止跳动，瞳孔就会扩大，反之，瞳孔缩小。

（四）自我救护

在游泳中，当发生抽筋时必须保持镇静，不要慌张，可呼救也可自救。在水中自我解救抽筋部位的方法，主要是拉长抽筋的肌肉，使收缩的肌肉松弛和伸展。自救的方法如下。

1. 手指抽筋

将手握拳，然后用力张开，这样迅速反复做几次，直到抽筋消除为止。

2. 小腿或脚趾抽筋

先吸一口气仰浮水面，用抽筋肢体对侧的手握住抽筋肢体的脚趾，并用力向身体方向拉。同时用同侧手掌压在抽筋肢体的膝盖上，帮助抽筋腿伸直。

3. 大腿抽筋

可同样采用拉长抽筋肌肉的办法解救。

第九章　健美操

第一节　健美操概述

健美操是一项能创造热情，使人健康向上、充满激情与活力的运动。该项目融合了现代舞、爵士舞、竞技体操、技巧和舞蹈的技术精髓，同时又注重保留传统健美操项目所特有的风格特色。

了解健美操运动的基本知识，可以提高练习者对健美操的鉴赏水平；探索健美操运动的基本技术动作可以培育练习者正确的身体姿势，塑造健美形体，从而进一步挖掘健美操带给人们的美的感受，可以激发人们对该项目的喜爱，从而促进健美操项目的发展。

一、健美操的起源与发展

健美操最初是由体操演化而成的。在奥林匹克的摇篮之地希腊，人们认为人体是万物之中最至高和最完美的，提出“体操锻炼身体，音乐陶冶精神”。人们对健身健美的追求以及提倡体操与音乐的结合的主张正是现代健美操形成与发展基础的。

期间，欧洲也出现了许多体操流派，理论和实践层面的创新助推了健美操的发展。在1960年，美国学者肯尼思库伯为美国空军设计的体能有氧训练研究正是现代健美操的雏形。1970年，杰克索伦森将库伯的研究进一步完善，把音乐和肢体动作结合起来，形成了健美操舞。

健美操不仅在美、英、法等国家迅速发展，而且在一些发展中的国家和地区也得到不同程度的开展。前苏联早已把健美操列入大、中、小学的体育教学大纲。在亚洲地区，日本、菲律宾、新加坡等国家也建有许多健美操活动中心及健身俱乐部，人们都开始将健美操作为自己的主要健身方式，由此形成了世界范围内的“健美操热”。

健美操在我国发展迅速，1979年以来北京、上海、广州等地相继举办各种健美操培训班。1989年5月成立了中国健美操协会，总部设在北京。而后全国各地相继开展多种运动赛事，竞赛内容不断丰富充实，形式也逐步完善。由于项目本身的创造力、舞蹈多形式、多功能的健身特点深得人们的喜爱。健美操项目在中国的发展日渐成熟。

二、健美操的分类

根据健美操项目的运动目的特征，可分为竞技健美操、大众健身健美操、表演健美操。

（一）竞技健美操

竞技健美操是一项在音乐伴奏下，表现连续、复杂、高强度成套动作，并最终以获得较高名次为主要目标的竞技类运动项目。该运动项目起源于传统的有氧健身运动：成套动作通过连续的动作组合，展示运动员的柔韧美和力量美。竞技健美操在参赛人数、比赛场地、成套动作的时间等方面都必须按照规则严格进行，规则中对成套动作的编排、动作的完成、难度动作的数量等也都有严格的规定，并从艺术性、完成度、难度来进行评分。

（二）大众健身健美操

大众健身健美操的目的在于增进健康，强健体质，可为社会不同年龄层次的人所使用。它根据练习对象的需求进行创编，动作简单易学，节奏稍慢，时间长短不等，可编排为 5 分钟到 1 小时不等。目前我国开展的健身健美操运动非常广泛，对各种成套健美操动作的练习时间、场地、人数、内容、动作名称、节奏快慢等没有统一标准，练习者可以根据需要自行进行编排。

大众健身健美操按不同方式分类有以下几种方法。

1）按年龄层次区分为：老年、中年、青年、少儿、幼儿健美操等。

2）按性别区分为：男子、女子、男女混合健美操。

3）按目的任务区分为：姿态、形体、医疗、热身、节奏、跑跳、减肥、活力健美操等。

4）按练习形式区分为：徒手、持轻器械和专门器械健美操。轻器械健美操包括哑铃、体操棍、彩球、绳、花环、手鼓等；专门器械健美操包括踏板、体操垫、健身器健美操等。

5）按动作特色可分为街舞、搏击、拉丁、瑜伽、斗牛士健美操等。

（三）表演健美操

表演健美操的主要练习目的是“表演“，表演健美操是经过编排，具有强烈表现感的成套健美操。时间一般为 2~5 分钟。表演性健美操的动作较健身性健美操动作更复杂，音乐速度可快可慢，并为了保证一定的表演效果，动作较少重复，也不一定是对称性的。在参与的人数上可是单人，也可是多人，并可在成套中加入队形变化和集体配合的动作，表演者可以利用轻器械，如花环、旗子等，还可采用一些风格化的舞蹈动作，如爵士舞等，以达到烘托气氛，感染观众，增加表演效果的目的。因为表演性健美操的动作比健身性健美操的动作复杂多变，所以对参与者的身体素质要求较高，不仅要具备较好的协调性，还要有一定的表演意识和集体配合的意识。

三、健美操的功能与特点

（一）健美操的功能

1. 健美功能

健美操运动能使练习者体魄健美，体型匀称，姿态端正，动作矫健，这既是健康的标志，又是人体美的表现。健美操运动以其丰富的内容和独特的形式，培养练习者的形体美、动作美、姿态美、仪表美、心灵美，使树立正确的审美观。健美操运动还能够培养练习者对美的感受能力、鉴赏能力、表现能力和创造能力。

2. 健身功能

健美操作为一项有氧运动，具有所有有氧运动的健身功能，可以提高机体的心肺功能和肌肉耐力，促进机体代谢功能的增强，使人体达到最佳机能状态，使人精神焕发；练习健美操还可以增强关节的稳定性，增加机体的免疫能力，减缓肌肉与附着组织的退化和衰老过程，使身体动作机敏、灵活、富有朝气。通过学习和掌握健美操的各种基本动作和基本技能，进一步提高身体的基本活动能力，提高对外界的适应能力和对疾病的抵抗能力，从而增强体质，发展身心。

3. 健心功能

健美操运动能丰富练习者的文化体育生活，调剂感情，增加生活乐趣，养成良好的生活习惯，培养勇敢顽强、拼搏进取、团结互助等良好的品质。同时，健美操运动可以陶冶情操，缓解心理压力。健美操不同于其他有氧运动项目之处在于它是一项轻松、优美的体育运动，在健身的同时，带给人们艺术享受，使人心情愉快，陶醉于锻炼的乐趣中，减轻了心理压力，达到健身健心的目的，健美操作为一项体育运动，以其动作优美、协调、同时有节奏强烈的音乐伴奏而著称，同时健美操是缓解精神压力的一剂良方，在轻松优美的健美操锻炼中，练习者的注意力从烦恼的事情上转移开，忘掉失意与压抑，尽情享受健美操运动所带来的欢乐，得到内心的安宁，从而缓解精神压力，使人活力四射。经常参加健美操锻炼，可以使练习者在身体活动的实际体验中，调节心理平衡，增强自信心。

4. 健智功能

健美操运动通过改善练习者大脑的物质结构和机能状况，全面发展观察力，广泛训练记忆力，启迪诱导想象力，帮助提高思维力，为智力的开发创造良好的生理条件和环境条件。现代科学研究证明，坚持经常的体育锻炼，能保证大脑能源物质与氧气的充足供应，使大脑神经细胞发育充分。同时，不同类型的健美操动作，能对大脑神经系统提供各种刺激信息，有利于提高大脑皮层细胞活动的强度、均衡性和灵活性，使整个大脑神经系统的结构、功能得到改善和提高。通过各种形式的健美操活动，有利于疲劳的消除，使人头脑清醒，精神焕发，提高学习和工作效率。

5. 娱乐休闲功能

健美操运动也是一种娱乐活动。健美操运动是在音乐伴奏下进行锻炼的项目，它既可以作为一种表演的形式，也可以自娱和自乐，既能促进练习者之间的交往，陶冶情操，又能丰富文化生活。

（二）健美操的特点

1. 融健美和健身于一体

健美操是以健身为基础，根据人体解剖学、运动生理学、体育美学等多学科理论，为使人体健康健美地发展而编排设计的。健美操动作讲究健美大方，强调力度和弹性，练习内容讲求针对性和实效性，不仅能使身体各部位的关节、韧带、肌肉得到充分锻炼，使人体匀称和谐地发展，而且还能增强体质，培养健美的体形和风度，塑造健美的自我。因此，健美操是一项既注重外在美的锻炼，又强调内在美的培养的人体运动方式，对人的身心影响较为全面。

2. 鲜明的节奏感和韵律感

健美操是一种必须在音乐伴奏下进行的身体练习，音乐是健美操的灵魂。与艺术体操相比，健美操更强调动作的力度。因此，健美操的音乐节奏趋于鲜明强劲，风格更趋于热烈奔放。健美操音乐多取材于迪斯科、爵士、摇滚等现代音乐和具有上述特点的民族乐曲，而正是音乐中的高低、长短、强弱、快慢等有节奏的变化，使健美操更富有一种鲜明的现代韵律感。此外，旋律清晰、活泼轻快、情绪激奋的音乐，不仅能振奋练习者的精神，使人产生跃跃欲试的动感，而且还能使人在练习过程中，忘却疲劳，产生一种轻松愉快的心情。

3. 动作的多变性和协调性

健美操动作的多变性，不仅表现在动作的节奏和力度上，而且还表现在动作的复合性方面。其每节操很少是单个关节的局部动作，大多为多关节的同步运动。如在完成大幅度的上肢动作时，常伴有腰、膝、髋、踝和头部等的动作。这不仅可使身体各关节的活动次数成倍增长，而且还能有效地改善和提高人们身体的协调性。

4. 广泛的群众性

健美操是一项富有趣味性的运动，它能给人们带来热情奔放的情感体验，符合现代人追求健美、自娱自乐的需要，因此深受广大群众的喜爱。同时由于健美操，尤其是健身健美操，其练习形式多样，运动负荷和难度可以自我调节，不同年龄、性别、形体、素质、个性、气质的练习者都可酌情择项参加锻炼，各种人群都能从健美操练习中找到适合自己的练习方式，并通过训练增强体质，弥补自身的某些不足，并且还可从中获得乐趣。因而，健美操是男女老幼所青睐的一项运动。此外，由于健美操不受气候的影响，对场地、器材条件的要求不高，练习起来简便安全，适合不同地区、不同条件的单位和组织开展。因此，这项运动具有广泛的群众性。

第二节　健美操基本动作

一、基本动作

（一）健美操上肢动作

上肢动作由手臂的自然摆动、力量练习以及基本体操的徒手动作和舞蹈组成，其目的是丰富健美操的动作内容。

1. 动作

1）自然摆动：屈肘前后摆动，同时或依次。

2）臂屈伸：上臂固定，肘屈伸。臂屈时肱二头肌收缩，臂伸时肱三头肌收缩，可持小哑铃或沙袋进行练习；

3）屈臂提拉：臂由下举提至胸前平屈。胸大肌和三角肌前束收缩，可持小哑铃或沙袋进行练习。

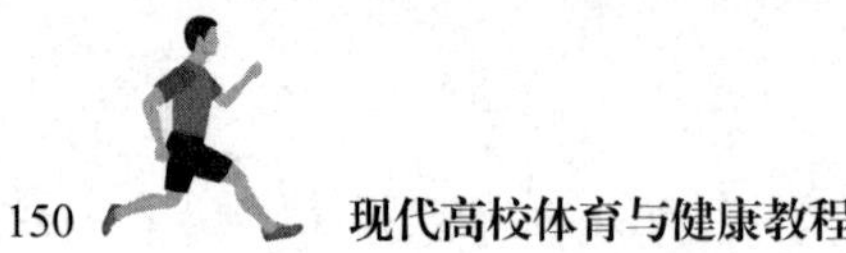

4）直臂提拉：臂由下举提至前平举或侧平举。练习部位和方法同上。

5）冲拳：握拳由腰间冲至某位置。如向前冲拳、向上冲拳。

6）推：手掌由腰间冲至某位置。如前推时，胸大肌和三角肌前束收缩；上推时，三角肌中束收缩。

7）肩上推：立掌，屈臂由肩部向上推。

8）绕和绕环：以肩关节为轴，手臂在 180° 至 360° 之间运动为绕，大于 360° 的为绕环。

9）交叉：双臂重叠成 X 形。

2. 手型

健美操中手型有多种，它是从爵士舞、芭蕾舞、西班牙舞、迪斯科、武术等手型中吸收和发展的。手型的选用可以使手臂动作更加生动活泼。常见的手型有以下两类。

1）掌：并掌、开掌、花掌、立掌。

2）拳：实心拳、空心拳。

二、基本步伐

基本步法是健美操动作中最小的单位，是健美操练习的一个重要部分，通过基本步法的练习，能培养练习者的协调性、韵律感。

健美操基本步法根据人体运动时对地面的冲击力大小分为低冲击力步法、高冲击力步法和无冲击力步法三大类：

1. 低冲击力步法

1）踏步类（March）：此类动作两脚依次抬起，在下落时膝、踝关节有弹性地缓冲。主要步法包括踏步（March）、走步（Walk）、一字步（Easy walk）、V 字步（V-step）、曼步（Mambo）。

2）点地类（Touch Stepor tap together）：此类动作两脚有弹性地屈伸，点地时，主力腿稍屈，另一腿伸直（脚尖或脚跟点地）。主要步法包括脚尖前点地（Tap forward）、脚跟前点地（Heel）、脚尖侧点地（Tap side）、脚尖后点地（Top back）。

3）迈步类（Step or step together）：此类动作是指一脚先迈出一步，同时移动身体重心，另一脚点地、并步或抬起的动作。主要步法包括并步（Step touch）、迈步点地（Ste ptap）、迈步屈腿（Step curl）、迈步吸腿（Step knee）、迈步弹踢（Stepflick）、侧交叉步（Grape vine）。

4）单脚抬起类（Lift step or lift together）：此类动作支撑腿有控制地稍屈膝弹动，另一腿以各种形式抬起，同时收腹、立腰。主要步法包括吸腿（Knee lift）、踢腿（kick）、弹踢（Flick）、后屈腿（Legcurl）。

2. 高冲击力步法

1）迈步跳起类（Step jump or Scoop）：此类动作是指一脚迈出，重心移动，跳起，单脚或双脚落地。此类步法包括并步跳（Step jump）、迈步吸腿跳（Step knee jump）、迈步后屈腿跳（Step curl jump）。

2）双脚起跳类（Jumping or Jumping jack）：此类动作是指双脚起跳、双脚落地的动作。此类步法包括并脚纵跳（Jump）、分腿半蹲跳（Squat jack）、开合跳（Jumping jack）、并腿滑雪跳（Ski jump）、弓步跳（Lunge jump）。

3）单腿起跳类（Lift jump or leap）：此类动作是指先抬起一腿、另一腿跳起的动作。此类步法包括吸腿跳（Knee lift jump）、后屈腿跳（Leg curl jump）、弹踢腿跳（Flick jump）、摆腿跳（Leg lift jump）。

4）后踢腿跑类（Jogging）：此类动作是指两腿依次蹬地离开地面，轻快跑跳。此类步法包括后踢腿跑（Jogging）、侧并小跳（小马跳）（Pony）。

3. 无冲击力步法

此类动作是指两腿始终接触地面的动作，主要步法包括弹动（Spring）、半蹲（Squat）、弓步（Lunge）、提踵（Calfraise）。

第三节　健美操比赛欣赏

一、比赛规则简介

了解健美操比赛基本规则，能更好的了解和欣赏该运动。健美操竞赛根据运动目的分为健身性健美操比赛和竞技健美操比赛：

健身性健美操比赛以健身塑型，推广群众体育项目为主要任务，因此竞赛规则中动作技术动作要求较低，比赛规则简单，操作方便。健身健美操比赛项目一般以集体 4~6 人，性别不限。比赛成套动作时间为 2 分 30 秒至 3 分钟；比赛场地为 10×10 平方米的地板或地毯，标记带为 5cm 宽的红色或黑色带。

竞技健美操则以竞技，获得优异成绩为主要任务。因此对参赛者在技术动作，身体素质等多方面有较高要求。规则和参赛条件也受到有严格规定，一般主要形式有：锦标赛、冠军赛、邀请赛、运动员等级赛等。竞技健美操比赛项目一般分为男女单人、混合双人、三人、集体六人等五个项目。比赛成套动作时间为 1 分 40 秒至 1 分 50 秒；比赛场地用地板或地毯，单人、混双、三人比赛场地为 7×7 平方米，集体六人场地为 10×10 平方米，标记带为 5cm 宽。

二、比赛形式和内容

（一）比赛形式

按照规则规定，竞技健美操的比赛是徒手的成套动作，因此比赛形式比较单一。而健身健美操，比赛形式呈现多样化趋势，有徒手、也有持轻器械；可喊口号，也可以拉横幅；有规定套路和自编套路。

（二）比赛内容

健美操比赛的内容有规定动作和自编动作。规定动作是比赛主办方根据比赛目的、任务和所有参赛对象根据一般情况，在赛前已编排好成套动作，让参赛者共同完成同一内容进行比赛。自编动作是参赛者根据比赛规程和规则结合自身具体情况，编排一套动作进行比赛。

三、比赛欣赏

（一）艺术性欣赏

健美操成套动作的艺术性，主要体现在成套动作的设计、表现、音乐、配合以及创造性。运动员所设计的动作风格是活力、动感、趣味和快乐的外在表现，必须与音乐的风格相一致，选用的音乐必须通过运动员的动作、身体的表现、感染力和活力体现出来。它包含以下几个因素。

1）音乐的适宜性——动作的风格与类型必须完美地适合所选音乐的特点、音响的效果与节拍。

2）动作的强度——体现在运动员的动作频率、速度、耐力、重力、移动等五个方面。

3）动作的创造性——成套动作的编排必须与音乐的风格相适应，并与运动员的动作和表现力融为一体，具有令人难忘和与众不同的动作独创性、队形和托举的变化多样、队员配合的默契性。

4）基本步伐和特殊内容——复杂的组合要表现踏步、后踢腿跑、吸腿跳、踢腿跳、开合跳、弓步跳、弹踢腿等七种基本步伐及其在一个八拍内手臂的变化，不同水平动作的连接、节奏变化、动作面的利用和协调。

5）过渡与连接——步伐、动作形式、难度动作、托举动作的流畅和较好连接在成套动作里的每拍都应很清楚，这样连接就不会中断。

6）空间——利用竞赛场地的 4 个角（中央）和 5 个方向（向前、向后、向侧、对角、弧形）进行移动同时对空间（地面、站立和腾空）利用恰当。

7）表演——表演包括表现力和合拍，表现力是指运动员面部表情、目光接触、身体语言来表现身心的感受，通过体能、魅力、热情、自信征服观众的能力。合拍是指运动员应与音乐配合协调一致，动作与音乐的节奏相吻合。

（二）难度动作欣赏

在竞技健美操比赛中，所有单人、混双、三人和六人的健美操成套动作中，必须包括四组难度动作展示：①俯卧撑、倒地、旋腿与分切类；②支撑与水平类；③跳与跃类；④柔韧与变化类。一套动作中难度要求最多允许有 12 个难度动作，每组难度至少各有 1 个，地面难度不得超过 6 个，俯撑落地难度不得超过 2 个，每个难度分值为 0.01 分至 1.0 分。

同时例如运动员做直角支撑动作，没有保持 2 秒时间，这个难度动作就不予计分，或某运动员做单臂单腿俯卧撑时，胸部接触地面，这个难度也判定为没有完成。成套动作选择的难度动作必须体现出空中、站立和地面三个空间动作的均衡性。

（三）完成性欣赏

健美操完成性包括技术技巧和一致性。我们在欣赏时，要观察健美操运动员的动作姿

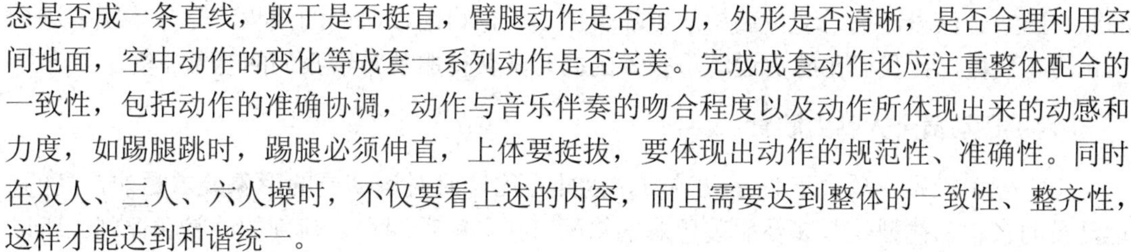

态是否成一条直线，躯干是否挺直，臂腿动作是否有力，外形是否清晰，是否合理利用空间地面，空中动作的变化等成套一系列动作是否完美。完成成套动作还应注重整体配合的一致性，包括动作的准确协调，动作与音乐伴奏的吻合程度以及动作所体现出来的动感和力度，如踢腿跳时，踢腿必须伸直，上体要挺拔，要体现出动作的规范性、准确性。同时在双人、三人、六人操时，不仅要看上述的内容，而且需要达到整体的一致性、整齐性，这样才能达到和谐统一。

（四）音乐欣赏

健美操是在音乐伴奏下完成的，音乐是健美操密不可分的组成部分，不同的音乐构成了运动员不同的表现风格，尤其在国际比赛中会有来自不同的国家、不同民族风格的音乐，让观众在欣赏运动员高超技术的同时也感受了到音乐的魅力。然而，并不是所有的音乐都可用于健美操的，音乐选择是否合适对全套动作的成败，对运动员的最后得分都有着重要的作用，可以使用一首或多首乐曲混合的音乐，也可使用原作音乐和加入特殊音响效果，使用的音乐必须由运动员通过动作、身体表现、感染力和活力体现出来，这些动作必须适合竞技健美操的特色内容，按照音乐的结构、不同节奏等风格来完成，如采用拉丁音乐，动作也必须表现拉丁风格，从而使健美操音乐更加丰富多彩。由于竞技健美操成套动作的时间为 1 分 40 秒至 1 分 50 秒，在这样短的时间内，运动员要把他们的身体技术全面的表现出来，使成套动作有起伏，有变化，那么音乐也必须与之相一致。运动员的成套动作是由许多单个动作组合而成，音乐在此起着一个联接作用，动作的选择必须要按音乐的规律和特点，根据音乐的情绪、风格、意境和音乐的旋律和节奏来进行。

因此在观看比赛时应该注意以下几个方面。

1）所选择的动作必须能够符合音乐的特点，动作节奏必须与音乐的节奏上的强弱，快慢、轻重、缓急、圆滑和顿挫相吻合，动作的高低起伏、大小变化是否与音乐所蕴含的情绪和意境一致。

2）运动员身体姿态、动作速度和力度也必须要和音乐的旋律、力度相一致；当完成高难度动作，音乐是强劲有力或有动效时，才能使成套动作与音乐的配合达到完美的境界，使动作与音乐成为一个整体。

3）音乐本身是否有主题，有意境，有感染力，是否能增强成套动作的表现力；是否被运动员充分理解，所表现的技术风格和个性是否与音乐完全一致；这都是因为音乐能体现运动员的气质、性格、爱好、审美能力和艺术的表现能力。

总之，一个好的音乐会有力的渲染、烘托了成套动作的气氛，抒发一定的情感，表现某种风格，有助于运动员充分展示其个人特点；同时观众也能随着音乐的带入充分感受运动员的激情和高超技巧，使人们在听觉上、视觉上得到双重赏受。

（五）服装欣赏

当比赛开始，运动员出现在赛场上，给观众眼前一亮的是除运动员的形体，容貌外，就是运动员的服装，规则在服装要求上主要看对胸沟、肩胛骨、腹部沟以及透明材料作了规定外，款式没有限制，所以目前我们观看比赛时发现运动员穿得健美操服款式有很多。运动员可以根据自己形体条件、爱好、选择更适合自己的款式，再根据不同肤色选择不同的服装图案、色彩，把运动员装扮的更加美丽动人，再配以时尚的淡妆，充分体现了这个项目的时代性，让我们在欣赏运动员技术的同时又获得服装带给我们的艺术享受。

（六）运动员个人魅力欣赏

由于健美操是一项表演性运动项目，因此在比赛时对运动员的形象要求是非常高的，运动员的长相、体型、服装及服装色彩的搭配直接影响着观众、裁判的欣赏和评判。所以在选拔运动员时，力求选择形体美、容貌好、气质佳、富有艺术表现力，身体素质全面的运动员作为培养对象，可以说健美操运动员具有电影明星般的个人魅力。

一名优秀的健美操运动员其表现能与音乐完美结合，动作协调，轻松自如，具有丰富的艺术表现力，充分表现各种优美的人体造型，具有较高的审美价值。通过长期系统的专项技术训练，每个运动员都具有本专项所需的身体素质和艺术修养，尤其是作为个人项目运动员，他们都具高超的表演天赋，在比赛中他们往往不满足于只做那些适合自己特点和风格的动作，还尽量追求完全不同的风格，始终给人以新的感觉。他们在比赛场上的举手投足，灵巧敏捷、活泼可爱，充满活力的动作，无不把他们的美传递给观众，用个人的魅力征服观众，征服裁判。

（七）集体项目欣赏

集体项目包括混双操、三人操、六人操动作，集体项目的特点就是每个运动员必须有集体团队精神，它主要体现在以下三个方面。

1）体现在运动员的选材上，她们在身高、体型、气质、技术、和表现力上尽可能相近，并身着统一服装。

2）在动作编排上要求所有运动员在成套各部分充分体现动作的合作意识，如：必须有 3 次托举配合动作；至少 2 个动力性配合；混双操至少 3 个、三人操至少 5 个、六人操至少 6 个不同的队形的变化。

3）在完成动作的熟练性、力度、幅度、速度、技术规格上力求一致。尤其是在动作的一致性上，如发生变化则要被扣分。由于集体项目人数多、空间利用广、队形变化大等特点和风格，丰富了集体项目的技术内容，提高了集体项目的观赏性。

首先在空间的利用上：2~6 名运动员在一块场地上表演，同一画面上的运动员们在他们开始和结束的运动状态中，其各种造型和姿态多采用不同空间层次来完成，或统一一致，或分组组合，布局参差错落，形象生动活泼，使造型构图更加唯美，构成一幅幅动态的美妙画面。其次在队形变化过程中，或直接转换、或依次转换、或逐渐转换从而演示出各种各样的队形来。如直线、平等线、弧线、三角形、圆形、方形、箭形、菱形、丁字形等等及各种不规则、不对称的队形，这些队形使整个场面始终处于绵绵不断的变化运动之中，也使观众感到强烈的流动感。

第十章　瑜伽运动

第一节　瑜伽项目概述

瑜伽是一项有着5000年历史的关于身体、心理以及精神的练习。瑜伽姿势了运用古老而易于掌握的技巧，能改善人们生理、心理、情感和精神方面的能力。瑜伽是一种达到身体、心灵与精神和谐统一的运动方式，包括调身的体位法、调息的呼吸法、调心的冥想法等，均能实现身心合一。了解和学习瑜伽项目有助于提高对瑜伽概念的认知，从而在后阶段实践练习中夯实理论基础，学习瑜伽基本体式能培育练习者正确的动作，塑造健康的形体，安定调控心绪，从而进一步培育对这项运动的喜爱和练习。

一、瑜伽运动的起源和发展

瑜伽发源印度北部的喜马拉雅山麓地带，古印度瑜伽修行者在大自然中修炼身心时，无意中发现各种动物与植物天生具有治疗、放松、睡眠、或保持清醒的方法，患病时能不经任何治疗而自然痊愈。于是古印度瑜伽修行者观察动物的姿势、模仿并亲自体验，创立出一系列有益身心的锻炼系统。

据考证，瑜伽运动距今至少已有五千年的历史，是古印度六大哲学派别中的一系。大约在公元4世纪前后，随着佛教的传播而传入中国。“瑜伽”一词早在唐代就出现，是梵文“Yoga”的音译，在唐以前译成“相应”。其含意为联系、连接、结合之意。

瑜伽运动发展至今经历了原始发展时期、韦达时期、前经典时期、经典时期、后经典时期、近现代时期这几个阶段，具体内容如下。

1）原始发展时期：约公元前3000年至前15世纪。其中包括瑜伽的实践阶段，此时期少数人修炼瑜伽，方法也比较原始，文字记载较少，皆以静坐、冥想及苦行的形式出现。

2）韦达时期：公元前15世纪至公元前8世纪，这一时期开始有有关瑜伽的文字记载，一系列吠陀经提出了瑜伽的概念，标志着瑜伽出现了系统性的记载。

3）前经典时期：公元前8世纪至公元前5世纪，瑜伽的基本观念开始形成，修炼的目的是梵我相连，彻底摆脱痛苦。该阶段诞生了瑜伽经典著作《奥义书》。

4）后经典时期：公元2世纪至19世纪，瑜伽练习不再追求从现实中解脱，而是强调接受现实，在修行上经历了从重冥想到重体式的转变。圣哲帕坦伽利创作了《瑜伽经》是该时期的经典著作。

5）近现代时期：19 世纪后，此后的瑜伽出现了很多流派，练习者从注重明显和精神修炼转向注重对身体姿势的练习，形式也更为多元化和普及化。

二、瑜伽运动的分类

瑜伽经过几千年的发展演变，形成了很多流派，有的以哲学思想为主，有的则注重身体锻炼，还有的注重调息等，不同的瑜伽派别其理论也有很大差别。

（一）古老瑜伽四大流派

从精神修炼的角度上说，瑜伽基本分为四个流派，分别是智瑜伽、业瑜伽、奉爱瑜伽和王瑜伽。这四个派分别代表了四种不同的精神理念，但都着重于对精神和思想上或行为上的修炼，对于体式的要求则不太强调。

1. 智瑜伽

智瑜伽提倡培养知识理念，从无知中解脱出来，达到神圣知识，以期待与梵合一。智瑜伽认为，知识有低等和高等之别，寻常人所说的知识仅仅局限于生命和物质的外在表现，这种低等知识可以通过直接或间接的途径获得。然而智瑜伽所寻求的知识，则要求瑜伽者转眼向内，透过一切外在事物的本质，去体验和理解创造万物之神——梵。

2. 业瑜伽

业是行为的意思。业瑜伽认为，行为是生命的第一表现，比如衣食、起居、言谈、举止等等。业瑜伽倡导将精力集中于内心的世界，通过内心的精神活动，引导更加完善的行为。瑜伽师通常采取极度克制的苦行，历尽善行，崇神律已，执著苦行，净心寡欲。他们认为人最好的朋友和最坏的敌人都是他本身，是由自己的行为决定。只有完全的奉献和皈依，才能使自己的精神、情操、行为达到与梵合一的最终境界。

3. 奉爱瑜伽

奉爱瑜伽奉行爱和虔诚，专注于杜绝愚昧杂念，启发人们对梵的敬仰之心，以期与梵同在。它认为智、业、信仰是相互关联的。知识是生活的基础，行为是生活的表现。一个人如果没有知识，就会生活在盲目中，行为也失去了依托。无论是知识还是行为，都应该受到信仰之心的引导，否则，知识便成了粗朴无用的知识，行为便成了低劣愚昧的行为。瑜伽师奉行“以仁爱之心爱人，以虔诚之心敬神”，希望通过某种宗教仪式来表达修习者全身心的奉献。

4. 王瑜伽

王瑜伽又称八支分法瑜伽。透过瑜伽八支，把整个心灵的力量凝聚起来，由瑜伽著名的八支分行法组成，即禁制、遵行、坐法、调息、收回感知力、集中注意力、冥想、三摩地。王瑜伽偏于意念和调息，也就是我们常说的瑜伽冥想法。通常使用莲花坐等一些体位法进行冥想，通过意念来感受实体的运动，控制气脉在体内流通，以达到控制意识和平息大脑思想的目的。

随着瑜伽发展至现代后，逐步强调对体式的练习，被人们熟知的哈达瑜伽就是王瑜伽精简后的瑜伽流派。哈达是日月、对立、平衡之意。哈达瑜伽主要练习通过控制身体和呼吸，达到内外平衡的效果。使身体各机能有序运转，从而使心灵获得宁静，变得祥和。哈达瑜伽注重生理，练习方法包括：体位法、呼吸法、冥想、休息、收束法、契合法和饮食。哈达瑜伽认为，人体包括两个体系，一为精神体系；一为肌体体系。人平常的思想活动大部分是无序骚乱的，是能力的浪费，比如：疲劳、兴奋、哀伤、激动，只有一小部分用于维持生命。在通常情况下，如果这种失调现象不太严重时，通过休息、饮食便可自然恢复平衡，但是如果不能主动的自我克制和调节，这种失调会日益加剧导致精神和机体上的疾病。体位法可以打破原有的骚乱，消除机体不安定的因素，停止恶性循环的运动；通过调息来清除体内神经系统的滞障，通过收束法控制身体的能量并加以利用；通过冥想来获得内心的平静。

（二）现代瑜伽流派

在近代瑜伽修炼繁衍的过程中，哈达瑜伽中又发展出以下几种派系，以适应普通人平时的练习要求。

1. 阿斯汤加瑜伽

阿斯汤加瑜伽又称力量瑜伽，是哈达瑜伽中最讲求体力的。它一共有 240 个瑜伽姿势，以六组动作单元结合呼吸串连起来，借此提升身体的“热能”，进而强化身体。因为强调力量、柔韧度和元气，阿斯汤加瑜伽深受运动员和热爱剧烈运动的人的喜爱。在健身房通常会截取其中 20~30 个体式让身体柔韧度好、力量度强的学员练习，长期的坚持训练会使身体的各个部分，包括肌肉、关节、心肺等达到一个和谐的最佳状态。

2. 艾扬格瑜伽

它由国际著名的印度瑜伽大师 B.K.S.Iyengar 创立，他将瑜伽与医学科学相结合，藉以改善人们在生理及心理上的种种病痛。其特别强调瑜伽姿势中身体各个部位的相互配合、绝对正确的位置和对肌肉收紧放松的控制，所以非常适合初学者，并在帮助他们建立良好的瑜伽姿势基础、改善身体姿势问题。艾扬格特别重视“站式”的锻炼，呼吸技巧则稍为次要。此外，他认为因受自身形体上的限制，练习者可借助道具来提高姿势的准确性，这些道具包括毛毡、砖、揽枕、椅子、绳子等等。在一些瑜伽馆内，也称此课为“辅助瑜伽”，非常适合男士、身体柔韧度不够理想、身体部分位置有不适感的学员练习。通过道具的辅助，会让人们对一些瑜伽体式不再感到恐惧，从而使身体在一段时间得到改善，逐步适应各个体式。

3. 昆达里尼瑜伽

昆达里尼瑜伽历史久远，它深信生命的能量（Kundalini）隐藏于尾椎部位，通过各种修行（呼吸、姿势、唱声及冥想），便会被启发这能量、引导至脊椎的各个“气轮”上；而当“顶轮”被打通，人便能悟道。其强调几种呼吸的技巧：鼻孔的交替呼吸、缓慢、横膈膜的呼吸，以及一种叫“火焰”的呼吸法。练习过后，你真的会感受到身体无比的轻松，呼吸的清澈，从而也能带给你身体和精神上的彻底的放松、安静和集中。

4. 流瑜伽

流瑜伽是在阿斯汤嘎瑜伽和活力瑜伽的基础上，结合传统哈达瑜伽而产生的相对温和舒展的瑜伽流派。其注重呼吸的配合及体式之间的衔接，体式的难度相对较低，与其他流派相比，比较灵动活泼、行云流水。

5. 阴瑜伽

阴瑜伽是注重对身体结缔组织锻炼的哈达瑜伽流派，以体式放松肌肉、坚持时间比较长为主要特征。最先由保罗·格里瑞提出并推广。其理念是根据中医经络学说和道家功法以及印度气轮理论建立的一种锻炼方法，体式安排以轻柔为主，不注重体式之间的连接和精细协调，比较适合于恢复性锻炼。

6. 热瑜伽

该流派由比克拉姆·乔杜瑞首创。比克拉姆是《一个瑜伽行者自传》作者尤伽南达的弟弟尤俾斯奴·高斯的弟子，曾在 1964 年获得奥林匹克世界举重金牌。比克拉姆瑜伽的特点是以 26 个固定体式和调息方法为基础，并在 100~10 华氏度（38^{0}C~42^{0}C）的室温和一定的湿度下进行。这个流派的瑜伽教学较为激烈，需要学生有一定的体能基础。

三、瑜伽运动的特征

瑜伽是一种区别于其他任何运动形式的练习。瑜伽的练习注重体式练习和呼吸的配合，同时更注重冥想的修习。瑜伽的魅力之所以经久不衰，是因为它对心灵起到了无与伦比的调节作用。瑜伽体式法有着数千年的历史，是其他现代的运动形式所不能取代的，因此瑜伽是一种集智育和体育于一体的运动项目。

（一）健身性

瑜伽体式练习可以对内分泌系统进行控制和调节，从而使人体各个腺体的荷尔蒙趋于正常，给练习者的身体健康和精神状态带来正面的影响。人体的运动系统、神经系统、内分泌系统、呼吸系统、排泄系统和循环系统都可以互相协调，彼此相互辅助，平衡状态，腺体所控制的内脏器官也可以接受正确的指令，正常地工作。

（二）健心性

瑜伽体位法中的很多姿势可以通过调整人体骨骼的结构、平衡腺体分泌、促进血液循环来增强人的生命能量，从而影响人的精神状态。正确的体位法练习可以使人心智坚强、精力充沛、能量均衡、心理健康积极。

（三）安全性

瑜伽的练习相对静止，没有竞技性，每个人根据自己的需求进行相应动作和冥想练习。不管是儿童、成人、老人、孕妇、还是慢性疾病患者都可以通过不断地练习达到良好状态。

第二节 瑜伽调息法和基本体式

一、瑜伽主要调息法

调息，梵文词为 Prana yama，其中 Prana 指生命的能量、呼吸的气息、生命之气，yama

的意思是延长、控制。因此，调息法就是对呼吸的控制和延续，也称为呼吸控制法。通过调息法的练习，我们可以获得对生命能量的控制，使神经系统安静下来，平息大脑的活动，使注意力更加集中，使身体和大脑产生宁静广阔的感觉，有助于唤醒机体内在潜藏的精神能量。

（一）肩式呼吸

上肺部呼吸的呼吸法，因训练中锁骨的周围会动，所以又叫肩式呼吸。与胸式呼吸、腹式呼吸相比肩式呼吸属于浅呼吸。

（二）胸式呼吸

运用肋间肌的收缩牵动整个胸廓，利用肺的中部进行呼吸的方法。

方法：将意识集中于胸部，缓缓吸气，让肋骨向外扩张，将气缓缓呼尽，肋骨收回。

功效：其实每个人平时的呼吸都是胸式呼吸，只是比较浅短，经常练习这样深长的胸式呼吸，可以把体内的废气、淤气排出体外。

（三）腹式呼吸

利用横膈膜的上下运动进行呼吸的方法，主要是使用下肺部呼吸。

方法：仰卧屈双膝右手放在小腹上，拇指放在肚脐上。左手放在左侧肋间。深长地吸气，气体通过鼻腔直入肺底部，横膈膜下沉，用意识引导气息的深入，沉入小腹，感觉小腹向外隆起，将右手向外推。轻柔缓慢地呼气，小腹内收，感觉肚脐贴向脊柱方向，将体内的浊气、废气完全排出体外。如果在吸气的过程中，感觉到左手受到肋骨的推力，说明气息沉得不够低，只到达肺中部，慢慢练习往下调整。整个的呼吸过程中，胸腔、肋骨没有明显地外推。连续而缓慢地练习，不要有屏息的情况出现，训练过程感到不舒服或者憋气，就回到自然呼吸状态，等呼吸正常后重新开始。

功效：使下肺叶的肺泡在换气中得到锻炼，从面延缓老化，保持良好弹性，防止肺的纤维化。做腹式深呼吸，可使机体获得充足的氧气，精力充沛。

（四）完全式呼吸

完全式呼吸是即将胸式呼吸法和腹式呼吸法相结合的呼吸方法。它是瑜伽最完整、充分、基本的呼吸方法。完全呼吸法不仅能有效清理我们身体内部的毒素，还可以补充生命的元气，对心灵的宁静、专注力的提高都有卓著的成效。

方法：缓慢深长的吸气，保持胸腔不动，小腹慢慢向外完全扩张，呼吸要非常慢，听不到任何呼吸的声音。感觉空气进入肺底部，完成腹部扩张后，胸腔自然地衔接腹部的扩张，肋骨向上向外扩张，腹部略微自然向内收缩，胸腔扩张完成后，锁骨和肩部微微上耸，把空气吸满肺部的最上端。此时，身体的其他部分是放松的。呼气时，最先放松肩膀、锁骨和胸腔上部，然后胸部向内向下收缩。最后尽量向内收缩腹部，使肺部的气体排空。在完全式呼吸的练习中，胸部、腹部犹如波浪起伏，均匀、柔和、有控制。

功效：完全式呼吸法给身体提供了大量的氧气，增强血液中的含氧量。同时，身体的肺部组织也会更加强壮，进而增加了人体对感冒、支气管炎、哮喘以及其他呼吸道系统疾病的抵抗力。同时体能上的活力也会有明显的增长，在心灵层面上也变得更为清醒。普通

呼吸方法吸入的空气量大约为 500 毫升，而完全式呼吸法吸入的空气量可达 3000~3500 毫升。

（五）蜂鸣调息法

姿势：按一种舒适的瑜伽坐姿打坐，脊柱挺直。

方法：①闭上双眼，放松全身片刻。②嘴巴在整个练习过程中都是闭紧的，通过两只鼻孔满满地吸气，蓄气不呼，进行收颔收束法和会阴收束法，坚持几秒钟，然后恢复正常呼吸。③将两手的食指轻柔地推进两外耳道，塞住两只耳朵。嘴巴继续闭紧，上下牙齿分开，然后缓缓呼气，产生一种如同蜜蜂一样的连绵不断的嗡嗡声。呼气应缓慢而有节律，将意识完全集中于声音的振动上面。完成上述三个步骤是一个回合。

功效：蜂鸣呼吸功能缓解紧张、焦虑和易怒的情绪，有助于降低血压，维持平和的心态，它还能消除咽喉不适，对嗓子非常有益。

（六）圣光调息法

这是清洁头脑额区的一种功法，可以在任何时间练习，特别适合在冥想前练习。

方法：进行腹式呼吸，重点放在呼气上。与风箱功不同的是，应让吸气慢慢地自发进行，只是微微地用力呼气，每次呼完之后稍做悬息，然后轻轻吸气。呼气 50 次，然后深深呼气，做收颔收束法、收腹收束法和会阴收束法，意识集中于眉心，感到空虚和宁静。接下来解除三种收束法，缓缓吸气，放松全身。这就完成了一轮。每次共做 5 轮。

功效：圣光调息法给予大脑充分的休息，并让心情在空虚的状态中重获活力。这个功法有助于缓解脑血栓的形成。

二、基本体式法

瑜伽体位法的梵文为 Asana，是指在某一个稳定、舒适的姿势上维持一段时间，借由一些扭转、弯曲、伸展的动作，及动作间的止息时间，刺激腺体、按摩内脏，达到松弛神经、伸展肌肉、强化身体、镇静心灵的功效。

根据体式姿势分类主要分为：站姿、坐姿、跪姿、蹲姿、卧姿、倒立。

根据体式躯干的运动关系主要分为：站立、前屈、后仰、扭转、平衡、开髋式、核心力量、倒立等。

（一）站立式

1. 祈祷式

体式描述：挺身直立，双脚并拢，双手胸前合掌，放松全身。调匀呼吸。

功效：建立集中和宁静的状态，为练习做准备。

2. 三角伸展式

体式描述：两腿开立站至一条腿长度；吸气，左脚内转 30°，右脚外转 90°；呼气身体向右侧弯曲，右手置于右脚踝上，左臂双肩右臂在一条直线上，眼睛看左手方向。

功效：通过练习三角伸展式，控制四肢的运动来激活器官、腺体以及神经系统。这个体式可以强健韧带，提高身体的柔韧性。

3. 战士二式

体式描述：两腿开立站至一条腿长度，手臂侧展；吸气，左脚内转 30°，右脚外转 90°；呼气，弯曲右膝，右大腿与地面平行，右胫骨与地面垂直，头部转向右手，左脚踩实地面。

功效：有助于培养力量和耐力。此体式的各步骤能使四肢和躯干得到较大强度的锻炼，也减轻了颈部和肩部的僵硬，使膝部和髋关节更加灵活。

4. 战士一式

体式描述：两腿开立站至一条腿长度，手臂侧展，掌心朝下；吸气双臂向上伸展，双手于头顶处合十；左脚内转 30°，右脚外转 90°，髋部转向右正前方；呼气，弯曲右膝，右大腿与地面平行，右胫骨垂直地面，眼看手掌内侧。

功效：消除下背部及肩部肌肉紧张，帮助胸部肌肉扩展，提高双膝和腿部柔韧性。

5. 加强侧伸展式

体式描述：吸气，两腿开立站至一条腿长度，左脚内转 60°，右脚外转 90°，双手背部合十，身体躯干转向右侧；呼气，身体向前弯曲，靠近右小腿，伸展背部。

功效：这个体式使胸部得到高强度的伸展，有规律地练习该体式可以刺激和强健肾脏。一旦练习者非常舒适地处于最终姿势中，便可以感受到这种效果 . 此体式有助于消除肩、颈和肘关节的僵硬。

（二）前屈式

1. 站立前屈式

体式描述：山式站立，吸气，双臂向上展带动身体向前向下弯曲；呼气身体脸部贴向小腿，手肘弯曲。

功效：在这个体式中，脊柱得到缜密而强烈的伸展。练习该体式有助于消除身心疲劳并从中恢复元气。这个体式可以帮助那些易患焦虑症或抑郁症的人们，使脊柱神经和脑细胞重新焕发活力。

2. 双角式

体式描述：吸气，两腿开立站至一条腿长度，双手叉腰，抬头向后，身体前倾；呼气，身体前弯手掌放在两脚之间与肩同宽，眼看向前；将头顶置于双手之间贴地，手指脚跟位于一条线，双手肘向内弯曲，背部自然弯曲。

功效：使背部、肩关节和双腿及跟腱韧带得到充分伸展。促进腹部脏器腺体的功能，改善便秘和坐骨神经通，灵活脊柱。

3. 单腿背部伸展式

体式描述：手杖式，弯曲右膝，右脚后跟指向会阴；吸气，双臂向上伸展，躯干得到伸展；呼气，髋部向前弯曲，双手抓左脚，抬头伸展背部，前额贴向左小腿，保持背部平直。

功效：此体式伸展脊柱的前侧，消除腿部肌肉和髋关节的僵硬，同进也提高了手臂从肩关节到指关节所有关节的柔韧性，头碰膝式等前曲体式也让前脑和心脏得到了休息。

4. 婴儿式

体式描述：跪坐，吸气臀坐脚跟上，脚尖碰触，膝盖稍稍分开；呼气，将胸部往大腿上带，直到前额碰触地板。

功效：按摩腹部脏器，拉伸延长背部肌肉，舒缓精神。

（三）后仰式

1. 骆驼式

体式描述：跪立在地板上，双膝略为分开。手臂自然垂放体旁，挺直脊柱。两手托住髋部；吸气，骨盆轻轻向前推，臀部肌肉收紧。上半身慢慢向后弯曲，先用一只手触摸同侧的脚跟。如果初学者触模不到脚跟，可将脚跟立起来，脚趾控地；呼气，将另一只手放在同侧脚跟上，头向后放松，尽量向上推腰、胸到最大限度。保持均匀呼吸；吸气，双手依次托住后腰部，缓慢起身。呼气，臀部坐在脚跟上，身体和手臂向前伸放于地板上，额头抵地。

功效：减轻背部、肩膀和脚踝的僵硬。伸展腹部脏器、喉部、甲状腺、扩展胸腔，有益肺脏。

2. 眼镜蛇式

体式描述：俯卧位，双手稍微往前放，吸气用手肘的力量撑起上半身；通过颈部和下巴的动作将头部稍微向背部仰一点；呼气把小腹向后挪，慢慢的将身体的重量从腹部转移到后背部。头向上仰，面部放松。

功效：使脊柱富有弹性，改善背痛和较轻微的脊柱损伤。

3. 蝗虫式

体式描述：身体俯卧位，将身体俯卧在地板上，双手掌心向下放在髂骨下面，额头点地；吸气，将双腿尽可能的向后侧抬高，不要弯曲膝盖，保持臀部收紧；呼气，将双腿慢慢的放回到地板上，拿出双手，侧脸贴地放松身体。

功效：使血液更多地流向脊柱，滋养脊柱神经，加强下背部和腰部肌肉力量。

4. 弓式

体式描述：俯卧位，弯曲双膝，用双手抓两脚处（如果抓不到，可抓住小腿），目视前方；吸气，将上身及两腿抬离地板，尽量向上拾起，整个人成“U”形，手臂伸直；呼气，头颈部后仰，收紧背部。保持均匀呼吸。呼气，身体回落垫子。

功效：强健全身肌肉，可消除由于疲劳产生度疼痛和僵硬。

（四）扭转式

1. 扭转脊柱式

体式描述：山式坐立，右脚跨过左膝平放在左膝外侧的垫子上；左脚脚后跟收至右臀处；伸出左手放在右大腿外侧，右手向后放在背后的垫子上，吸气向上挺直脊住；呼气，右手向右后方点地，肚脐以上身体向右后侧扭转，右肩向后打开，同时头平行转向右后侧。

功效：伸展脊柱，有助于消除较轻的背痛。增加脊椎的灵活性，收细腰围，按摩内脏。对脊柱周边的肌肉及脊神经起到刺激、兴奋的作用。对脊间盘错位有正位的作用，从而使各节脊椎和背部肌肉群，更富有活力及弹性。

2. 半莲花脊柱扭转式

体式描述：坐姿位，双腿向前伸直，弯曲左腿放在右大腿根处，脚心朝上；呼气，左臂前伸，左手抓住右脚脚趾，上身转向右边，将右臂收向背部，右手揽住腰的左侧；吸气，然后呼气，同时头部和上身躯干尽量向右转，保持 20 秒自然呼吸，换另一侧。

功效：伸展、强化颈部肌肉，放松肩关节，活化脊柱，预防背痛。

3. 巴拉瓦加式

体式描述：手杖式坐姿，吸气弯曲双膝，小腿胫骨向左侧移动，臀部坐垫子上，左侧脚踝放于右足弓上；呼气，身体向右转，左手放于右膝，右手放于左侧臀部后面地面，保持扭转。

功效：有效扭转脊柱来加强背部和躯干的灵活性，按摩、强健以及激活腹部器官。

4. 三角转动式

体式描述：两腿开立站至一条腿长度；深吸气，举手臂与地面平行，双膝伸直；呼气，上体左转，弯曲躯干向下，右手放于两脚之间；左手臂向上与右手臂成一竖线，双眼看左手指尖。伸展双肩及肩胛骨，保持 10~30 秒；吸气，先收双手，再收躯干，最后两脚收回。

功效：加强腿部韧带和肌肉的拉伸，加强腰背部力量以及手臂和肩膀伸展。

（五）平衡式

1. 树式

体式描述：山式站姿，重心放于左腿上，左脚内外侧均匀用力压实地面，抬右腿；吸气两臂抬起，与肩膀同高；呼吸，像做扩胸运动一样将两臂打开至身体两侧，两眼凝视于一点；吸气，将两臂向上抬起，手掌合于头顶正上方，两眼凝视于一点保持平衡，呼气将后背与手臂伸直。左右腿交替进行练习。

功效：加强腿部、背部、胸部肌肉。提高平衡感和专注能力，纠正不良体态。

2. 风吹树式

体式描述：山式站姿做准备。吸气，双手由体侧向头顶方向抬起，掌心合十，翻转掌心向上；呼气，以腰部为起点向一侧弯曲上体，双眼看天花板方向，保持正常呼吸；吸气，缓慢还原上体，保持脊柱挺直。调息后做反方向。

功效：增强肝、肾功能，减少腰部脂肪，塑造腰部、手臂完美曲线，改善头部的血液循环与肤色，提升气质，矫正体态不良。

3. 战士三式

体式描述：双腿打开与髋同宽。吸气时将双臂两侧上举，同时右腿向后略抬起，使脚离开地板，但不要弯曲右腿；呼气时将身体向前倾，直到你的身体和支撑腿成为 T 字形。

功效：增强脊柱的弹性和身体的均匀对称，腹部自动收起，身心变得更警觉，加强腹部器官内部的按摩，提高身体的平衡能力。

4. 舞蹈式

体式描述：山式站立，弯曲右膝，右手抓右脚背；吸气左手臂举过头顶；呼气，上身微微前屈；吸气右腿向后向上伸展，带动上身躯干向上，保持呼吸；吸气立直上身，呼气手臂还原；反向练习。

功效：强化下背部和臀部力量，加强腰部线条。

（六）开髋式

1. 束角式

体式描述：手杖式坐姿，弯曲双膝，双脚跟和脚掌相合，手指抓脚趾，脚后跟靠近会阴，脊柱挺直；呼气身体前俯，前额贴向地面。

功效：有助于增进腹部、盆骨以及背部的血液循环。它对于膝部、髋部以及骶髂关节的关节炎有辅助治疗的作用。

2. 坐角式

体式描述：手杖式坐姿，吸气打开双腿，双手抓脚趾，伸展背部；呼气弯屈髋部，向前转动骨盆，身体进一步朝前俯身，胸腔打开。

功效：加强髋部、下背部及大腿内侧灵活性。

3. 鸽子式

体式描述：吸气，右膝盖往前，90°弯曲前腿，左腿往后拉伸；呼气时上半身往前倾，胸部枕在大腿上，双手前伸。

功效：提高腿部柔韧，按摩打开髋部，舒展胸腔肩颈。

4. 快乐婴儿式

体式描述：仰卧，双膝屈于胸前，向上举起双脚，小腿与地面垂直；双手握住两脚外侧边缘，两腿膝盖靠近腋窝，尾椎骨贴紧地面；保持这个姿势，以感觉舒适为限度，然后双脚放回地面，双膝弯曲。

功效：伸展髋部和骨盆部位。

（七）核心力量

1. 猫式

体式描述：双膝跪地，分膝与臀部同一宽度，小腿及脚背紧贴在地上，脚板外翻。吸气时，慢慢地将盆骨翘高，腰向下微曲，形成一条弧线；呼气时，慢慢地把背部向上拱起，带动脸向下方，直至感到背部有伸展的感觉。

功效：塑造完美臀部，预防痛经。

2. 平板式

体式描述：呼气手臂打开，双手放于左脚两侧；勾右脚撤左脚向后，双脚同一位置，保持背部、髋部、双腿后侧同一个平面，腹部收紧。

功效：增强身体核心部位力量，增强手臂力量。

3. 船式

体式描述：坐在地面上，双腿向前伸直；手掌放于臀部两侧，手指指向前方；背部挺直；呼气，躯干向后靠，同时从地面抬起双腿，膝盖绷直，使腿笔直，脚趾向前；用臀部来保持身体的平衡，脊椎挺直不含胸，腿部与地面保持60°~65°。脚的高度超过头部；双手离开地面，双臂向前伸直，与地面平行，靠近大腿。肩部和手掌应该在同一条水平线上，手掌相对。

功效：缓解腹部胀气，有助于减轻胃部疾患，同时可以消除腰部脂肪，增强肾脏。

4. 上伸腿式

体式描述：俯卧位，双腿并拢，掌心向下；吸气，抬右腿向上 90°；呼气还原右腿；进行反向动作；吸气，抬双腿向上 90°；呼气双腿还原。

功效：燃烧腹部、大腿脂肪，按摩脏腑器官。

（八）倒立式

1. 肩倒立

体式描述：平躺，双手放于身体两侧；吸气，高举双腿、翻臀，当向后滚动至小腿超过头部时；呼气向上伸腿、展髋、挺直身体，同时两手撑腰后侧，夹肘，成肘、颈、肩支撑的倒立姿势。

功效：这一倒立体式让新鲜、健康的血液在颈部和胸部循环，舒缓支气管疾病，刺激甲状腺、副甲状腺。

2. 犁式

体式描述：双腿伸直绷紧，脚尖绷直，指向与头部相反的方向；开始吸气，同时两腿向上抬起，一直抬到和身体垂直的位置；吸气与抬腿要同时进行；双手掌保持原位，贴着地面；当腿抬到垂直位置时候，呼气，同时双腿向头部下放，努力使脚趾触及头部前方所能及的地面。接触点的距离尽量向前，但要尽力而行。停留在所能及的位置上，身体要保持平稳。呼气完毕后，保持正常的呼吸，直到动作做完。第二段姿势保持大约 10 秒钟后，再把两腿还原放回地面。还原动作要有控制的进行，两腿要一寸一寸缓慢平稳的向地面平放。在整个还原动作中，腿和脚趾均要始终绷紧；当脚跟触及地面时，整个身体放松。

功效：有助于提升自信，增强能量。帮助久病的人们恢复内心的平静与清明。通过放松眼睛和大脑，这个体式能减轻压力、疲劳所带来的影响。

3. 单腿肩倒立式

体式描述：完成肩倒立动作；呼气，屈左髋，放低左腿，左脚落在身体前倾的地面上，右腿保持向上伸展，骨盆端正，不出现侧倾，保持一段时间，回到肩倒立。

功效：加强肾脏功能，进一步提升腿部拉伸和增强腿部肌肉力量。

第三节　瑜伽的运动损伤与预防

一、瑜伽练习中常见损伤

（一）损伤部位

身体常见的损伤区域：头部、肩颈、腕部、背部、膝盖等部位度肌肉、韧带、神经、关节等损伤。

（二）造成损失的原因

1）专注力不够，思想意识麻痹。练习者在体式练习过程中注意力不集中，对预防运动损伤的认识不足，思想上松懈，导致在完成体式时造成运动损伤。

2）热身不充分。神经系统和肌肉器官功能尚未达到适应的水平就进入运动状态。

3）练习方法和内容不合理。违法了人体结构特点和各器官系统功能的活动规律也容易造成运动损伤。

4）盲目追求高级体式动作。超负荷运动、或身体并未能达到某种条件而强行完成动作，也会导致运动损伤。

5）场地、器械、保护用具、服装等练习工具不符合要求。

二、体式练习的注意事项

（一）热身充分

不要一开始就做高难度的动作，以免造成运动伤害。最好先做一些瑜伽暖身动作，循序渐进，避免身体受到损伤。

（二）营造舒适的练习环境

练习时，一定要保持室内的相对安静，空气一定要流通。不要在过软的床上练习，准备瑜伽垫，穿着舒适有弹性的服装，光脚练习，摘掉手表、腰带等配饰物件。

（三）保持稳定、舒适的练习

1. 让身体的中轴同于地心引力的方向

人体脊柱的延长线被认为是人体的中轴线，当这条中轴线垂直地面，也就是与地心引力同方向时，人体呈现最稳定的状态。就如同一根柱子，当它垂直地面时不会发生倾倒。如果柱子产生了倾斜，便会倒塌。

2. 让身体着地点均匀承受身体的重量

当练习站立体式时，脚掌是身体的着地点，要让双脚均匀地受力，如果力量偏向于其中一只脚，身体便会向一侧倾斜，无法保证身体的稳定而产生摇晃。

3. 利用骨骼和关节的结构去完成体式

在瑜伽体位法的练习中，要关注骨骼与关节的正确位置，以最大限度地保护身体不受到伤害。

4. 利用力线稳定和伸展身体，保持精神的高度集中和身体能量波动的协调统一

想象身体伸展得方向有一条力量之线在牵引，将身体的能量集中于这条线，并沿着力线的方向去伸展身体。

5. 在极限范围内保持和完成动作

柔和、均匀、有控制地进行瑜伽体位法的练习，避免用爆发性和反弹去完成体式。

（四）保持正确的呼吸

1）练习的整个过程中要保持顺畅的呼吸，避免屏息；

2）可选择多种呼吸法配合瑜伽的练习，如喉式呼吸等；

3）气息引领动作，利用呼吸的配合稳定、放松身体。

（五）保持意识的专注

意识的专注分为如下三个层次。

1. 专注在身体的感觉上

初练瑜伽时会感到肌肉酸胀、韧带疼痛，这些感觉会影响我们的意识不能集中在呼吸和冥想上。需要用心感受那些不适的地方，将意识力完全集中在疼痛的感觉上也是一种专注与冥想。

2. 专注在身体的稳固上

肌肉和韧带的柔韧性得到提高后，身体的疼痛和不适感消失，此时可以将注意力转移到身体的平衡上来，去感受重心、身体的中轴和力线，利用意识的专注去保持身体的稳固。

3. 专注于呼吸和脉轮

当身体的平衡感和稳定性没有问题后，将意识集中于呼吸的控制和脉轮的观想，让我们进入真正的瑜伽冥想层面。

（六）练习后注意事项

1）练习后的 0.5~1 小时以后再进食。瑜伽练习中，消化器官得到了充分的按摩，需给予一定的休息调整，从而最大限度地保护和提升器官机能。

2）练习后，休息 0.5~1 小时后再洗浴。瑜伽练习后体感非常敏锐，短时间内应避免忽冷忽热的刺激，从而保证体内能量有序流动。同时，能够避免毛孔过度扩张所造成的油脂清洗过度，从而保养皮肤天然保护层。

第十一章　武术与太极拳

武术，从它的起源和发展，特点和作用以及其丰富的内容来看，是我国具有独特民族风格的体育项目，是我国劳动人民的优秀文化遗产之一。

第一节　武术的概念

武术是以技击动作为主要内容，以套路、格斗、功法为运动形式，注重内外兼修的中国传统体育项目。在漫长的历史进程中，不同时期对武术概念的表达不尽相同，它的内涵与外延是随着历史的发展和武术本身的发展而发展、变化的。

随着历史的变迁，冷兵器的逐步消亡，专用武术器械的生产以及拳械套路的大量出现，对抗性项目、武术竞赛规则的制定等的发生，使武术演化成为体育运动项目之一。武术的体育化使其内容、形式及训练手段等都发生了很大变化，反映事物本质属性的概念也在不断变化。发展到今天，武术的基本定义可概括为：武术是以技击为主要内容，以套路和捕斗为主的运动形式，同时注重内外兼修的中国传统体育项目。

从这一定义出发来认识武术。首先，武术属于中国传统的技击术，它是以踢、打、摔、拿、击、刺等技击动作为主要内容，通过徒手或借助于器械的身体运动表现攻防格斗的能力。比较世界各地的技击术，武术不仅在技击方法上更为丰富（诸如快摔法、擒拿法等）；在运动形式上，既有套路的，也有散手的，既是结合的，又是分离的，这种发展模式，也迥然有别于世界上其他技击术；在演练方法上注重内外兼修，演练风格上要求神形兼备，无不反映了中国传统技击术的运动特点。因此，从广义上认识，武术不仅是一个运动项目，而且是一项民族体育，是中国人民长期积累起来的一宗宝贵的文化遗产。

第二节　武术的起源和发展

一、武术的起源

武术起源于我们远古祖先的生产劳动。在原始社会生产力极低的情况下，人类主要以狩猎等原始的生产活动为生，在狩猎过程中，人们学会了徒手或使用木棒、石头等器具击打野兽的方法。这些方法多是基于本能的、自发的、随意的身体动作，人们虽不能有意识地把搏杀技能专门练习，但这些击打技能却是武术的源头。

人类进入石器时代，打制石器等生产工具有了较大发展；由于生产、狩猎工具的不断创新，人们在劈、砍、击、刺等技术上初步积累了经验。部落之间的战争促进了格斗技能的形成和发展。人们把在战争中比较成功的搏击方法加以总结，反复模仿、练习，并传授给下一代。这些技术方法开始成为军事训练的重要内容。在漫长的历史进程中，人与人的搏杀格斗中使用兵器的技艺及战争所需的格斗技能也逐渐从生产技术中分离出来，发展成为内外兼修的武术形式。

二、历代武术发展概况

1）在原始的生产、生存活动中，由徒手搏击到持械格斗并演变成击舞一体、内外兼修的武术形式。

2）军事战争是促使武术形式与发展的催化剂，历代武术都是军事训练及战争的主要形式。

3）随着政治、经济、文化的发展为武术逐步由单纯军事技能向竞技方向的发展创造了条件，角抵、手搏、击剑等竞技项目都很兴盛。用于攻防格斗的武术与适于表演的套路并行发展。

4）近代以后，由于武术具有健身、防身、自卫的功效，所以能适应时代的变化，逐步成为中国近代体育的有机组成部分。并在此基础上，进一步吸收传统文化的养料，丰富锻炼形式，升华技法理论，在不失攻防内涵的前提下，沿着体育方向不断发展。如：民国时期（1912—1949 年），民间出现了许多拳社组织。1910 年在上海成立的“精武体育会”是维持时间最长，影响最大的团体。1927 年，国民党政府在南京成立了中央国术馆，并于 1928 年和 1933 年在南京举办过两次国术国考。

5）新中国武术运动的发展。

中华人民共和国成立后，武术被作为优秀民族遗产继承、整理和提高，国家设有专门的机构负责开展武术运动，并将武术列为正式比赛项目。1954 年，各地体育院校把武术列入了正式的课程。1956 年，中国武术协会成立，武术作为体育表演项目，首次采用评分的方法来评判远动员的技术水平高低。1957 年，武术被正式列为体育竞赛项目，并举行了全国性的武术比赛和表演。1958 年，制定了第一部《武术竞赛规则》，并相继整理出版了简化太极拳，甲、乙组和初级的拳、刀、剑、枪等规定套路动作，对武术的普及和提高起了很大的作用。

随着国家和地方曾多次派武术团、队出国进行访问、表演，到国外讲学或工作，中国武术在世界各地迅速传播。1985 年，在西安举行了首届国际武术邀请赛，并成立了国际武术联合会筹委会。1990 年以来，武术是历届亚运会的正式比赛项目。1994 年，武术被国际单项体育联合会接纳会员，2002 年，武术获国际奥委会的正式承认。

武术逐渐成为国际性正式比赛项目。武术不仅在中国得到了蓬勃的发展，而且在国际上也受到了越来越多国家人民的喜爱和支持。经过多届国际大赛的实践，武术已形成一套成熟、科学的量化标准。

第三节 武术的内容和分类

我国历史悠久、地域辽阔，伴随着这个特点产生发展的武术运动可谓根深叶茂，内容丰富而且分类方式很多，一般按运动形式分为以下三大类。

一、功法运动

功法运动是以单个武术动作作为主体练习，以达到健体或增强某方面体能的运动。如专习浑元桩以调心、调身、调息，长时间站马步桩以增强腿力等。

二、套路运动

套路运动是以技击动作为内容，以攻守进退、动静疾徐、刚柔虚实等矛盾运动的变化规律编成的整套练习形式。主要内容有拳术、器械、对练、集体表演。

1. 拳术

拳术指徒手练习的套路动作。拳术的种类很多，如长拳、太极拳、南拳、形意拳、八卦拳、通背拳、象形拳等。

2. 器械

器械指手持武术兵器进行练习的套路运动。器械又可分为长器械、短器械、双器械、软器械。目前最常用的器械是刀、剑、枪、棍，它也是武术竞赛的主要项目。

3. 对练

对练指在单练基础上，两人或两人以上，在预定条件下进行的假设性攻防练习。其中包括徒手对练、器械对练、徒手与器械的对练等。

4. 集体表演

集体表演指 6 人以上徒手或持器械同时进行练习的演练形式。练习时可变换队形，也可采用音乐伴奏，要求队形整齐，动作协调一致。

三、搏斗运动

搏斗运动是两人在一定条件下按照一定的规则进行斗智、较力、较技的实战练习形式。目前武术竞赛中正在开展的有散手、推手等。

1. 散手

散手又称散打，是两人按照一定的规则使用踢、打、快摔等方法制胜对方的竞技项目。

2. 推手

推手是两人遵守一定的规则，使用掤、挤、按、采、挒、肘、靠等手法，双方粘连黏随，寻机借劲发力将对方推出，以此决定胜负的竞技项目。

第四节　武术的特点和作用

一、武术的特点

1. 动作具有攻防技击性

武术作为军事训练手段，其技击的特性是显而易见的。在实战中，其目的在于杀伤、制限对方，它常常以最有效的技击方法，迫使对方失去反抗能力。这些技击术至今仍在军队、公安中采用。

2. 具有内外合一，形神兼备的民族风格

武术既究形体规范，又求精神传意。内外合一的整体观，是中国武术的一大特色。所谓内，指人的精神、意识和气息的运行；所谓外，即手眼身步等形体活动。讲究内与外、形与神是相互联系统一的整体。

3. 内容丰富多彩，具有广泛的适应性

武术的内容和练习形式丰富多样，有竞技对抗性的散手、推手、短兵，有适合演练的各种拳术、器械和对练；还有与其相适应的各种练功方法。适应人们不同年龄、性别、体质的需求，人们可以根据自己的条件和兴趣爱好进行选择练习，同时它对场地、器材的要求较低，因此武术具有广泛的适应性。武术能在广大民间历久不衰，与这一特点有很大关系。

二、武术的作用

1. 提高素质，健体防身

武术套路运动的动作包含屈伸、回环、平衡、跳跃、翻腾、跌扑等，人体各部位几乎都要参与运动。系统地进行武术训练，对人体速度、力量、灵巧，耐力、柔韧等身体素质要求较高。长期练习对治疗多种慢性疾病和调节人体内环境的平衡，均有良好的医疗保健作用，使人的身心都得到全面锻炼。

2. 克敌制胜，防身自卫

武术套路运动和搏斗运动中通过运用攻防技术练习，拳打，脚踢，快摔等动作，从而提高判断力和应变能力。这无疑能提高人们克敌制胜和防身自卫的能力。尤其对公安武警和边防指战员更有实际意义和作用。

3. 锻炼意志，培养品德

练武对意志品质的考验是多面的。常年有恒，养成坚持不懈的意志品质；套路练习，还要克服枯燥关，培养刻苦耐劳，砥砺精进，永不自满的品质；遇到强手克服消极逃避关，锻炼勇敢无畏、坚韧不屈的战斗意志。经过长期锻炼、可以培养人们勤奋、刻苦、果敢、顽强、虚心好学、勇于进取的良好习性和意志品德。

第五节　武术基本功和基本动作

武术基本功是指以武术运动中具有共性的基础训练为内容，以获得和运用武术技法必备的各种能力为锻炼目的的一类运动形式。武术基本功练习是对意志品质的考验。练习基本功，要不断克服疼痛关，磨炼“冬练三九，夏练三伏”，锻炼勇敢无畏、坚韧不屈的战斗意志。

一、手型

1）拳：四指并拢卷握，拇指紧扣食指和中指的第二指节处，拳面要平，腕要直（图1-1）。

2）掌：四指并拢伸直，拇指弯曲紧扣与虎口处（图 11-2）。

3）勾：五指第一指节处捏拢在一起，屈腕（图 11-3）。

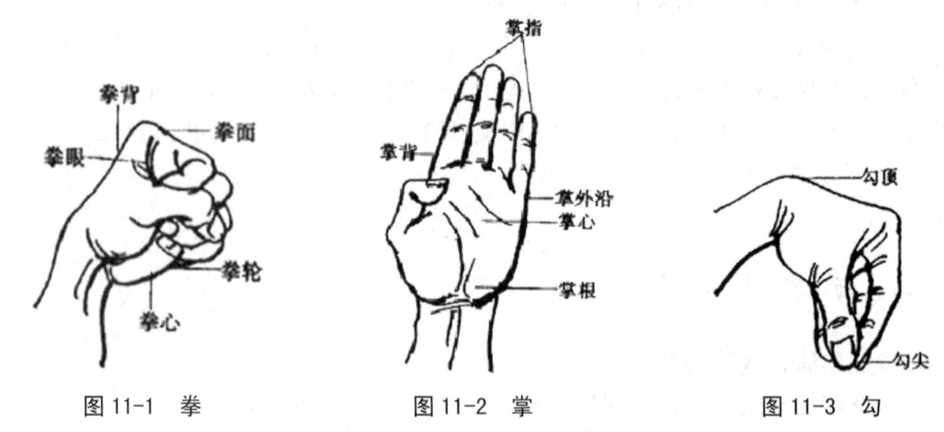

图 11-1　拳　　图 11-2　掌　　图 11-3　勾

二、手法

1. 冲拳

冲拳分平拳和立拳两种，平拳拳心向下；立拳拳眼向上。

1）预备姿势：两脚左右开立，与肩同宽，两拳抱于腰间，肘尖向后，拳心向上，拳面与腹平。

2）动作说明：挺胸、收腹、直腰，右拳从腰间向前猛力冲出，转腰、顺肩，前臂内旋，力达拳面，臂要伸直，高与肩平。同时左肘向后牵拉，目视前方，练习时，左右可交替进行（图 11-4）。

3）要点：出拳要快速有力，要有寸劲（即爆发力），做好拧腰、顺肩、急旋前臂的动作。

图 11-4　冲拳

2. 推掌

1）预备姿势：与冲拳相同。

2）动作说明：右拳变掌，前臂内旋，并以掌根为力点向前猛力退出。同时要拧腰、顺肩、臂要伸直，高与肩平。同时左肘向后牵拉，眼看前方。练习时，左右可交替。

3）要点：挺胸、收腹、直腰，出掌要快速有力，有寸劲；同时拧腰、顺肩、沉腕、翘掌、直臂力达掌外沿。

三、步型

1. 弓步

1）动作说明：左脚向前上一大步，前脚微内扣，全脚掌着地，屈膝半蹲，大腿成水平，膝部约与脚面垂直；另一腿挺膝伸直，脚尖里扣斜向前方，全脚掌着地，上体正对前方，两手抱拳手腰间（图 11-5）。

2）要点：挺胸，立腰；前腿弓、后腿绷。

2. 马步

1）动作说明：两脚左右开立约为脚长三～四倍，脚尖正对前方，屈膝半蹲，大腿成水平，眼看前方，两手抱拳于腰间（图 11-6）。

2）要点：头正、挺胸、立腰、扣足。

3. 虚步

1）动作说明：后脚尖斜向前，屈膝半蹲，大腿接近水平，全脚掌着地；前腿微屈，脚面绷紧，脚尖虚点地面（图 11-7）。

2）要点：挺胸、立腰、虚实分明。

图 11-5　弓步

图 11-6　马步

图 11-7　虚步

4. 仆步

1）动作说明：一腿全蹲，大腿和小腿靠紧，臀部接近小腿，全脚掌着地，膝与脚尖稍外展；另一腿平铺接近地面，全脚掌着地，脚尖内扣（图 11-8）。

2）要点：挺胸、立腰、开髋，全脚掌着地。

5. 歇步

1）动作说明：两腿交叉屈膝全蹲，前脚全脚掌着地，脚尖外展；后脚跟离地，臀部外侧紧贴后小腿（图 11-9）。

（2）要点：挺胸、立腰、两腿贴紧。

6. 丁步

1）动作说明：两腿半蹲并拢，一脚全脚掌着地支撑，另一脚停在支撑脚内侧相靠，脚尖点地（图 11-10）。

2）要点、易犯错误、纠正方法、教法提示同虚步。

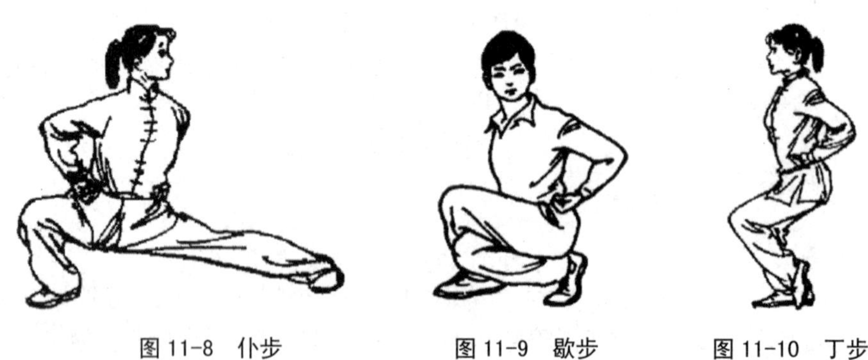

图 11-8 仆步　　图 11-9 歇步　　图 11-10 丁步

四、步法

1. 插步

1）预备姿势：两脚左右开立，同肩宽，两手叉腰。

2）动作说明：重心左移，右脚提起，经左脚后向左侧横插一步，前脚掌着地，两脚交叉，左脚屈膝，右脚蹬直，重心偏于左脚。眼向左前方平视。

3）要点：沉髋，横插步幅不要过大或过小。

2. 击步

1）预备姿势：两脚前后开立，同肩宽，两手叉腰。

2）动作说明：上体前倾，后脚提起，前脚随即蹬地前纵，在空中时，后脚向前碰击前脚；落地时，后脚先落，前脚后落。眼向前平视。

3）要点：前脚用力蹬地，并尽量前纵，上体保持正直并侧对前方。

3. 垫步

1）预备姿势：与击步同。

2）动作说明：后脚提起，向前脚处落步，前脚立即蹬地向前上方跳起，将位置让与后脚，然后再向前落步，眼向前平视。

3）要点：后脚踩踏前脚位置，上体侧对前方。

五、压肩

1）预备姿势：面对肋木或一定高度的物体开步站立。

2）动作说明：两手抓握肋木，上体前俯下振压肩。也可两人对面站立，互相扶按肩部，做体前屈的振动压肩动作（图 11-11）。

3）要点：臂、腿要伸直，压点要集中在肩部。

六、绕环

1. 单臂绕环

1）预备姿势：弓步站立。

2）动作说明：左弓步站立，左手扶按左膝，右臂以肩为轴做直臂的顺、逆时针绕环。两臂交替进行（图 11-12）。

3）要点：臂伸直，肩放松，绕立圆。

图 11-11　压肩

图 11-12　单臂绕环

2. 双臂绕环

1）预备姿势：两脚开立，与肩同宽，两臂垂与体侧。

2）动作说明：前后绕为左右臂依次作向前、向上、向后的绕环；左右绕为左右臂同时向右、向上、向左、向下划立圆绕环；交叉绕环为两臂直臂上举，同时于身侧划立圆绕环，练习时都可左右交替进行（图 11-13）。

3）要点：同单臂绕环。

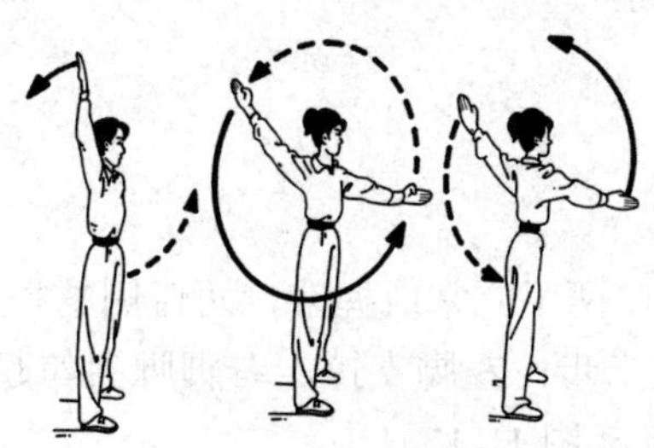

图 11-13　双臂绕环

3. 仆步抡拍

1）预备姿势：两脚开立，略宽于肩，两臂垂于体侧。

2）动作说明：左脚向左迈出一步成左弓步，上体随之左转，同时右臂向左前下方伸出，左掌手心向里，掌指向下，插与右臂肘关节处；上动不停，上体右转成右弓步，同时右臂直臂由左、向上、向右抡臂划弧至右上方，左掌下落至左下方；上动不停，上体右后转，同时右臂直臂向下、向后抡臂划弧至后下方，左臂直臂向上、向前抡臂划弧至前上方；上动不停，上体左转成右仆步，同时右臂直臂向上、向右、向下抡臂划弧至右腿内侧拍地；左臂向下、向左抡臂划弧停于左上方。眼随右手（图 11-14）。

要点：向上抡臂时要贴近耳，向下抡臂时要贴近腿。

图 11-14 仆步抡拍

七、压腿

1. 正压腿

1）预备姿势：面对肋木或一定高度的物体，并步站立。

2）动作说明：左脚提起，脚跟放在肋木上，脚尖勾起，两手扶按膝上。两腿伸直、立腰、收髋，上体前屈，并向前、向下做振压动作。练习时，左右脚交替（图 11-15）。

3）要点：两腿伸直，立腰、收髋，直体向前向下振压，并逐渐加大幅度。

2. 侧压腿

1）预备姿势：侧对肋木或一定高度的物体，并步站立。

2）动作说明：右脚支撑，脚尖稍外展，左脚举起，脚跟搁在肋木上，脚尖勾起。右臂上举，左掌付于右胸前。两脚伸直，立腰，展髋，上体向左侧振压。练习时，左右脚交替进行（图 11-16）。

3）要点：两腿伸直，立腰、展髋，上体向侧振压。

八、直摆性踢腿

1. 正踢腿

1）预备姿势：两脚并立，两手立掌或握拳，两臂侧平举。

2）动作说明：左脚向前半步，左脚支撑，右脚脚尖勾起向前额处猛踢，两眼向前平视。练习时，左右脚交替进行（图 11-17）。

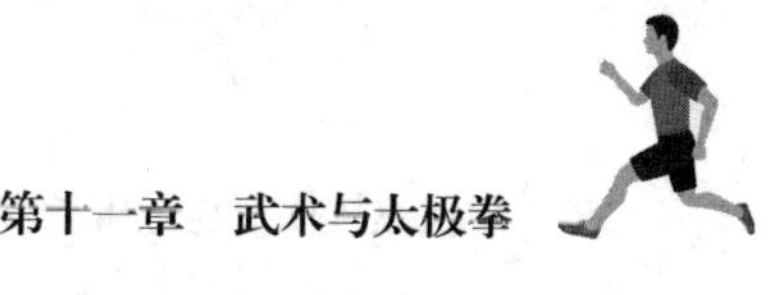

图 11-15　正压腿

图 11-16　侧压腿

3）要点：挺胸、直腰、踢腿时，脚尖勾起绷落，收髋、收腹，踢腿过腰后加速，要有寸劲。

2. 侧踢腿

1）预备姿势：与正踢腿同。

2）动作说明：右脚向前上半步，脚尖外展，左脚脚跟稍提起，上体右转 90°，左臂前伸，右臂后举；随即左脚脚尖勾紧向左耳侧提起，同时右臂上举亮掌，左臂曲肘立掌于右肩前或垂于裆前。眼向前平视，踢左脚为左侧踢（图 11-18）。

3）要点：挺胸、直腰、开髋、侧身、猛收腹。

图 11-17　正踢腿

图 11-18　侧踢腿

3. 外摆腿

1）预备姿势：与正踢腿同。

2）动作说明：右脚向前方上半步，左脚尖勾紧，向右侧上方踢起，经面前向左侧上方摆动，直腿落在右脚旁。眼向前平视。左掌可在左侧上方击响，也可不做击响。练习时，左右脚交替进行（图 11-19）。

3）要点：挺胸、立腰、松髋、展髋。外摆幅度要大，成扇形。

4. 里合腿

1）预备姿势：与正踢腿同。

2）动作说明：右脚向右前方上半步，左脚脚尖勾起里扣并向左上方踢起，经面前向右侧上方直腿摆动，落于右脚外侧右手掌可在右侧上方迎击右脚掌（击响），也可不做击响动作，双眼平视前方；练习时，左右脚交替进行（图 11-20）。

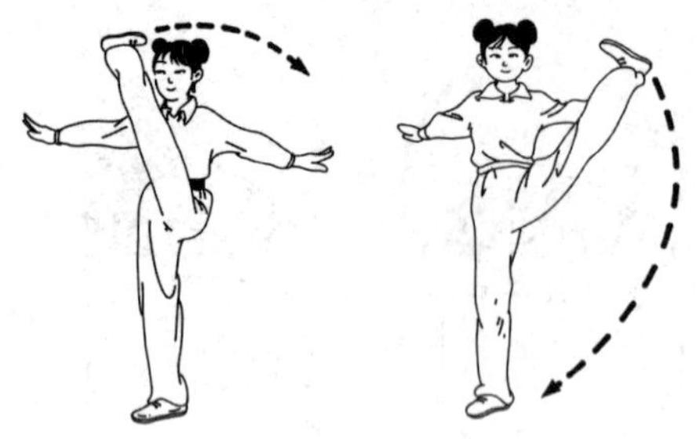
图 11-19 外摆腿

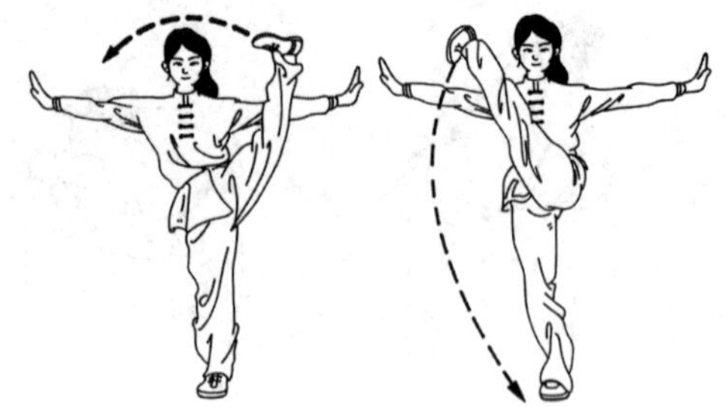
图 11-20 里合腿

3）要点：挺胸、直腰、松髋、合髋，里合幅度要大，并成扇形。

九、屈伸性踢腿

1. 弹腿

1）预备姿势：并步站立，两手叉腰。

2）动作说明：右腿屈膝提起，大腿与腰平，脚面绷直；提膝接近水平时，要迅速猛力挺膝，向前平踢（弹击），力达脚尖，大腿与小腿成一直线，高与腰平，左腿伸直或微屈支撑，两眼平视（图 11-21）。

3）要点：挺胸、直腰、收髋、脚面绷直、弹击要有寸劲。

2. 蹬腿

1）预备姿势：与弹腿同。

2）动作说明：与弹腿同唯脚尖勾起，力点达于脚跟。

3）要点：与弹腿同。

3. 侧踹腿

1）预备姿势：两脚左右交叉，右脚在前，稍屈膝，两手叉腰。

2）动作说明：右脚伸直支撑，左脚屈膝提起，脚尖里扣，脚跟用力向左侧上方踹出，高于肩平，上体向右侧倒，眼视左侧方。练习时，左右脚可交替进行（图 11-22）。

3）要点：挺膝、开髋、猛踹，提、踹连贯，脚外侧朝上，力达脚跟。

图 11-21 弹腿

图 11-22 侧踹腿

第六节　简化太极拳

简化太极拳是在杨氏太极拳的基础上，删去了繁难和重复的动作，加以简化、改编的太极拳普及套路。

这套拳分为8组，包括“起势”“收势”共24个动作，又称“二十四式”。动作结构和整个套路安排符合由简至繁、先易后难的原则。全套动作易学易懂，易于掌握，既不复杂，又能充分体现太极拳动作的柔和、缓慢、圆活、连贯的特点。练习者可进行整套练习，也可根据身体情况选择单式或分组练习。

练习太极拳时要求做到：精神贯注、上下相随、虚实分明、连贯圆活、速度均匀、动作运行路线处处带有弧形，如行云流水，连绵不断。

一、动作名称

第一组	第二组	第三组	第四组	第五组	第六组	第七组	第八组
1. 起势 2. 左右野马分鬃 3. 白鹤亮翅	4. 左右搂膝拗步 5. 手挥琵琶 6. 左右倒卷肱	7. 左揽雀尾 8. 右揽雀尾	9. 单鞭 10. 云手 11. 单鞭	12. 高探马 13. 右蹬腿 14. 双峰贯耳 15. 转身左蹬腿	16. 左下势独立 17. 右下势独立	18. 左右穿梭 19. 海底针 20. 闪通臂	21. 转身搬拦捶 22. 如封似闭 23. 十字手 24. 收势

二、动作说明

（一）第一组动作分步骤说明

第一组动作包括：起势（图11-23）、左右野马分鬃（图11-24）、白鹤亮翅（图11-25）。

1. 起势

1）左脚开立：提脚开步（注：点起、吸气，点落、呼气，两脚与肩同宽）；

2）两手慢慢前平举（注：虚灵顶劲、领腕、与肩同高、同宽，吸气）；

3）屈膝下蹲，两手下按至腹前（两手与两膝相对、沉肩坠肘、中正安舒、两眼平视，呼气）。

2. 左右野马分鬃

（1）一动

1）转腰、抱手、收脚（两手上下合抱，注：上手高不过肩低不过胸，下手在腹前，左脚收至右脚内侧立脚，脚尖点地或稍提起，吸气）；

2）转身上步（注：出脚时勾脚尖，脚跟先着地，动作轻灵，重心保持在右脚上，左脚随时可以抽回，吸气）；

3）弓步分手（注：随继续转身而分手，左手心斜向上，腕与肩平，右手心向下按于右胯侧，眼看左手指尖，仍要保持虚灵顶劲中正安舒，呼气）。

（2）二动

1）坐腿转腰撇脚（注：脚外撇 50° 左右）；

2）抱手收脚；

3）转腰上步；

4）弓步分手。

（3）三动

三动动作同一动。

3. 白鹤亮翅

1）跟步合抱（两手向前旋臂合抱，后脚跟半步于中轴线上，脚掌先着地）；

2）坐腿转腰分手；

3）（回转腰向前）活步，虚步亮掌。

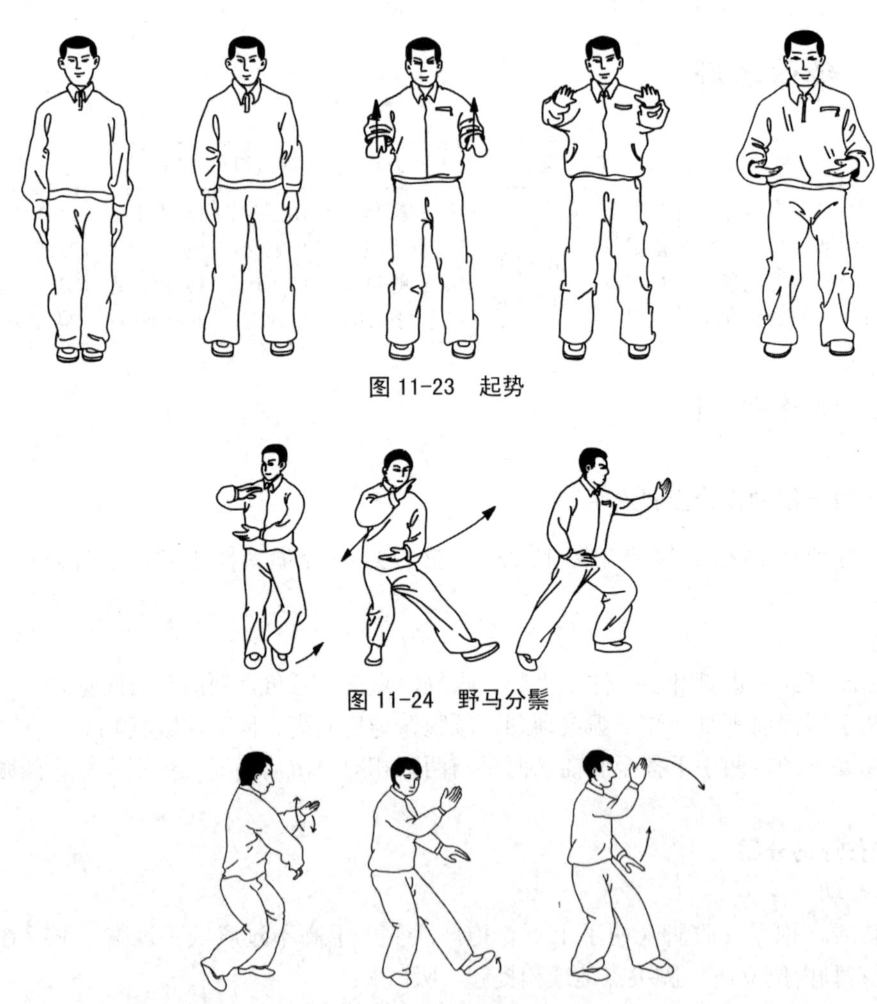

图 11-23 起势

图 11-24 野马分鬃

图 11-25 白鹤亮翅

（二）第二组动作

第二组动作包括左右搂膝拗步（图 11-26）、手挥琵琶（图 11-27）左右倒卷肱（图

11-28）。

1. 左右搂膝拗步

（1）一动

1）摆手（前交叉轮摆）、收脚、转体；

2）上步、屈臂收手（肩上耳侧）；

3）弓步搂手推掌（坐腕推掌时不要顺肩、推手至中轴线上，掌尖与眼齐，另一手按于大腿外侧）。

（2）二动

1）坐腿转腰撇脚。（50° 左右）；

2）摆手收脚（眼看后手与头同高）；

3）上步屈臂收手；

4）弓步搂手推掌。

（3）三动～四动

三动～四动动作同上，方向相反（第四动结束时右脚撤步落脚时脚尖外撇大一些）。

2. 手挥琵琶

1）跟步（于中轴线上）；

2）坐腿、“错手”（稍有转体）；

3）虚步合手（再稍回转），两手成侧立掌。

3. 左右倒卷肱

（1）一动

1）撤手、转腰、翻掌；

2）提脚退步卷肱，屈臂收手；

3）坐腿、虚步、推掌（手收于腰间）。

（2）二动～四动

二动～四动动作相同，方向相反（最后一动落脚时脚尖外撇稍大些）。

图 11-26　搂膝拗步

图 11-27 手挥琵琶

图 11-28 倒卷肱

（三）第三组动作

第三组动作包括：左揽雀尾（图 11-29）、右揽雀尾（图 11-30）。

1. 左揽雀尾

1）转腰、分手；

2）抱手收脚；

3）转腰上步（脚跟先着地）；

4）弓步掤手；

5）转腰前摆臂翻掌（手心斜向对）；

6）坐腿转腰后捋（左手至右胸前掌心向下，右手至身体侧后方掌心向上）；

7）转身搭手（转向正前方，右手掌贴在左手腕关节内侧）；

8）弓步前挤（两手两臂撑圆）；

9）坐腿分引手（注意拧转、引至腰两侧、引进落空）；

10）弓步前按（髋走下弧线，两手平行，腕与肩高）。

2. 右揽雀尾

1）转身扣脚分手；

2）坐腿抱手收脚；

3）同左揽雀尾，反向相反。

图 11-29　左揽雀尾

图 11-30　右揽雀尾

图 11-30 右揽雀尾（续）

（四）第四组动作

第四组动作包括：单鞭（图 11-31）、云手（图 11-32）、单鞭（图 11-33）。

1. 单鞭

1）坐腿转身扣脚左云手；

2）坐腿转腰右云手；

3）翻掌勾手、收手、收脚（勾尖向下，左手掌心向内至于右肩前）；

4）转身上步；

5）弓步翻推掌。

2. 云手

1）坐腿右转腰，左手下落向右云摆划弧，勾手松开；

2）左转腰向左云手并步（两手交叉向左划弧摆动，到左侧后翻掌收脚并步，两脚间距 10~20 厘米）；

3）右转腰向右云手开步（两手交叉向右摆动，到右侧翻掌出脚开步）；

4）重复第二步动作；

5）重复第三步动作；

6）重复第二步动作。

3. 单鞭

1）转腰右云；

2）翻掌变勾手，提起左脚跟（左手在右肩前）；

3）转腰出脚上步；

4）弓步翻掌前推。

图 11-31 单鞭

图 11-31　单鞭（续）

图 11-32　云手

图 11-33　单鞭

（五）第五组动作

第五组动作包括：高探马（图 11-34）、右蹬腿（图 11-35）、双峰贯耳（图 11-36）、转身左蹬腿（图 11-37）。

1. 高探马

1）跟步翻掌（两手心向上）；

2）坐腿屈臂收手；

3）虚步推掌（左手收至腹前）。

2. 右蹬腿

1）穿掌活步（起脚向左侧稍移动）；

2）落脚弓步分手；

3）抱手收脚；

4）登脚分手（右前方 30°）。

3. 双峰贯耳

1）收脚并手（至体前右膝两侧掌心向上）；

2）落脚收手握拳；

3）弓步贯拳（弓步和贯拳方向右前方 30°）。

4. 转身左蹬腿

1）坐腿转身分手、扣脚（眼看左手）；

2）坐腿、抱手收脚；

3）分手登脚（登脚方向与右蹬脚方向对称）。

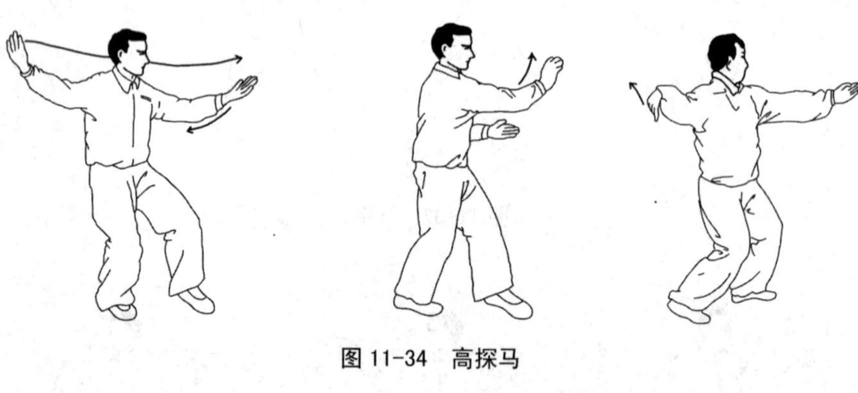

图 11-34　高探马

图 11-35　右蹬腿

图 11-35　右蹬腿（续）

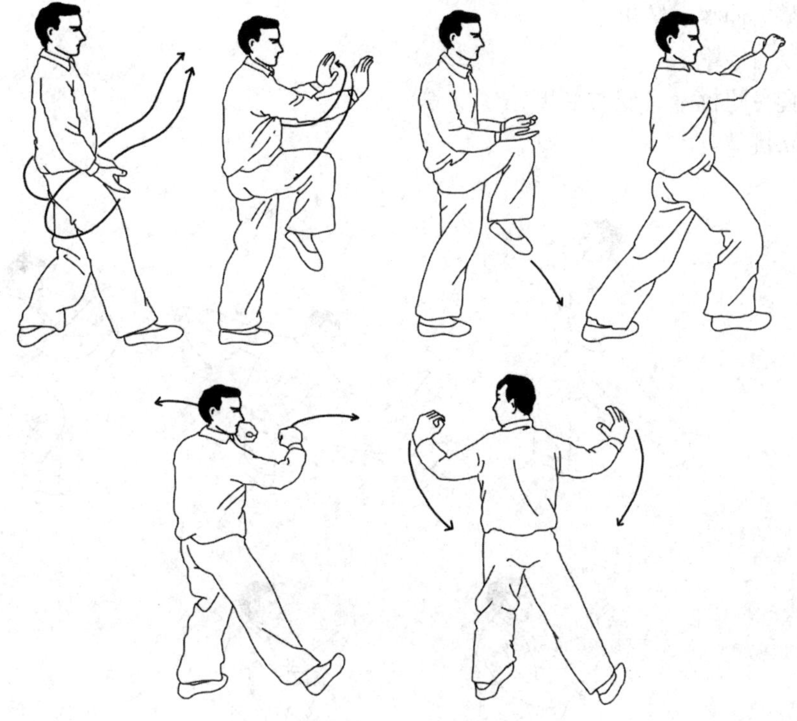

图 11-36　双峰贯耳

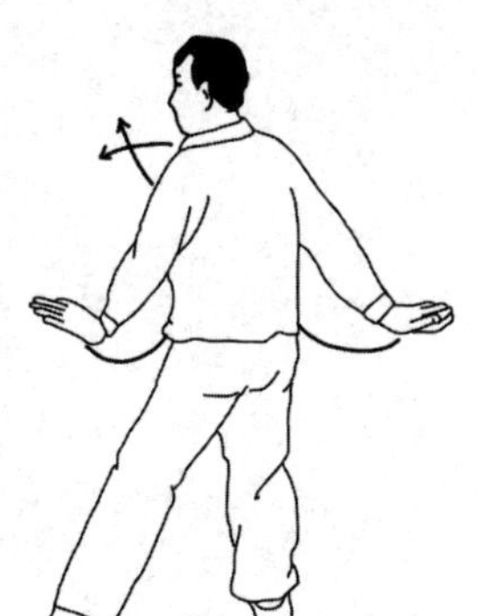

图 11-37　转身右蹬腿

（六）第六组动作

第六组动作包括：左下势独立（图 11-38）、右下势独立（图 11-39）。

1. 左下势独立

1）收脚摆手提勾（左腿回收平屈，右勾，左掌置于右肩前，掌心向后，眼看右手）；

2）屈蹲、落手（手落至下肋前）、伸腿、铲步；

3）仆步左穿掌；

4）捻脚、弓腿挑手（挑掌结束时前手坐腕、后手旋臂至勾尖向上）；

5）独立挑掌（膝关节与肘关节相对，小腿自然下垂，脚尖斜向下）。

2. 右下势独立

1）落脚、转体、提勾；

2）屈蹲、伸腿、铲步；

3）仆步右穿掌；

4）捻脚弓腿挑掌（变右弓步）；

5）独立挑掌。

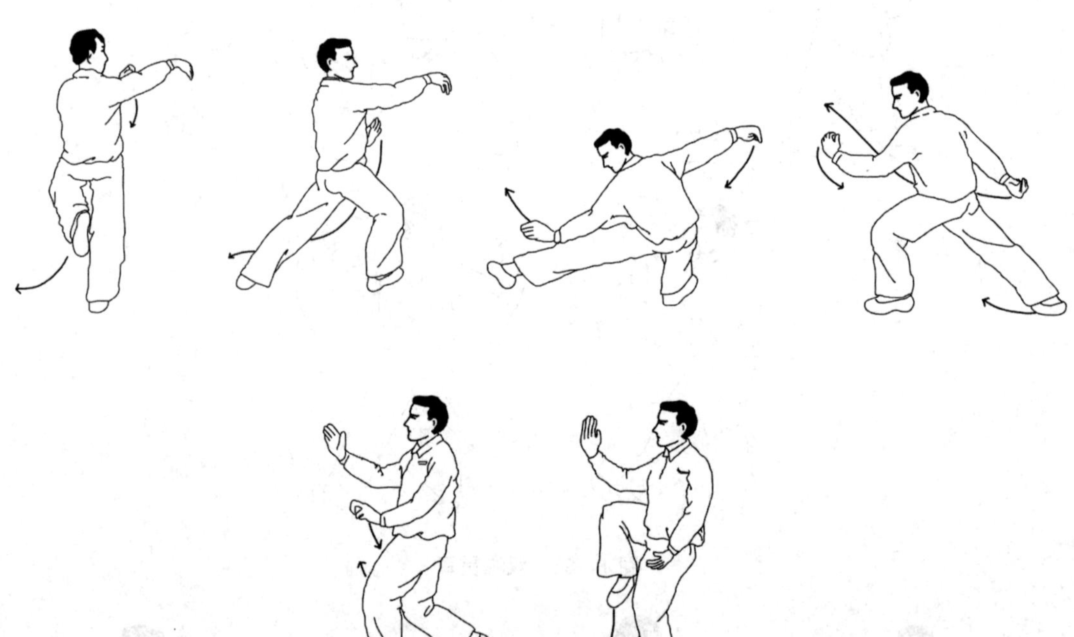

图 11-38　左下势独立

图 11-39　右下势独立

（七）第七组动作

第七组动作包括：左右穿梭（图 11-40）、海底针（图 11-41）、闪通臂（图 11-42）。

1. 左右穿梭

（1）右穿梭

1）落脚转体；

2）抱手收脚；

3）上步转体挫手；

4）弓步架推掌（右斜前方 30°）。

（2）左穿梭

1）坐腿、撇脚、落手、转体；

2）抱手收脚；

3）上步、挫手、转体；

4）弓步架推掌（左斜前方 30°）。

2. 海底针

1）跟步（落于中轴线上）；

2）坐腿、转腰、提掌至肩；

3）虚步斜下插掌（左手落于左胯旁）。

3. 闪通臂

1）提掌收脚；

2）上步翻掌；

3）弓步分掌。

图 11-40 左右穿梭

图 11-41 海底针

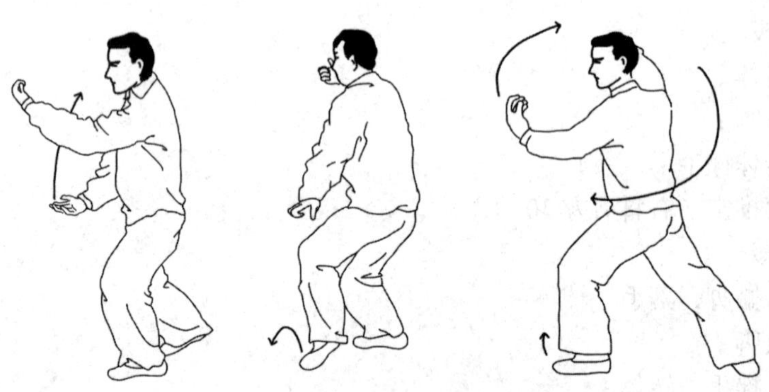

图 11-42 闪通臂

（八）第八组动作

第八组动作包括：转身搬拦捶（图 11-43）、如封似闭（图 11-44）、十字手（图 11-45）、收势（图 11-46）。

1. 转身搬拦捶

1）坐腿、转身、扣脚、摆手（右手至体前，左手至额头前上）；

2）坐腿、握拳、收脚（重心回移至左腿，右手向右、向下变拳经腹前划弧摆至左肋

旁，拳心向下至右肋前，左手置于头前掌心斜向上，眼看前方）；

3）搬拳垫步（垫步也叫捣步搬拳到体前，左手安于体侧）；

4）转体收脚、摆手收拳；

5）上步拦掌（收拳至腰间）；

6）弓步打拳（立拳、立掌至左前臂内侧）。

2. 如封似闭

1）插（穿）手翻掌（掌心向上）；

2）坐腿引手翻转；

3）弓步前按掌。

3. 十字手

1）坐腿转身扣脚；

2）弓腿分手；

3）坐腿扣脚，交叉搭手；

4）收脚合抱（收右脚成开立步，两手交叉抱掌与胸前）。

4. 收势

1）翻掌分开；

2）垂臂落手；

3）并步还原。

图 11-43 转身搬拦捶

图 11-44 如封似闭

图 11-44　如封似闭（续）

图 11-45　十字手

图 11-46　收势

第十二章　跆拳道

第一节　跆拳道概述

跆拳道起源于朝鲜半岛，距今已有两千多年的历史。朝鲜民族古时以农业及打猎为生，在抵御野兽、对抗入侵与祭祀活动的舞艺中，逐渐演变成有意识的攻防技巧及格斗自卫武艺的雏型。

跆拳道是一种利用拳脚艺术的一项运动，以腿法为主。跆拳道中的“跆”意为以脚踢；“拳”意为拳头击打；“道”是一种艺术方法。跆拳道是经过东亚文化发展的一项韩国武术，以“始于礼，终于礼”的武道精神为基础。“礼仪、廉耻、忍耐、克己、百折不屈”是跆拳道的精神。

跆拳道于 1988 年奥运会被列为示范项目，于 1992 年的巴塞罗那奥运会开始尝试作为试验比赛项目，到 2000 年的悉尼奥运会成为正式比赛项目。

第二节　跆拳道分类

跆拳道在全世界的组织主要分为两个体系，分别为国际跆拳道联盟（ITF）和世界跆拳道联盟（WTF）。奥运会采用的是 WTF 体系，因此这里主要介绍 WTF。

一、品势

品势也可以称为型或套路，指练习者以技击为主要内容，通过攻守进退的动作编排，达到强身健体、培养意志的一种练习形式。它与中国武术中所说的套路相似，即将一定数量的动作编排起来，形成固定模式的套路。

跆拳道的品势有很多种，基本品势有太极、高丽、金刚等。通过多种品势的练习，可使身体各部位得到较为全面的训练，并能有效的增进体质。

二、竞技

竞技跆拳道是指按照奥运会项目竞赛的价值观，所建立起来的竞赛理论和实践体系，是双方练习者按照一定的规则，通过使用各种跆拳道技术以战胜对方为目的的一种竞赛活动。它要求练习者的动作要实用、有效，只有这样才能在激烈对抗的比赛中战胜对手。

三、特技

特技跟实战是有所差别的，较实战比，特技更注重的是观赏和表演性。跆拳道根据级别的不同，每个阶段的特技难度也不同，跆拳道特技的精彩取决于弹跳，柔韧，动作的标准熟练程度。因为那些动作不是偶尔做出来的，也没有任何虚假成分，全部都是真功夫。

跆拳道特技包括基本动作、套路、对打、防身术等，技法包括手技、脚技、步法等。要想做出很漂亮的特技，对基本功的要求很高。比如说韧带，体能，爆发力和身体的协调性等。

跆拳道的表演以腿法为主，可结合自身的特长可以表演出很精彩的动作，比如腾空三横踢、腾空 360° 横踢、腾空侧踢等，这些都是跆拳道表演中很精彩的动作。

四、跆拳道舞

跆拳道舞是一个新兴的跆拳道健身项目。跆拳道舞既融入了舞蹈的成分，对练习者的协调性也会有一定的促进作用，同时也可以用当代的各种流行音乐与跆拳道舞相映衬。

五、跆拳道击破

跆拳道击破（又叫功力击破）是以拳、肘、手刀及腿法击打的跆拳道进攻动作。手部动作击打时双脚不得脱离地面。

第三节　跆拳道的基本技术

一、基本活动

基本活动包括：手腕脚踝、压肩、扭腰、转髋、膝盖旋转等。

二、基本热身腿法

基本热身腿法包括：正踢腿、外摆腿、内摆腿。

三、基本竞技步法

基本竞技步法包括：前进步、后退步、前滑步、后滑步、跳换步、冲刺步、交叉步、侧移步等。

四、基本品势步法

基本品势步法包括：并步、平移步、前进步、前弓步、后弓步、虎步等。

五、基本腿法

1. 前踢

1）动作规格：以左势实战姿势开始；右脚向后蹬地，身体重心前移至左脚；右脚蹬地顺势屈膝提起，左脚以前脚掌为轴外旋约 90°，同时，右腿迅速以膝关节为轴伸膝、送髋、顶髋，把小腿快速向前踢出，力达脚尖或前脚掌；踢击目标后右腿迅速放松弹回，落回顺势站为右势实战姿势（图 12-1）。

2）动作要领：膝关节上提时大小腿折叠，膝关节夹紧，小腿和踝关节放松，有弹性。踢击时顺势往前送髋；高踢时往上送髋。

图 12-1　前踢

3）易犯错误：直腿上撩，大小腿没有折叠，膝关节不夹紧；上体后仰过大，失去平衡；踢击目标时向前用力，与推踢动作混淆。

2. 横踢

1）动作规格：实战姿势准备。右脚蹬地，重心前移至左脚，右脚屈膝上提，两拳置於胸前；左脚前脚掌碾地，左脚脚后跟逆时针转动，髋关节左转，左膝外翻；随即左脚掌继续逆时针转至约 180°，右腿膝关节向前抬至水平状态，小腿快速向左前横向踢出；击打目标后迅速放松收回小腿。右腿落回原地成实战姿势（图 12-2）。

2）动作要领：膝关节夹紧，向前提膝，尽量走直线；支撑脚逆时针外旋 180°；髋关节往前顺，身体与大小腿成直线；严格注意击打的力点在正脚背；踝关节放松，击打的感觉是“面团”“鞭梢”。横踢攻击的主要部位有头部，胸部，腹部和肋部。

3）易犯错误：左脚前脚掌没有转过来，失去平衡；髋关节没有转过来导致脚背转过来。

图 12-2 横踢

3. 下劈

1）动作规格：实战姿势开始；右脚蹬地，重心前移至左脚；同时，右腿以髋关节为轴屈膝上提，两手握拳置于胸前；随即充分送髋，上提膝关节至胸部，右小腿以膝关节为轴向上伸直，将右腿伸直举于体前，右脚过头；然后放松向下以右脚后跟（或脚掌）为力点劈击，一直到地面，成实战姿势（图 12-3）。

2）动作要领：腿尽量往高，往头后举，要向上送髋，重心往高起；脚放松往前落，落地要有控制；起腿要快速，果断；踝关节要放松。劈腿的主要攻击部位有头顶、脸部和锁骨。

图 12-3 下劈

3）易犯错误：身体向后倾斜导致重心不稳。

4. 推踢

1）动作规格：实战姿势开始；右脚蹬地，重心前移，右脚以髋关节为轴提膝前蹬，用右脚脚掌向前蹬推，力点在脚掌，推力向正前方（图 12-4）。

2）动作要领：提膝后尽量收紧膝关节；重心往前移，利用身体的重量和力量；推的时候腿往前伸展，送髋；推的路线水平往前。推踢的主要攻击目标是腹部。

图 12-4 推踢

3）易犯错误：容易与前踢发力混淆。

5. 侧踢

1）动作规格：实战的基本姿势开始；左或右脚蹬地右或左腿以髋关节为轴屈膝提起，两手握拳置于体侧；随即右或左脚以前脚掌为轴外旋 180°，髋关节向右旋转，左腿以膝关节为轴向前蹬伸左脚快速向右前上方直线踢出，力点在脚跟；发力后从起腿路线收腿，放松，重心落下（原处或向前均可），再次回到实战姿势（图 12-5）。

2）动作要领：起腿时大小腿，膝关节夹紧；踢出发力时头肩、腰、髋、膝、腿和踝成一直线；大小腿直线踢出，原路线收回。侧踢动作的主要攻击部位有膝部、腹部、肋部、胸部和头面部。

图 12-5　侧踢

3）易犯错误：膝盖没有向胸口收。

6. 后踢

1）动作规格：实战姿势开始，转身后腿后撤背对对方；重心后移至左脚右脚蹬地后屈膝提起，右脚贴近左大腿，两手握拳置于胸前；随即左脚蹬地伸直，右脚自左大腿内侧向后方直线踢出，力达脚跟；踢击后右脚沿原路线快速收回，成实战姿势（图 12-6）。

2）动作要领：起腿后上体和大小腿折叠收紧；后踢时动作延伸要长，用力延伸；转身，提腿，出脚动作连续一次性完成，不能停顿；击打目标在正后偏右。后踢动作的主要攻击部位有膝部、腹部、裆部、胸部和头面部。

图 12-6　后踢

3）易犯错误：转身的时候头没有转过去。

7. 勾踢

1）动作规格：实战姿势站立；右脚蹬地，身体重心前移至左脚，以左脚支撑，右腿屈膝提起；左脚以前脚掌为轴，脚跟向内旋转约 180°，右腿膝关节提起并向左内扣，右小腿由外向内伸出，伸直后以脚掌为力点向右侧摆击，身体随之侧倾，动作完成后右腿放松以实战姿势站立。

2）动作要领：勾踢时，身体要适当放松，起腿后，右腿屈膝抬至水平，然后内扣；勾踢时，要充分发挥腰、腿的力量，小腿后勾要快；鞭打后要顺势放松。

3）易犯错误：用小腿发力。

8. 旋风踢

1）动作规格：实战姿势开始；踢右脚为例，旋风踢的分解动作可以分 4 个步骤。：右脚上步，换乘右脚在前的格斗势；以右脚为轴，身体向左旋转 180°，左脚经过身后绕到身体前方，悬空左脚；猛力向上抬左脚，使身体向上跳起后，左脚往下猛踩，右脚猛力提膝抬起踢横踢；最后，左脚先点地，然后右脚落地，恢复格斗势。

2）动作要领：功放上步转体动作要迅速果断，左脚内扣落地时脚跟对敌。右脚随身体又转向后右侧摆起时不要太高，以能带动身体旋转起跳为宜。左脚蹬地起跳，身体腾空，但不过膝，目的是快速旋转出腿。右脚横踢时，左腿向下落地，要快落站稳，即横踢目标的同时左脚落地。

3）易犯错误：动作不连贯导致攻击力度变小。

9. 后旋踢

1）动作规格：实战姿势开始；两脚以两脚掌为轴均内旋约 180°，身体随之右或左转约 90°，两拳置于胸前；上体右或左转，与双腿拧成一定角度；右或左脚蹬地将蹬地的力量与上体拧转的力量合在一起，右或左腿继续向右或左后旋摆鞭打，同时上体向右或左转，带动右或左腿弧形摆至身体右或左侧，右或左腿屈膝回收；右或左脚落到右或左后成实战姿势（图 12-7）。

2）动作要领：转身旋转，踢腿连贯进行，一气呵成，中间没有停顿；击打点应在正前方，呈水平弧线；屈膝起腿的旋转速度要快；重心在原地旋转 360°。后旋踢攻击的主要部位有面额和胸部。

图 12-7　后旋踢

3）易犯错误：转身的时候头没有转过去。

六、基本手部动作

基本手部动作包括：下格挡（下防）、中格挡（中防）、上格挡（上防）、手刀攻击、外手刀格挡、外格挡（侧防）、燕子手刀、双手刀、反背拳等，下面主要介绍下格挡、中格挡、上格挡。

（一）下格挡

以左手下格挡为例，左手握拳置于右肩，拳眼向外，右手握拳置于身体正前方，距大腿两拳距离或一个手掌的距离。下格挡时，左手快速下行至左腿正前方，拳心距离左腿两拳距离或一个手掌的距离。右手回至右腰部。

（二）中格挡

以左为例，左手握拳置于左侧，拳心向外，肘关节角度为 90°~110°，拳高度不低于肩膀，不高于耳垂。右手握拳自然向前略微伸直，高度位置在膻中穴高度。格挡时左手快速格挡至胸前，拳心朝向自己，肘关节角度不变，拳高度位置与咽喉平。

（三）上格挡

以左为例，左手置于右髋关节处，右手放在左肩部，拳眼向自己，拳与手臂贴住身体。格挡时，左手拳面向上走，经右肩部右耳部格挡至额头正上方，拳心向处，与额头距离一拳，比额头高一拳。

七、跆拳道基础品势介绍

品势是根据基本动作把防御和攻击作成套路来训练的练习体系。品势是假设真实格斗中当对方攻击时反击所采用的技法。即先定好对方的攻击，利用适当的技术练习的训练体系。品势分为太极的 1~8 章，段位者的高丽、金刚、太白、平原、十进、地跆、天拳、汉水、一如，以及并不熟知的八卦 1~8 章。

第四节　跆拳道的练习与规则

（一）跆拳道训练

跆拳道训练包括：力量训练、柔韧训练、耐力训练、灵敏训练、速度训练。

（二）跆拳道的规则

1. 跆拳道的场地

跆拳道的比赛场地是长 12 米、宽 12 米的水平的、无障碍物的正方形场地，场地的地面应为有弹性的垫子。场地中央长 8 米，宽 8 米的区域为比赛区，其余部分为警戒区。警戒区和比赛区表面用两种不同颜色划分，同色时用 5 厘米宽的白线划分。

2. 拳道的服装

跆拳道的服装称作道服，其款式，颜色都是特定的。系扎道服用的腰以其颜色可以区分运动员的段位级别。

3. 礼仪

跆拳道注重礼仪，进入道场、面对国旗、课前、面对教练、比赛前后等时候，都要行礼。

4. 级与段

黑带是跆拳道高手的象征，是实力的体现，更是一种荣誉和责任。

黑带段位分一段至九段。一段至三段是黑带新手的段位，四段至六段是高水平的段位，七段至九段只能授予具有很高学识造诣和对跆拳道的发展做出重大贡献的杰出人物。

黑带一段以上选手有资格参加全国性比赛，二段以上选手有资格参加国际比赛；选手取得黑带后便有资格担任教练指导跆拳道运动；四段以上称为“师范”，五段以上称为“大师”；四段以上有资格申报国际教练、国际裁判，并有资格担任道馆馆长或总教练。

一段至三段的段位，由中国跆拳道协会或其注册认可的团体分会考核颁发。晋升四段至六段，需由世界跆联（国技院）或国际跆联（ITF）晋级委员会考核。晋升七段至九段，需由 WTF 或 ITF 特别委员委进行评审。

休闲篇

第十三章　定向运动

第一节　定向运动概述

定向越野是一项挑战智能与体能的智慧型体育项目，不仅能强健体魄，还能培养人独立思考和克服困难，以及果断决策的能力，并有助于建立强大的社交网络。

定向越野是一项智力与耐力相结合的户外运动，参与人员借助地图和指北针判定方向，选择路线，以最短时间在实地中依次到访地图上各个检查点。定向越野可以在森林，山地，公园，校园，社区等进行（图 13-1）。

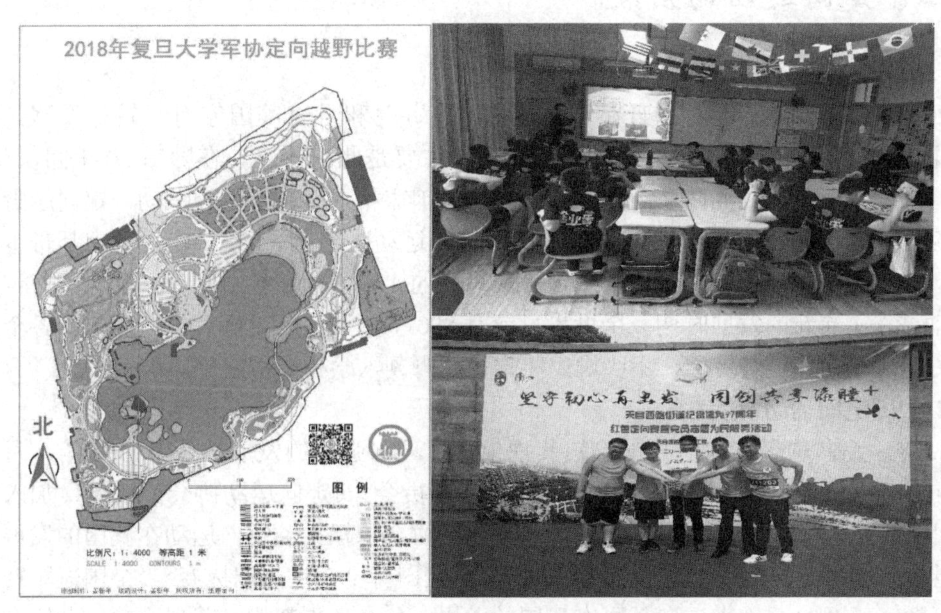

图 13-1　各类定向运动

一条标准的定向越野路线由一个起点，一个终点和一系列检查点（目标点）组成（图 13-2）。

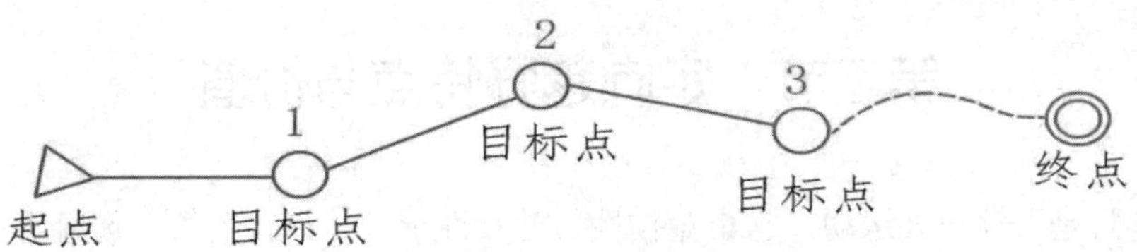

图 13-2　定向越野路线

1）在实际定向越野中，一面橙色跟白色相间的点标旗标志着选手到访目标点的位置。

2）为了证明到访过目标点位置，参赛选手必须到达每一个正确点位后使用手动打卡器打卡，不同点位手动打卡器的针孔不同。现今，随着定向越野的发展，大部分定向越野活动中，都使用的是电子打卡系统，不仅能够记录参赛选手到访的时间，而且能更快的判断参赛选手是否按照顺序到访地图上目标点。

3）目标点与目标点之间的路线并非指定和固定，需参加选手自行做出选择，适合本身且能最快到达目标点的最佳路线。

一、定向运动的起源

定向越野起源于瑞典。最初只是一项军事体育活动，军人们把在山地里辨别方向，选择道路和越野行进作为军事训练的内容，后来军人们利用军事地图进行了最初的定向越野比赛。

20 世纪初，定向越野运动开始从军营走向社会，瑞典的一位童子军领袖吉兰特于 1918 年组织了一次名为“寻宝游戏”的活动，给定向越野增添了游戏的特色，引起了人们的极大兴趣。

二、定向运动的发展

1. 国际定向运动发展

20 世纪 30 年代，定向越野在瑞典，挪威，芬兰和丹麦等国家有了较好发展。1932 年，第一届世界定向越野锦标赛举行，参赛国主要是北欧国家。在随后 30 年间，英国，美国，加拿大，澳大利亚，法国，德国，日本等国家相继引进了这项运动，定向越野在西方国家得到了蓬勃发展。1961 年 5 月，国际定向运动联合会（IOF）在丹麦首都哥本哈根成立，并确定了正式的比赛项目，制定了一系列的比赛规则和技术规范，这标志着定向越野运动进入了崭新的发展时期。全世界目前有 800 多万名定向爱好者，在西方，各个地方都有专门用于定向越野区域，不少国家将定向越野列入学校课程之中。

2. 中国定向运动发展

目前，定向越野运动在我国已粗具规模，呈现出强劲的发展势头。1992 年 7 月，国际定向运动联合会批准中国以“中国定向运动委员会”（定向运动协会）的名义加入定向运动组织，中国成为正式委员国。中国定向运动协会积极推动定向运动在我国的发展，每年在全国范围内组织“全国定向运动锦标赛”“全国青少年定向锦标赛”“全国冠军赛”等一系列赛事。现今，随着定向越野在我国的发展，各个省市都成立各省定向运动协会，每年都会举办一系列省级以上比赛。各赛事的组织工作及规模与国际惯例接轨，裁判规则与技术标准完全按照国际定向联合会（IOF）颁布的规范实施。

第二节　定向越野特点与价值

定向越野是一项户外运动，它集竞技性与游戏性于一体，在益智，健身等方面具有独特的价值，因此能风靡世界，得到人们的普遍喜爱和参与。

一、特点

（一）游戏性

定向越野的游戏性是非常明显的，从发展初期——瑞典童子军的“寻宝游戏”，到现在各式各样的比赛及活动，都带有很大的游戏色彩。

（二）竞技性

在定向越野中可以进行各种类型的比赛，其竞技性特点十分突出。它的竞争激烈性能够刺激人们对这项运动的向往和追求。

1. 群众性

定向越野的参与对象十分广泛，具有关报道，参加定向越野比赛年龄最小者仅 3 岁，年龄最长者为 80 岁，由此可见，定向越野是一项群众性体育项目。

2. 实用性

定向越野最早是军队的一种训练形式，而今定向越野不仅可以最为军事训练的内容，还可以作为学校体育教学内容。

二、价值

定向越野是一项综合性的体育运动项目、具有多方面的价值。

（一）强身健体

定向越野作为一项体育运动，对人体最突出、最直接的作用就是强身健体、增强体质。经常参加定向越野运动的人，走、跑、跳跃，越过障碍等能力，以及耐力、速度、力量、柔韧性、灵敏性等身体素质将会逐步提高，对自然环境的适应能力和对疾病的抵抗能力将得到不断增强。

（二）增长知识，锻炼思维

定向越野不仅是一种身体活动，也是一种智力活动，有助于参赛者增长知识、锻炼思维。定向越野比赛是在未知或陌生的地点（区域）进行的。这可以使参赛者增长相关学科知识，如地理学、测绘学、军事地形学和植物学的基本知识，并增强在实践中运用这些知识的能力，从而使思维能力和快速应变能力得到提高。

（三）培养品质

定向越野在环境、条件和比赛方法上具有特殊性，在培养道德品质方面具有独到的价值。定向越野比赛中参赛者在判定方向、选择行进路线和寻找每一个点标时，来不得半点虚假和丝毫投机取巧，只有发扬坚定、细致和诚实等品质才能完成任务并夺取胜利。当遇到困难时，要有百倍的信心和勇气去克服；当体力不支时，要咬紧牙关，不断地鼓励自己，奋力拼搏坚持到底。

（四）调节身心

定向越野是一项户外运动。人们可以利用节假日到野外参加定向越野比赛，从繁忙的日常学习和工作中获得暂时的解脱，这样可以消除大脑疲劳，调节身心，以全新的状态投入到日后的工作和学习中。

（五）促进交流，增进友谊

定向越野比赛中，参赛者相互激励，彼此交流经验，可以达到相互学习、共同提高、建立良好人际关系的目的。

第三节　定向运动的分类

一、分类

1. 定向越野

个人项目分为短距离、中距离、长距离，积分赁、百米定向、夜间定向等，团体项目有接力赛、团队赛。

2. 工具定向

工具定向包括滑雪定向、山地自行车定向、汽车定向（图 13-3）。

图 13-3　工具定向运动

因此，不论男女，只要你喜欢户外活动，定向越野一定适合，其技巧容易掌握，是三岁至九十岁都可以参加的运动。

3. 定向越野知识

定向越野是一项利用地图和指北针，快速寻找目标的智力与体力相结合的运动项目。需要快速的奔跑，还需要在跑动中认识地图，所以掌握相关的地图知识和指北针的使用方法，是参加定向越野运动的基本知识，也是能完成比赛的基本保障。

4. 地图的认识

生活中，我们都要接触形式各样的地图，如交通图、景区旅游图、地形图等等，它们不仅颜色不同，更重要的是其符号也不一样，所表示的东西也不一样（图 13-4）。

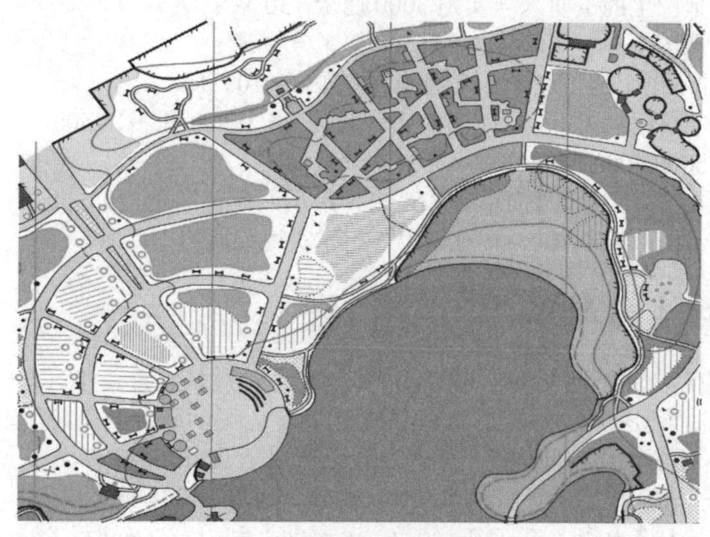

图 13-4　航拍定向地图

定向越野地图是一种专门为野外运动测制的精确、详细的地形图。尽管任何一张地图都可以进行定向越野，但是真正的定向越野本身还是需要专门制作专业的定向越野地图，它具有独特的制图规范，同时保持地图在野外环境中的清晰易读，让地图描述得更加准确，更适合参与者做出判断，快速的完成定向越野（图 13-5）。

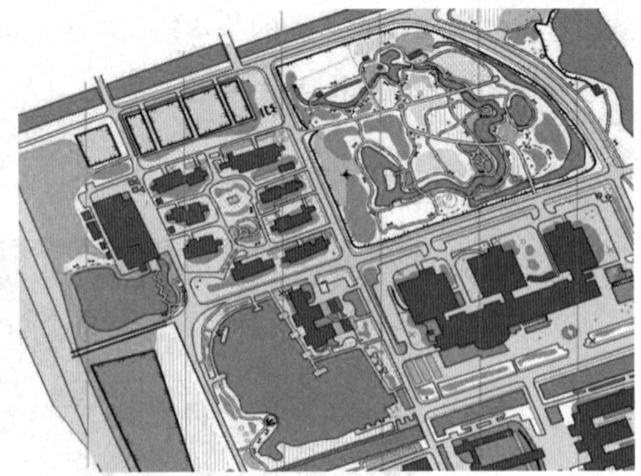

图 13-5　定向越野地图

二、比例尺

比例尺是地图上最重要的参数之一。想要学会识别、使用定向地图，必须要认识地图比例尺。地图上每线段的长度与相应实地水平距离的比，称为地图比例尺。

地图比例 = 相应实地水平距离

比例尺 1∶1000，即地图上的 1 厘米 = 实地上 1000 厘米 =10 米；

1∶3000 即地图上的 1 厘米 = 实地 3000 厘米 =30 米；

1∶5000 即地图上的 1 厘米 = 实地 5000 厘米 =50 米；

1∶10000 即地图上的 1 厘米 = 实地 10000 厘米 =100 米。

现今，大多数森林定向越野地图的比例尺为 1∶10000 和 1∶7500，公园定向越野地图比例尺为 1∶5000/4000/3000。

认识地图跟实际比例尺最简单办法是去掉最后两单位数值，如：地图 1∶10000 比例尺去掉后两单位数值为 1∶100，即地图上 1 厘米实地距离为 100 米。

三、地图上的颜色

一张完整的定向越野地图要求完整且详细地表示地貌、水系、建筑物、道路、植被和边境线，即所谓“地图的六大要素”。下面是国际定向运动联合会（国际定联）根据定向越野比赛的特殊需要，将定向地图的符号颜色分成以下几个类别。

1）棕色——表示地形：等高线和符号（山丘、小坑、冲沟、土坎等）。

2）黑色——人造地物（建筑物、道路、小径等）和岩石（石头、陡崖等）。

3）蓝色——与水有关的地方（湖泊、溪流、水坑等）。

4）绿色——植被茂密程度（绿色越深、越南通行）。

5）白色——可奔跑的树林，易通行的区域。

6）黄色——空旷的草地，可快速奔跑的区域。

7）黄绿色——禁止进入区域、私人住宅、公园苗圃等。

四、地图上的符号

地图上颜色符号对应不同地物，定向越野地图上符号总共分为以下三大类。

1. 点状符号

实际地物体积较小，如：独立树、石块、坑等等。

2. 线状符号

线状符号在定向越野中对参赛人员起到关键导航作用，也是最能确定参照物的地物。如：河流、道路、围栏等。

3. 面状符号

面状符号在实际中地物的面积较大。如：植被、水塘、建筑群等。

五、国际定向运动地图图例规范

定向运动是国际性体育运动，为了定向运动的公平竞赛和此运动的日后发展，特设计有地图图例规范（图 13-6 至图 13-9）。

图 13-6　定向运动地图图例规范 1

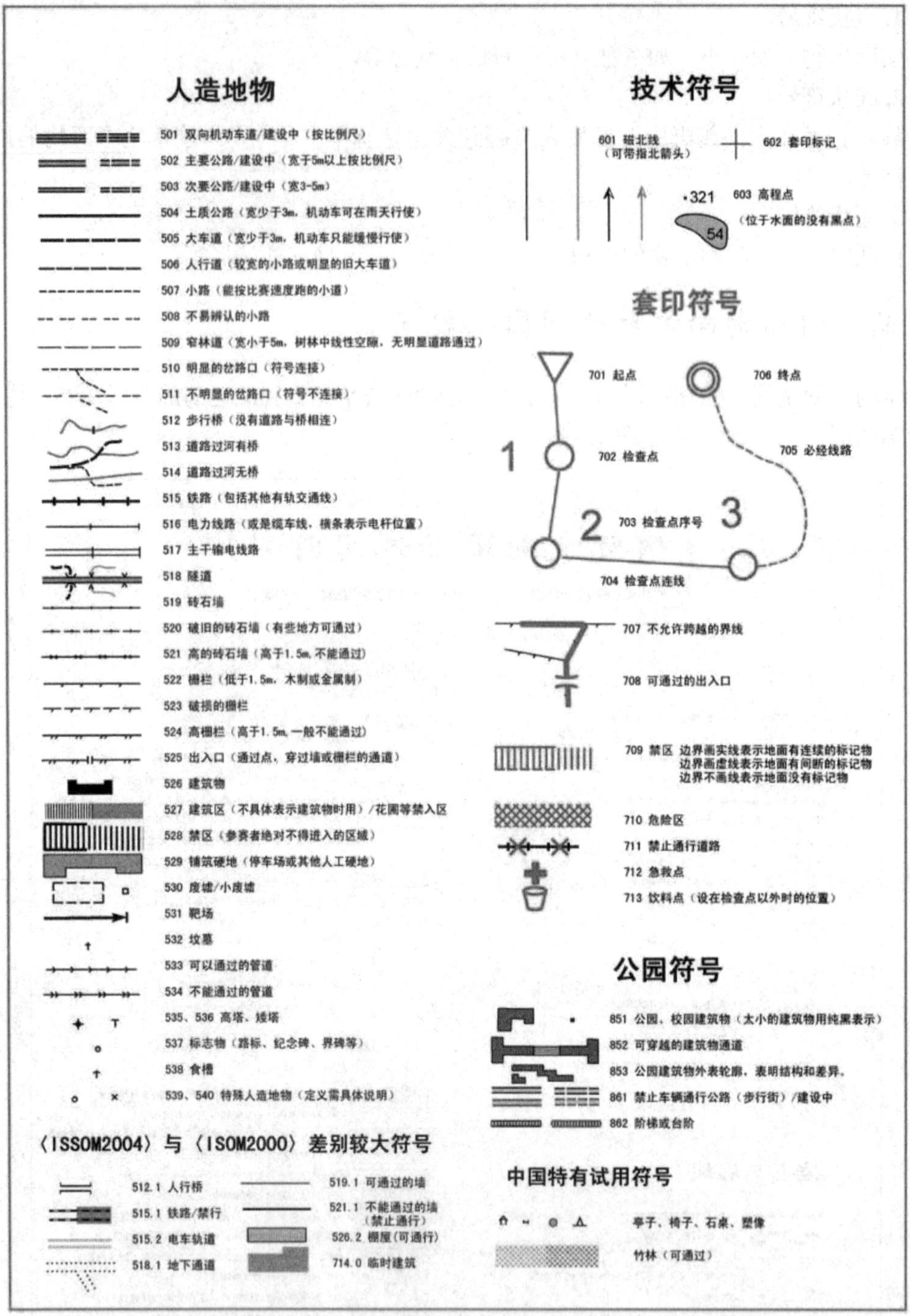

人造地物

501 双向机动车道/建设中（按比例尺）
502 主要公路/建设中（宽于5m以上按比例尺）
503 次要公路/建设中（宽3-5m）
504 土质公路（宽少于3m，机动车可在雨天行使）
505 大车道（宽少于3m，机动车只能缓慢行使）
506 人行道（较宽的小路或明显的旧大车道）
507 小路（能按比赛速度跑的小道）
508 不易辨认的小路
509 窄林道（宽小于5m，树林中线性空隙，无明显道路通过）
510 明显的岔路口（符号连接）
511 不明显的岔路口（符号不连接）
512 步行桥（没有道路与桥相连）
513 道路过河有桥
514 道路过河无桥
515 铁路（包括其他有轨交通线）
516 电力线路（或是缆车线，横条表示电杆位置）
517 主干输电线路
518 隧道
519 砖石墙
520 破旧的砖石墙（有些地方可通过）
521 高的砖石墙（高于1.5m，不能通过）
522 栅栏（低于1.5m，木制或金属制）
523 破损的栅栏
524 高栅栏（高于1.5m，一般不能通过）
525 出入口（通过点，穿过墙或栅栏的通道）
526 建筑物
527 建筑区（不具体表示建筑物时用）/花圃等禁入区
528 禁区（参赛者绝对不得进入的区域）
529 铺筑硬地（停车场或其他人工硬地）
530 废墟/小废墟
531 靶场
532 坟墓
533 可以通过的管道
534 不能通过的管道
535、536 高塔、矮塔
537 标志物（路标、纪念碑、界碑等）
538 食槽
539、540 特殊人造地物（定义需具体说明）

〈ISSOM2004〉与〈ISOM2000〉差别较大符号

512.1 人行桥
515.1 铁路/禁行
515.2 电车轨道
518.1 地下通道
519.1 可通过的墙
521.1 不能通过的墙（禁止通行）
526.2 棚屋（可通行）
714.0 临时建筑

技术符号

601 磁北线（可带指北箭头）
602 套印标记
·321 603 高程点
54（位于水面的没有黑点）

套印符号

701 起点
702 检查点
703 检查点序号
704 检查点连线
705 必经线路
706 终点
1 2 3
707 不允许跨越的界线
708 可通过的出入口
709 禁区 边界画实线表示地面有连续的标记物
边界画虚线表示地面有间断的标记物
边界不画线表示地面没有标记物
710 危险区
711 禁止通行道路
712 急救点
713 饮料点（设在检查点以外时的位置）

公园符号

851 公园、校园建筑物（太小的建筑物用纯黑表示）
852 可穿越的建筑物通道
853 公园建筑物外表轮廓，表明结构和差异。
861 禁止车辆通行公路（步行街）/建设中
862 阶梯或台阶

中国特有试用符号

亭子、椅子、石桌、塑像
竹林（可通过）

图 13-7 定向运动地图图例规范 2

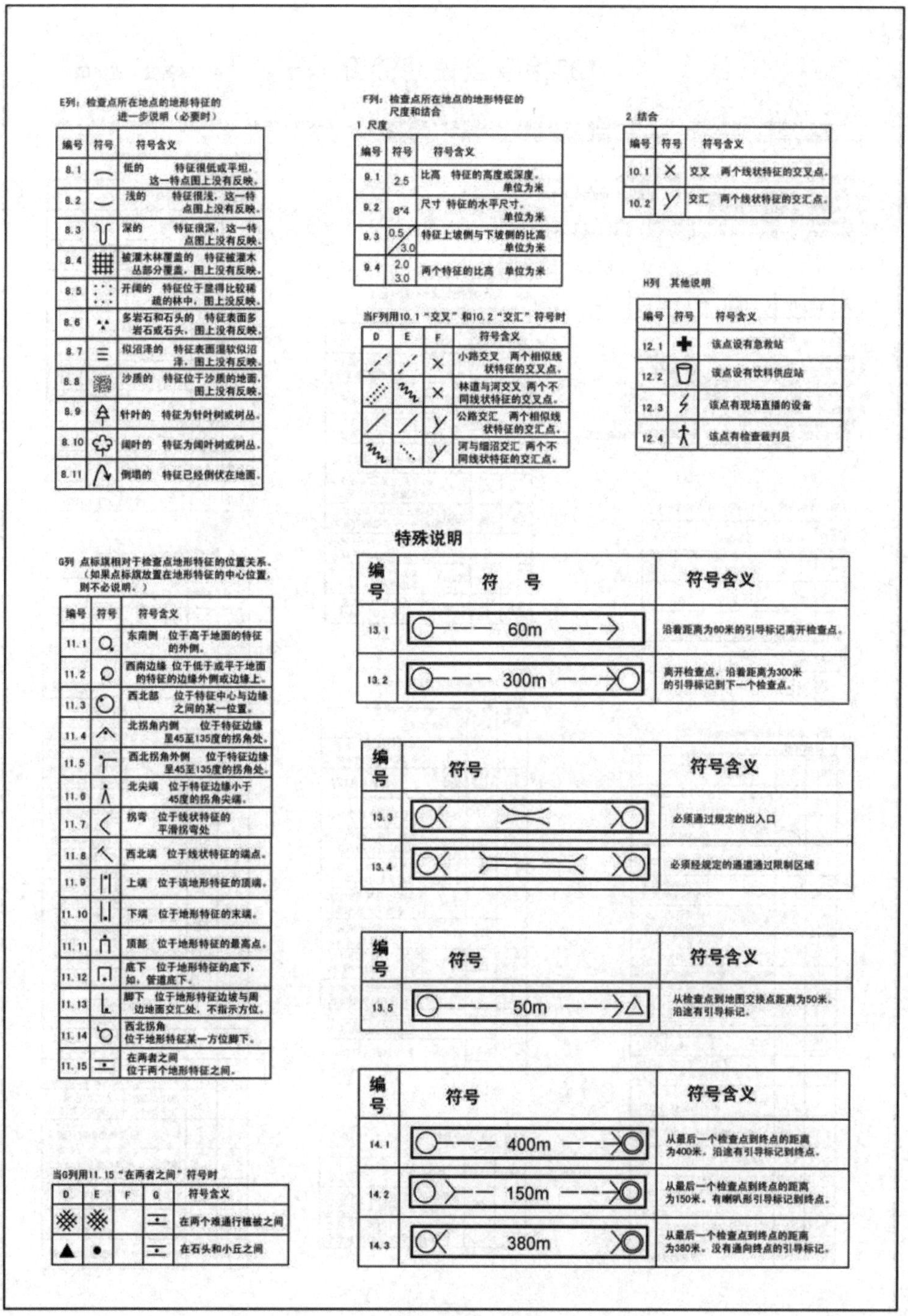

E列：检查点所在地点的地形特征的进一步说明（必要时）

编号	符号	符号含义
8.1		低的　特征很低或平坦，这一特点图上没有反映。
8.2		浅的　特征很浅，这一特点图上没有反映。
8.3		深的　特征很深，这一特点图上没有反映。
8.4		被灌木林覆盖的　特征被灌木丛部分覆盖，图上没有反映。
8.5		开阔的　特征位于显得比较稀疏的林中，图上没反映。
8.6		多岩石和石头的　特征表面多岩石或石头，图上没有反映。
8.7		似沼泽的　特征表面湿软似沼泽，图上没有反映。
8.8		沙质的　特征位于沙质的地面，图上没有反映。
8.9		针叶的　特征为针叶树或树丛。
8.10		阔叶的　特征为阔叶树或树丛。
8.11		倒塌的　特征已经倒伏在地面。

F列：检查点所在地点的地形特征的尺度和结合

1 尺度

编号	符号	符号含义
9.1	2.5	比高　特征的高度或深度。单位为米
9.2	8*4	尺寸 特征的水平尺寸。单位为米
9.3	0.5/3.0	特征上坡侧与下坡侧的比高　单位为米
9.4	2.0 3.0	两个特征的比高　单位为米

2 结合

编号	符号	符号含义
10.1	×	交叉　两个线状特征的交叉点。
10.2	Y	交汇　两个线状特征的交汇点。

当F列用10.1“交叉”和10.2“交汇”符号时

D	E	F	符号含义
		×	小路交叉　两个相似线状特征的交叉点。
		×	林道与河交叉　两个不同线状特征的交叉点。
		Y	公路交汇　两个相似线状特征的交汇点。
		Y	河与细沼交汇　两个不同线状特征的交汇点。

H列　其他说明

编号	符号	符号含义
12.1		该点设有急救站
12.2		该点设有饮料供应站
12.3		该点有现场直播的设备
12.4		该点有检查裁判员

G列　点标旗相对于检查点地形特征的位置关系。（如果点标旗放置在地形特征的中心位置，则不必说明。）

编号	符号	符号含义
11.1		东南侧　位于高于地面的特征的外侧。
11.2		西南边缘 位于低于或平于地面的特征的边缘外侧或边缘上。
11.3		西北部　位于特征中心与边缘之间的某一位置。
11.4		北拐角内侧　位于特征边缘呈45至135度的拐角处。
11.5		西北拐角外侧　位于特征边缘呈45至135度的拐角处。
11.6		北尖端　位于特征边缘小于45度的拐角尖端。
11.7		拐弯　位于线状特征的平滑拐弯处
11.8		西北端　位于线状特征的端点。
11.9		上端　位于该地形特征的顶端。
11.10		下端　位于地形特征的末端。
11.11		顶部　位于地形特征的最高点。
11.12		底下　位于地形特征的底下，如，管道底下。
11.13		脚下　位于地形特征边坡与周边地面交汇处，不指示方位。
11.14		西北拐角 位于地形特征某一方位脚下。
11.15		在两者之间 位于两个地形特征之间。

当G列用11.15“在两者之间”符号时

D	E	F	G	符号含义
				在两个难通行植被之间
				在石头和小丘之间

特殊说明

编号	符　号	符号含义
13.1	60m	沿着距离为60米的引导标记离开检查点。
13.2	300m	离开检查点，沿着距离为300米的引导标记到下一个检查点。

编号	符号	符号含义
13.3		必须通过规定的出入口
13.4		必须经规定的通道通过限制区域

编号	符号	符号含义
13.5	50m	从检查点到地图交换点距离为50米。沿途有引导标记。

编号	符号	符号含义
14.1	400m	从最后一个检查点到终点的距离为400米。沿途有引导标记到终点。
14.2	150m	从最后一个检查点到终点的距离为150米。有喇叭形引导标记到终点。
14.3	380m	从最后一个检查点到终点的距离为380米。没有通向终点的引导标记。

图 13-8　定向运动地图图例规范 3

IOF检查点说明简介

张新安　王翔编

检查点说明表是IOF为世界各国定向运动员提供一套无需语言翻译就能够准确理解检查点有关信息的符号体系，运用这套符号体系构成的一条定向比赛路线的简短的精确说明表，包括赛事名称、组别、比赛路线代码、直线距离和爬高量、起点、各检查点，必经路线、终点等信息的说明。

检查点说明表主要分为表头，起点说明、各检查点说明和终点说明这几部分，

1. 表头：说明比赛名称、路线组别、路线号、路线长度和爬高量等内容
2. 起点说明：说明比赛起点的位置
3. 各检查点说明：按检查点序号描述检查点特征，点标旗与检查点特征间的位置关系，由A-H 8个栏目组成
4. 终点说明：指出最后一个检查点到终点的距离，及两点间是否有标记物

A	B	C	D	E	F	G	H
2	32	↙			8*4		

各列的定义

A 检查点序号。除积分赛外，要按序号到访检查点。
B 检查点代码。标示检查点的号码，大于30的数字。
C 相似特征中的哪一个。当检查点圆圈内有两个以上相似特征时用。
D 检查点地形特征。位于检查点圆圈正中心的地形特征。
E 外观细节。需要对检查点地形特征作进一步说明时用。
F 尺度或结合。给出特征的尺寸；或两个特征结合信息。
G 点标旗位置。点标旗和打卡器位于地形特征的相对精确位置。
H 其它说明。对参赛者有重要意义的其他说明。

C列：圆圈内两个以上相似特征中的哪一个？

编号	符号	符号含义
0.1	↑	北边的
0.2	↙	西南边的
0.3		上面的
0.4		下面的
0.5		中间的

D列：检查点所在地点的地形特征
1. 地貌符号

编号	符号	符号含义
1.1		台地　山坡上出现的一小块明显平台。
1.2		山凸　山坡上出现的一小条明显凸起。
1.3		山凹　山坡上低凹的部分。
1.4		陡坡　与周围地面发生明显变化的陡坡。
1.5		采掘场　开采石头、沙土等的开采地。
1.6		土墙　凸出在地表面上狭长的土质墙。
1.7		冲沟　受雨水冲刷形成的深沟壑，通常没有水。
1.8		小冲沟　受雨水冲刷形成的小沟壑，通常没有水。
1.9		山丘　能在图上用等高线表示的地面凸起。
1.10		丘　不能在图上用等高线表示的明显地面凸起。
1.11		鞍部　相邻两个山头之间的象马鞍状的凹部。
1.12		洼地　地表面凹下去的部分。
1.13		小洼地　小而浅的凹地。
1.14		坑穴　地表有明显陡边的凹地。
1.15		坑穴地　地表明显的不能单独表示的小凹地。
1.16		蚁穴　由蚂蚁或白蚁建造的土堆。

D列：检查点所在地点的地形特征
2. 岩石和石头符号

编号	符号	符号含义
2.1		陡崖 悬崖　能通行或不能通行的陡崖或悬崖。
2.2		岩柱　高的，天然岩石突起。
2.3		山洞　岩面上或山边的洞穴，多为地下施工的出入通道。
2.4		石头　显著的独立岩石或石头。
2.5		石头地　分布着太多石头而无法单独描绘出来的区域。
2.6		石群　簇集在一起的，无法单独描绘的小而明显的石头群。
2.7		砾石地　被众多小石头或小岩石覆盖的区域。
2.8		露岩地　没有土壤和植被，可奔跑的岩石区域。
2.9		隘路　两个相对的陡崖或岩面间的间隔。

D列：检查点所在地点的地形特征
3. 水系符号

编号	符号	符号含义
3.1		湖　通常情况下不能通行的大面积的水域。
3.2		池塘　小面积的水域。
3.3		水坑　有水的坑或洼地。
3.4		河、溪、水道　天然的或人造的，水流动或静止的水道。
3.5		季节性小水道　天然或人造的，季节性有水的小水道。
3.6		细沼　不能用沼泽符号来描绘的狭窄的沼泽或细流。
3.7		沼泽　带有沼泽植被的永久性的湿地。
3.8		硬地　沼泽地中或两块沼泽地之间的非沼泽硬地部位。
3.9		井　明显的有水的竖井，通常有人造的结构围起来。
3.10		泉　水道的源头，有明显水流流出。
3.11		贮水池　贮水用的人造容器。

D列：检查点所在地点的地形特征
6. 特殊符号

编号	符号	符号含义
6.1	×	特殊特征　符号的定义必须在赛前公告中提供给参赛者。
6.2	○	特殊特征　符号的定义必须在赛前公告中提供给参赛者。

D列：检查点所在地点的地形特征
4. 植被符号

编号	符号	符号含义
4.1		开阔地　无树的区域，草地、牧场、旷野、荒野等。
4.2		半开阔地　带有零星树木或灌木丛的开阔地。
4.3		林地的拐角　林地延伸进入开阔地部分的拐角或尖端部位。
4.4		林中空地　指林中没有树木的小空地。
4.5		难通行植被　小片浓密的树木或下层丛林，难通行区域。
4.6		难通行林带　人工密种成线状的难穿越的树篱或灌木林。
4.7		地类界　两类不同的树林或灌木林之间的明显分界线。
4.8		独立树丛　开阔地中的一小片树林。
4.9		突出树　开阔地或林中与众不同的单棵树。可给出类别。
4.10		树桩　树被砍伐留下的部分树干或余下的根部。

D列：检查点所在地点的地形特征
5. 人造地物符号

编号	符号	符号含义
5.1		公路　水泥、沥青、碎石铺面或土质路面的公路的公路。
5.2		小路　可供人、农用车或越野车行驶的路。
5.3		林道　树林间明显的线状间隔。
5.4		桥　通过水道或其它线状特征的通道。
5.5		输电线　电线、空中索道或吊索等高空线状特征。
5.6		电线杆　输电线、空中索道或吊索等的支架。
5.7		隧道　从底下穿过公路或铁路的通道。
5.8		石墙　石质界墙，或石头铺面的墙。
5.9		栅栏　金属或木制等材料制作的围栏或边界等。
5.10		通过点　穿过或跨越墙、栅栏等的出入口。
5.11		建筑物　直立的砖头、木质、石质等材料建造的。
5.12		铺筑地　人工铺筑的硬地。
5.13		废墟　废弃了的建筑物遗迹。
5.14		管道　地面上的输气、输水和输油等管道。
5.15		塔　高的金属、木质或砖头结构的塔。
5.16		狩猎台　固定在树上，供射手或观测者坐的结构。
5.17		界碑或石垒　人工的石堆，用作界碑，纪念碑和三角点等。
5.18		饲料架　喂养动物的饲料架
5.19		碳灰地　木炭燃烧过的地点。
5.20		纪念碑、雕像等纪念标志物
5.23		走廊　室内过道或穿过建筑物的路。
5.24		阶梯　至少有两个台阶的阶梯。

图 13-9　定向运动地图图例规范 4

六、地图上等高线和等高距

等高线指地形高度的差距，能够准确地描绘山谷、山背等地形特征，在定向越野中，能读懂等高线对参赛选手有很重要的作用。图 13-10 图上的每条等高线都是实地等高线的水平投影；既描绘出地貌的轮廓，也表示出地貌的起伏。在同一条等高线上，各点的高度相等。在同一副地图上，同一等高距的条件下，等高线越多，山体就越高，高等线越少，山体就越低；凹地的等高线则表示深浅。等高线间隔越小，实地坡度越陡，等高线间隔越大，实地坡度越缓（图 13-11）。

等高距是相邻两个水平面之间的垂直高差，定向越野地图中等高距通常为 2~5 米，不同的地图等高距不同，但在同一张地图上不允许使用两种等高距。

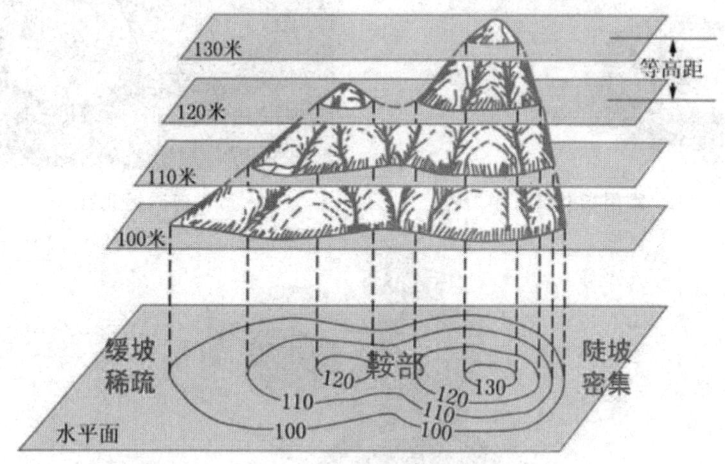

图 13-10　等高线

地形	地形特征	等高线形态	等高线图	判读方法
山峰 山丘	四周低中间高闭合	曲线外低内高	山顶 山坡 山麓	①坡向线向外侧 ②数值内高外低
盆地 洼地	四周高闭合中间低外高	曲线内低外高		①坡向线向内侧 ②数值内低外高
山脊 (分水岭)	从山顶向外伸出的凸起部分	等高线向低处凸	山脊 800 600 400 200	①等高线凸向低处 ②脊线高于两侧
山谷 (干谷、河谷)	山脊之间低洼部分	等高线向高处凸	山谷 600 400 200	①等高线凸向高处 ②谷线低于两侧
鞍部	相邻两个山顶之间呈马鞍形	一对山脊线	鞍部	两山峰之间
陡崖	近于垂直的山坡	多条等高线重合叠在一起		①等高线重合 ②根据陡崖符号

图 13-11　等高线规则

七、指北针

指北针是定向越野最重要的工具之一，指北针刻度盘红色指针永远指向北方（图 13-12、图 13-13）。

使用指北针的两点要求：

1）左手握持，水平放置；

2）前进方向箭头保持在身体正前方。

军用指北针

普通指北针

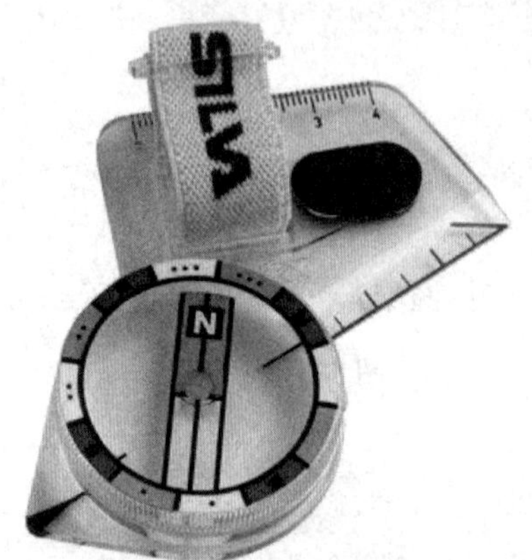

定向越野专业指北针

图 13-12 指北针

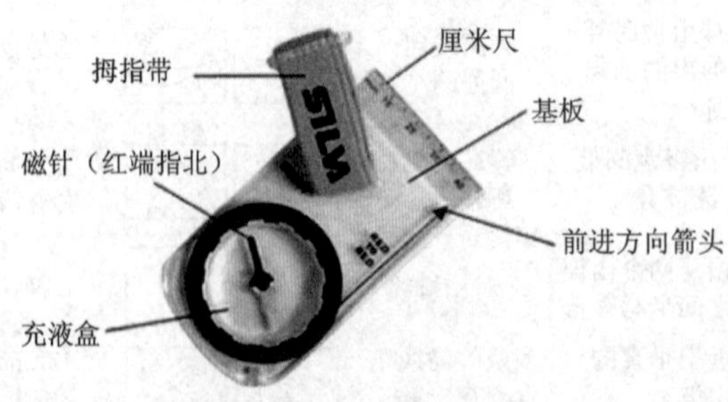

图 13-13 指北针结构

八、如何定向越野

要完成一条完整的定向越野路线需要几个步骤。简单来讲就是我在什么地方—去什么地方—怎样过去，这是三个最基本的步骤，下面详细的介绍定向越野的几个技术步骤：

（一）标定地图

我们都知道上北下南，左西右东的概念，同样如此，定向越野地图正上方为北方（字的正方向）下方为南，左西右东。

1. 概略定向

把地图的北方跟实际的北方保持一致后地图即以标定，这种方法简单迅速，在定向越野比赛中这种方法最为常见。

2. 指北针标定

将地图跟指北针水平放置，再转动身体或地图直到地图上磁北线跟指北针红针方向保持平行（图 13-14）。

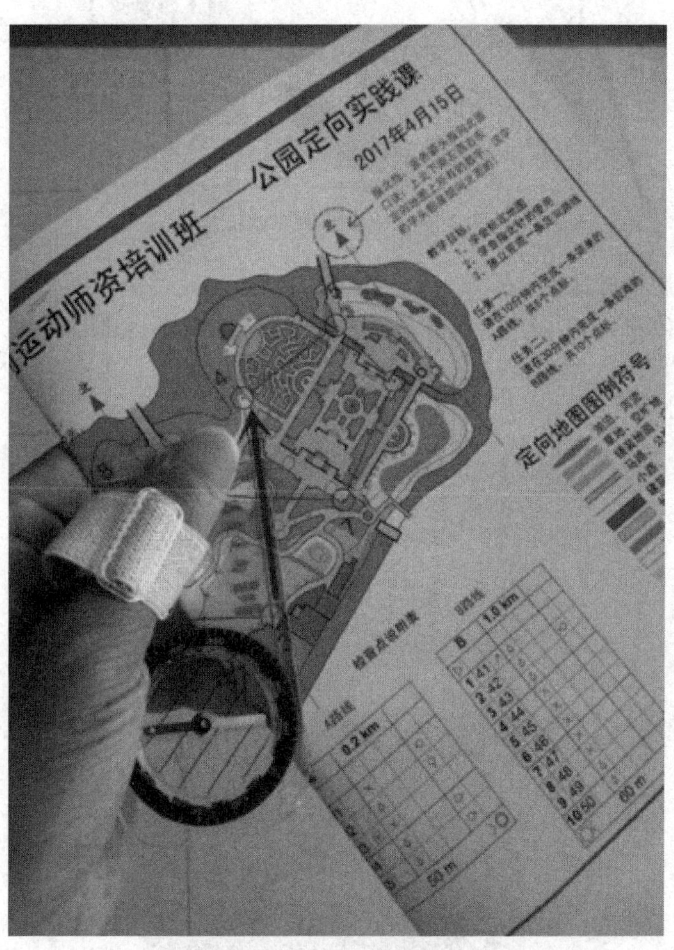

图 13-14　指北针标定

3. 利用长直地物标定

在标准定向越野地图中，会有很多长直线地物，如道路，河流，围栏等，我们可以利用长直线地物来标定地图，首先在地图上找到身边最近这段长直线地物，然后转动身体或地图直到跟实际长直地物方向一致。再检查对照两侧地形，如两侧地形跟图上符号一致既地图已标定（图 13-15）。

图 13-15　利用长直物标定

4. 利用明显地物标定

利用明显地物标定地图的方法是：先选择一个图上与现地都有的远方的明显目标点，然后转动身体或地图，使图上站立点至目标的连线与现地的站力点与目标的连线相重合，此时地图标定（图 13-16）。

图 13-16　利用明显地理标定

（二）确定站立点

当我们把地图标定后，接下来我们要做的就是确定自己在地图上面的什么位置，这是开始定向越野的基础。时刻知道自己在地图上什么位置在定向越野过程中就永远不会迷失方向。

1. 直接确定

定向越野比赛或者活动时在现地位置都标有起点字样，那么地图上面三角形的位置既是起点也是实际站立点。如果出发点与起点不一致，就会有引导线引导至地图上三角形位置。当我们到达正确目标点时，所在点位就能直接确定站立点（图 13-17）。

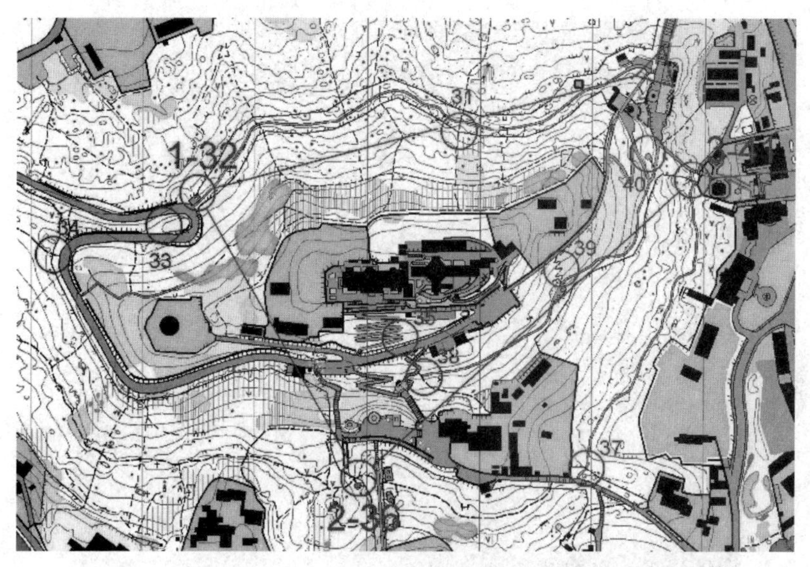

图 13-17　直接确定

2. 交会法确定

行进时确定自己的站立点，要时刻注意行进方向左右两边及前方的明显地物，假想这些地物发出射线当行进在线性地物时，射线与线性地物交会处就可作为明显参照点位置，当行进的位置不明确时，利用两种以上地物发出射线交会点，可以作为参照站立点（图 13-18）。

图 13-18　交会法确定

（三）确定目标点方向

当确定站立点后，学会用指北针来判定目标点方向。用指北针边线从站立点指向目标点，指北针指向与人面向的方向保持一致，人，地图，指北针为一个整体，转动使地图北方跟指北针红针方向保证一致。此时人面向的方向与指北针所指方向为目标点方向。地图上每个目标点圆心为目标点位置。（注意：在我们参加定向运动的时候，当我们每找到一个目标点后，不要急于跑远，先按以上办法确定好下一目标点方向，寻找到目标点周边关键性参照物后再进行跑动）（图 13-19）。

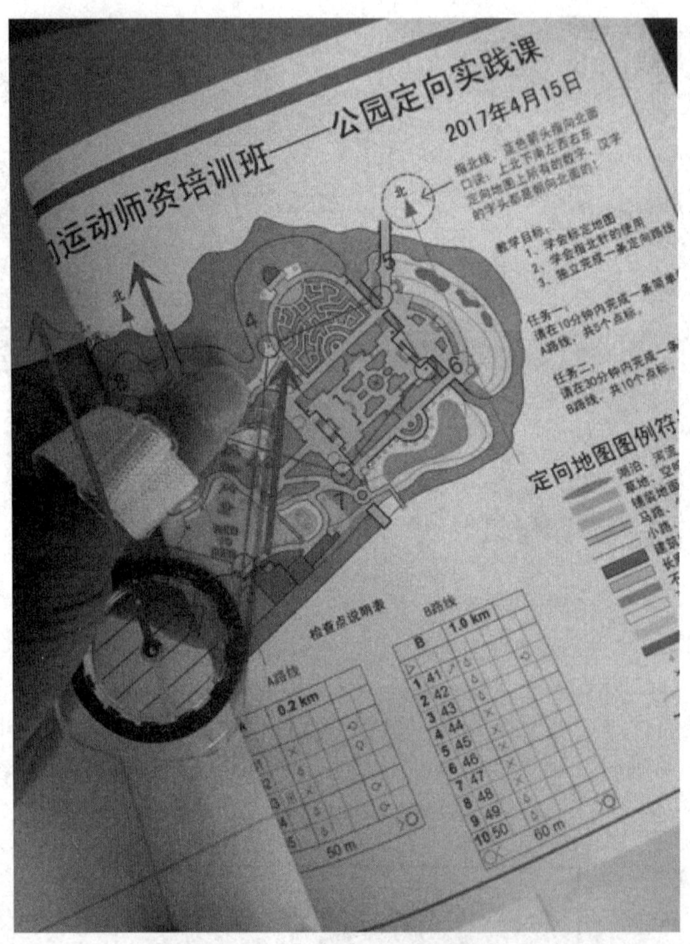

图 13-19　确定目标点方向

（四）选择路线

当我们标定好地图，找到站立点及目标点方向后，就要开始去寻找目标点了，从站立点到目标点，选择一条最佳且适合自身的路线在定向越野比赛及活动中是非常重要的。通俗来讲选择路线，就是从一个地方出发去另一个地方，选择路线，在生活中是经常遇到的，如：从家到学校，从家到公司等等这些都是要选择一条路线，在选择路线的时候需考虑很多因素（时间、距离、堵车情况等）。因此我们要根据这些因素来选择一条最适合自己的前进路线。可见，定向越野跟我们生活息息相关，我们在生活中无时无刻都面临选择，时时刻刻在朝着自己所设定的方向努力。

在定向越野中，不管是森林还是校园及公园等，我们要选择最佳的行进路线（考虑安全、体力、时间等）到达目标点。通常，在两点之间直线是距离最短。在高低起伏小，森林通行度好的场地，我们需要去最求两点间的最短距离。当然并不是所有场地，所有地图走直线是最佳路线，我们要根据实地起伏情况，森林茂密程度等进行选择（图13-20）。

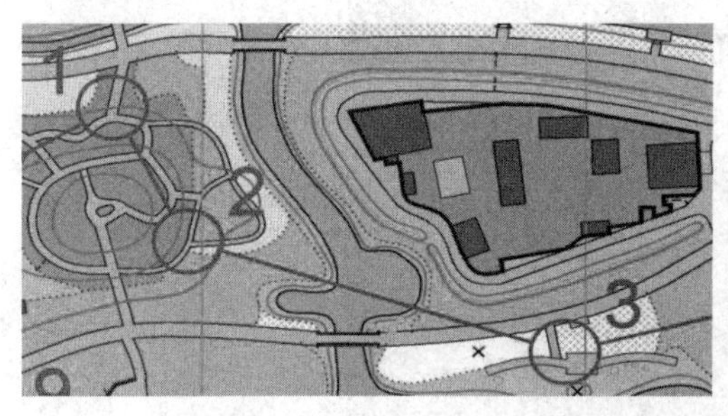

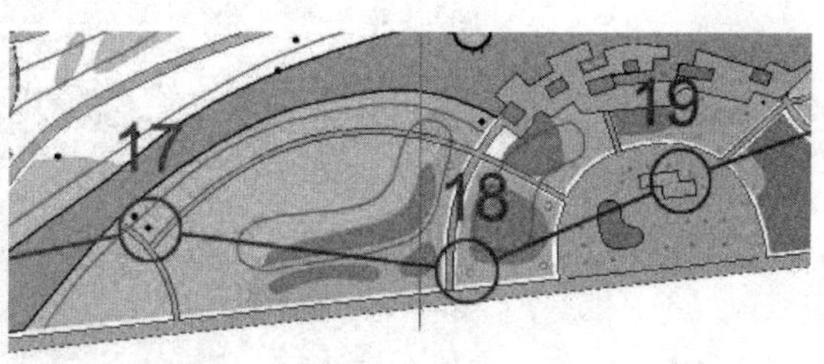

图 13-20　选择最佳路线

寻找目标点技巧，定向越野运动寻找目标点最为关键。需要参赛者体能较好，不会在寻找目标点或每个目标点耽误时间很久，否则到达终点的时间会相对较长。在行进时快速寻找到目标点有下述技巧方法。

1. 拇指辅行法

在行进时，左手拇指压于站立点位置，随着行进的位移依据自己所在实际位置，使拇指跟随不断位移，同时需转动地图，保持地图与现地一致，做到人在实地走，心在图上移。

2. 分段行进法

定向越野中，常有距离较长的点，遇到长线目标点时需要运动员自己去设立些假想点。定向越野线路越长难度越大，选择前进路线越多，当把线路假想分段以后，路线就变得简单，容易。在设置假想点为行进路线时，应选择较为明显的参照物（图 13-21）。

3. 借线法

当目标点位于线性地物时，先明确站立点，然后利用线性地物进行抵达目标，如道路，围栏，河流等，作为行进中引导，使自己在运动中能时刻确定目标点位置（图13-22）。

4. 偏向瞄准法

当目标点位于线性地图或地物附近，当无法准确直行到达时，为了控制好目标点，我们可以选择目标点附近较明显地物作为参照点。在行进中，快要抵达参照物时，需要确认目标点位于参照物的具体方位，再提前偏向目标点方向，就能准确找到目标点（图13-23）。

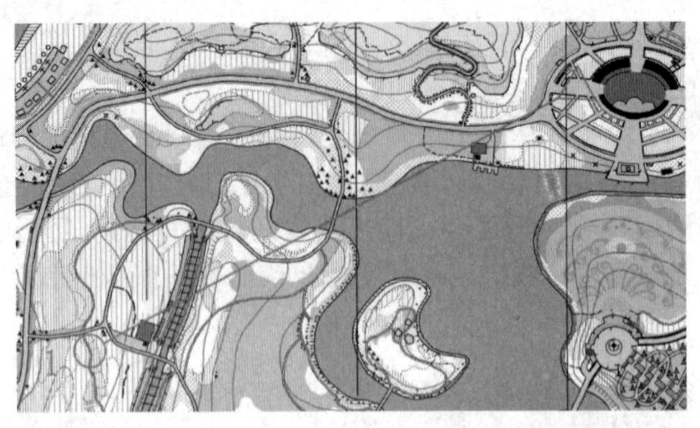

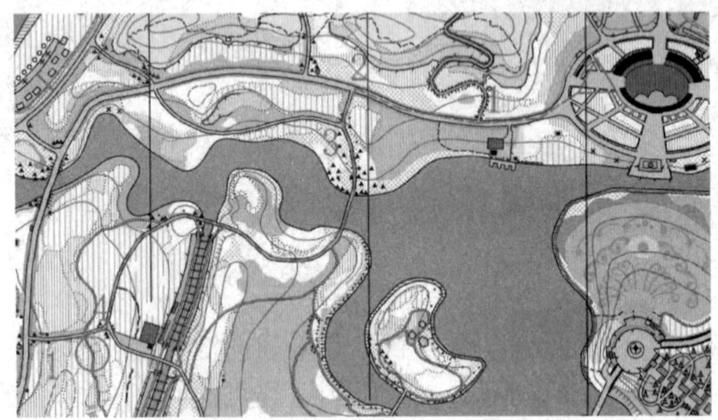

图 13-21　分段行进法

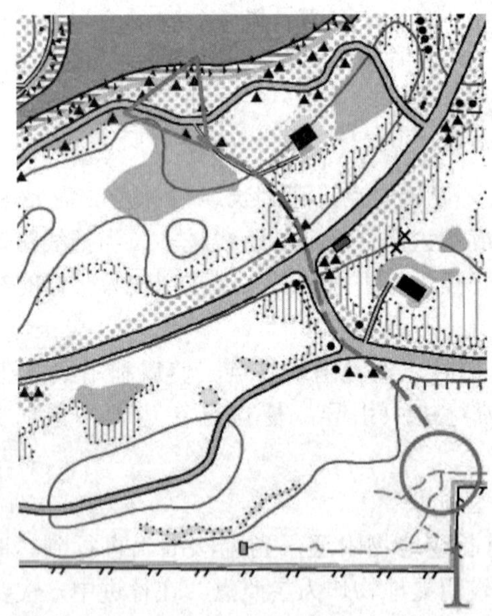

图 13-22　借线法

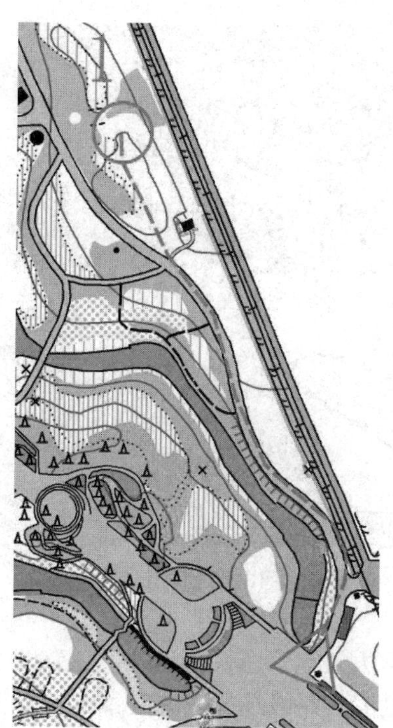

图 13-23 偏向瞄准法

5. 攻击点

选区目标点附近较明显时，我们可将高大的地物作为寻找目标的控制点（参照物），通过这些地物来夹击目标点能让我们事半功倍（图 13-24、图 13-25）。

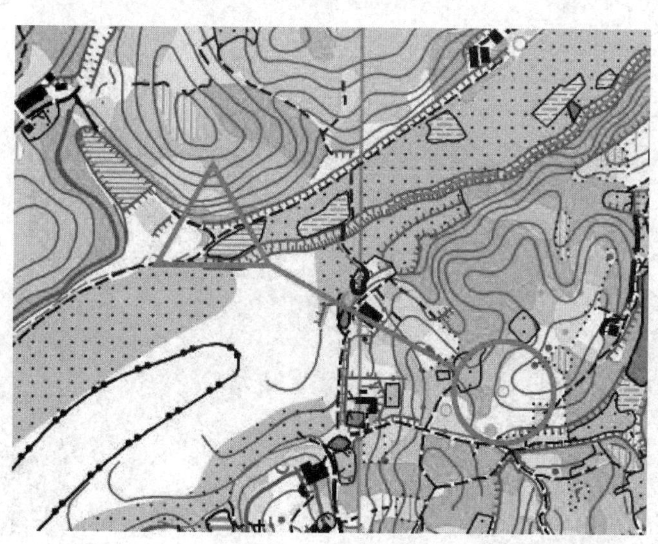

图 13-24 攻击点 1

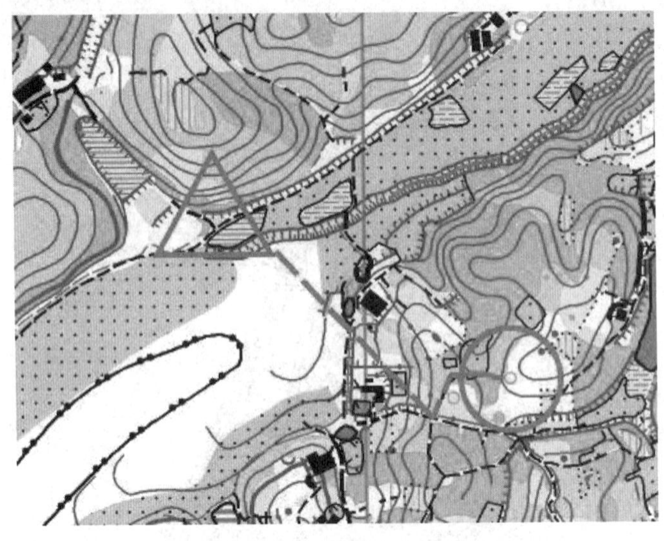

图 13-25　攻击点 2

6. 折叠地图与简化

定向越野地图信息量非常大。选手在快速运动中，为了能够更好的读图，就需要把地图折叠，折叠的大小以露出足够的路线选择区域或露出前方的一两个目标既可。

地图的细节非常多，在运动中选手不能把地图的每个部分都记住，这个时候就需要简化视图，只阅读对找点有帮助的重要部分。通常我们阅读行进的主要路线，确定站立点与目标周围的明显标准物即可（图 13-26 至图 13-28）。

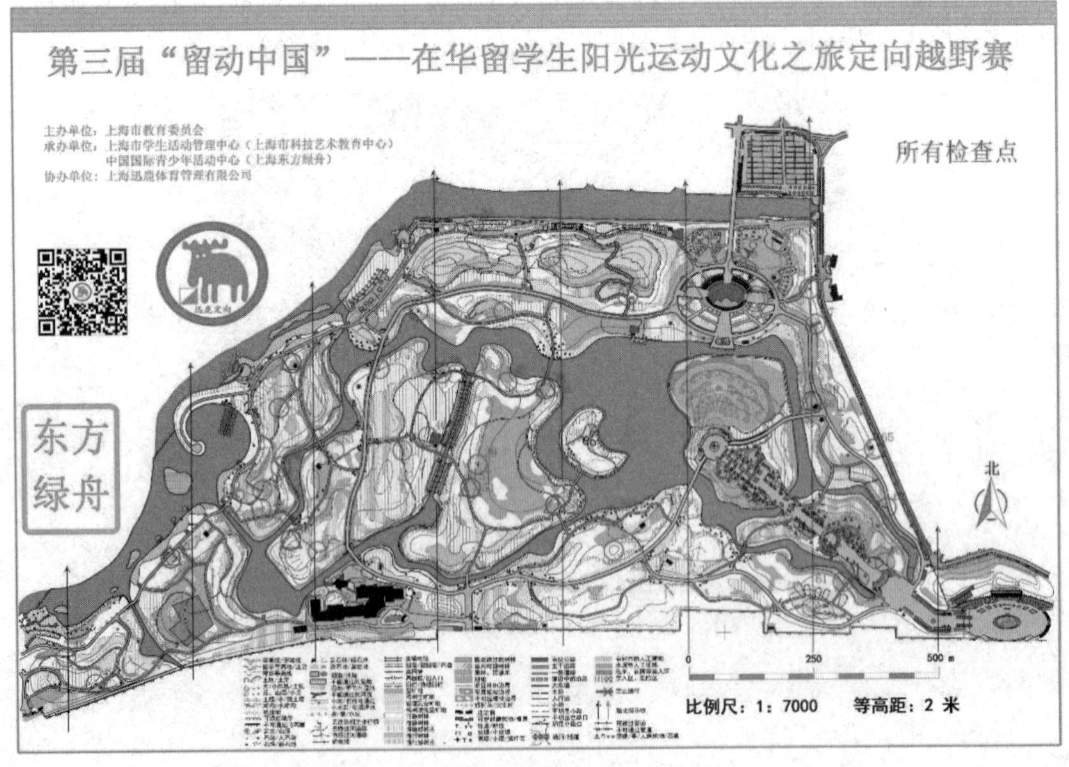

图 13-26　折叠地图

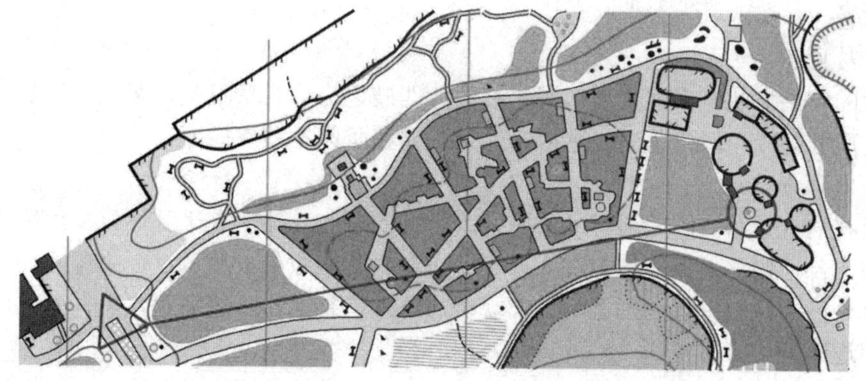

图 13-27 简化图 1

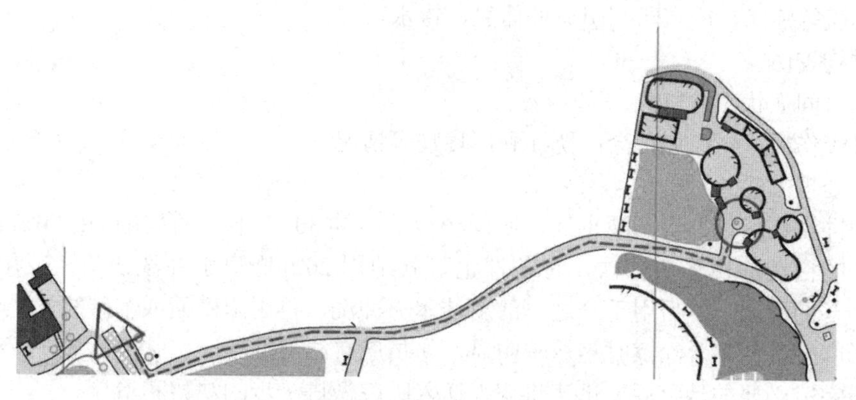

图 13-28 简化图 2

第四节 定向运动中的意外情况

在运动中，不确定因素很多，突发情况常有发生，遇到紧急情况，一定要沉着、冷静。还要提前学习如何预防运动损伤，出现运动损伤后怎么处理，在比赛或活动中遇到昆虫，蛇等东西咬伤后怎样迅速处理等知识。

1. 野外迷失

即使已经掌握了地图运用的各种方法，若在野外定向时遇到极端天气或其他意外状况导致精力不集中，仍有可能迷失，找不到自己的站立点。此时就需要沿道路行进时，标定地图，对照地形，判断出错地点以及偏差，然后根据情况另选道路行进，如果错得不远，可以沿原路返回，确定路线后再次行进。

同时在越野行进时，出现野外迷失先尽可能沿原路返回，如果不能确定站立点，又不能原路返回，尽量寻找周边大型的参照物，如道路等线状地物，然后确定站立点继续选择行进路线。如在森林中迷失，又无法确定站立点，应仔细分析地图，寻找较高的地点来观察地形。切勿慌乱，否则错误加剧。

2. 中暑

（1）常见症状

中暑的常见症状有出现极度口渴、疲倦、四肢乏力、头晕眼花、恶心、头痛、短暂神志不清、皮肤湿冷、面色苍白、脉搏急促且微弱和肌肉抽缩疼痛等。

（2）处理方法

迅速将病人转移到阴凉通风处，脱掉或解开衣服扣，让病人平卧休息；用冷水毛巾擦身或敷在头部，用冰块或冰棒敷在头部、腋下和大腿腹股处；扇风进行降温，还可以喝一些淡盐水、清凉饮料或绿豆汤等；如出现神志不清、抽筋、昏迷症状，可针刺人中、十宣穴或立即送医院。

（3）预防措施

在野外应尽量避免在强烈的阳光下长时间暴晒；炎热天气自备些降暑药物；如果出现头痛，心慌等症状，应立即到阴凉处休息，饮水。

3. 被狗咬伤

（1）常间症状

被犬咬伤后，伤口局部会出现红肿，疼痛等情况。

（2）处理方法

立即冲洗伤口，冲洗时要彻底，时间至少要持续 30 分钟，冲洗后再用 70% 的酒精或 50°~70° 的白酒涂擦伤口数次，有条件也可就地用 20% 肥皂水冲洗伤口，或用醋冲洗，并进行必要的清创，然后用千分之一的新洁尔灭冲洗，再用浓硝酸或浓碳酸、碘酒烧灼伤口；在无麻醉条件下，涂擦时疼痛较明显，伤员应有心理准备。

初步完成必要的治疗后，迅速将病人送入医院做进一步的观察和治疗。

3. 预防措施

尽量不要去有犬出没的地方；见犬后，不要突然伸手去摸，也不要拼命奔跑，假装弯腰捡东西。喂犬时，不要突然伸手或拿石头、木棒之类的东西，以免引起犬的误会而遭咬伤。

4. 蜂蜇伤

（1）常见症状

蜂蜇伤一般只表现为局部红肿疼痛，多无全身症状，数小时后即自行消退。若被蜂群蜇伤，会出现头晕、恶心、呕吐等症状，严重者会出现休克、昏迷或死亡，有时还会发生血红蛋白尿，出现急性肾功能衰竭等。过敏病人还易出现荨麻疹、水肿、哮喘或过敏性休克等。

（2）处理方法

可选用弱碱性溶液，如 3% 肥皂水、苏打水、牛奶甚至尿液涂抹被蜇伤处，以中和酸性中毒，也可用红花油、风油精、花露水等外擦局部；黄蜂蜇伤可用弱酸性溶液（如醋）中和，用小针挑拨或纱布擦拭，取出蜂刺，勿挤压蜇伤处，以免使更多的毒液进入血液。

（3）预防措施

远离草丛和灌木丛，因为那里往往是蜂类的巢穴，发现蜂巢应绕行，一定不要做出过于“亲近”的表现最好穿戴浅色光滑的衣物，因为蜂类的视觉系统对深色物体在浅色背景下的移动非常敏感。如果有人误惹了蜂群，而招致攻击，唯一的办法是用衣物保护好自己

的头颈，反向逃跑或原地趴下，千万不要试图反击，否则会招致更多的攻击。

5. 毒蛇咬伤

（1）常见症状

被毒蛇咬伤后，被咬部位会出现疼痛、肿胀，甚至出血及淋巴结肿大等症状，全身性症状因蛇毒性质的下同而不同。急救原则是及早防止毒素扩散和吸收，尽可能地减少局部损害。

（2）处理方法

在被咬伤的近心端或上一关节处迅速用布条、手帕、领带、稻草或是止血带、橡胶带扎紧，以防止蛇毒扩散，为防止肢体坏死，每隔 15~30 分钟，放松 1~2 分钟；用肥皂水和清水清洗周围皮肤，再用生理盐水 0.1% 高锰酸钾或净水反复冲洗伤口，先将伤肢侵泡于 4~7℃的冷水中，然后改用冰敷，以降低毒素吸收速度及毒素中酶的活力，必须在咬伤在 24 小时以内送往医院进行救治。

（3）预防措施

加强野外防护，掌握毒蛇习性，尽量不要裸露腿足，夜晚尤其要扎好裤脚，穿好鞋袜，必要时穿长筒靴，并带好手电；在草丛中行走时，手持棍棒，边走边打，起到打草惊蛇的作用；随身携带蛇药，以防万一；被毒蛇咬伤后切忌奔跑，应就地包扎、冲洗伤口，然后迅速到医院治疗。

6. 外伤

在进行定向越野的过程中，外伤发生的概率是较高的。穿梭在树林、竹林、荆棘中，极有可能被树枝、尖石扎伤、刺破，造成肢体出血。

（1）包扎止血

无明显动脉性出血时，可采用包扎止血方式。对于小创口出血，有条件时先用生理盐水冲洗，再用消毒纱布覆盖创口，最后用绷带、领带或三角巾包扎；无条件时可用冷开水冲洗再用干净毛巾或其他软质布料覆盖包扎。

（2）撑压止血法

这种方法用于急救处理较急剧的动脉出血。手头暂无包扎材料和止血带时，此法能迅速有效地达到止血目的，但止血不易持久。

（3）加压包扎止血法

适用于小动脉、静脉及毛细血管出血。用消毒纱布垫敷于伤口后，再用棉团、纱布卷、毛巾等折成垫子，放在出血部位的敷料外面，然后用三角巾或绷带紧紧包扎起来，以达到止血目的。

（4）加垫屈肢止血法

上肢或小腿出血，在没有骨折和关节损伤时，可采用屈肢加垫止血。如上臂出血，可用一定硬度、大小适宜的垫子放在腋窝，上臂紧贴胸侧，用三角巾、绷带或腰带固定胸部；如前臂或小腿出血，可在肘窝或腘窝加垫屈肢固定 .

（5）止血带止血法

材料取弹性的橡皮管、橡皮带。上肢结扎于上臂上三分之一处。下肢结扎于大腿的中部。结扎时应先将伤肢抬高，伤部垫上敷料或毛巾等软织物，将止血带适当拉长，绕肢体两周，在外侧打结固定。要标明扎止血带时间，每四十分钟放松一次。

注意事项：如伤处有骨折时，须另加夹板固定。伤口内有碎骨或异物存在时，不得应用加压包扎止血法。用止血带止血，一定要扎紧，如果扎得不紧，深部动脉仍有血液流出。

7. 溺水

当发生溺水时，不熟悉水性者可采取下列自救法。

1）不要慌张，发现周围有人时立即呼救；放松全身，让身体飘浮在水面上，将头部浮出水面，用脚踢水，防止体力丧失，等待救援；身体下沉时，可将手掌向下压；如果在水中突然抽筋，又无法靠岸时，立即求救。如周围无人，可深吸一口气潜入水中，伸直抽筋的那条腿，用手将脚趾向上扳，以解除抽筋。

2）发现有人溺水时的救护方法：可将救生圈、竹竿、木板等物抛给溺水者，再将其拖至岸边；发现有人溺水，不能冒然下水营救，应立即大声呼救，或利用救生器材呼救。

3）同伴溺水的急救措施。

若同伴发生溺水，切莫贸然下水救人，应立刻呼喊旁人搭救。将溺水者搭救上岸后，立刻撬开牙齿，清除口腔和鼻内的杂物，使呼吸道通畅；抢救者屈膝，将病人俯卧于大腿上，头朝下，按压腹部迫使呼吸道及胃内的水倒出，如溺水者呼吸和心跳均已停止，应头向上做胸外心脏按压和人工呼吸，同时急速送医院抢救。

4）岸上急救溺水者方法：迅速清除溺水者口、鼻中的污泥、杂草及分泌物，保持呼吸道通畅，并拉出舌头，以避免堵塞呼吸道；将溺水者举起，使其俯卧在救护者肩上，腹部紧贴救护者肩部，头脚下垂，以使呼吸道内积水自然流出。但不要因为呛水而耽误了进行心肺复苏的时间；要迅来进行口对口人工呼吸及心脏按压；并尽快联系急救中心或送去医院。

8. 雷电

如果在野外遇到雷电，一不能上最高点（山顶，房顶等），二不靠近最高物体（大树，电线杆等）。在野外遇到雷电时，需仔细观察周围地形，离开山顶等一些地势高的地方，不要去空旷的大树，高塔等高地物附近，远离水域，同时寻找最近的房屋，到房屋里等待雷电停止再前行，不要冒着雷电前行。

第五节　定向运动训练

以上介绍了定向越野理论知识，但是定向越野更为主要的是要在实践中去掌握这些知识，需要参赛者发挥出空间思维想象。下面我们重点讲解定向越野在现地实际的训练方法，以及如何更好的认识定向越野。

1. 认识地图符号

一张完整的定向越野地图上有很多符号，我们要学习地图符号跟现地的对照。在认识符号时，我们可以选择一个符号相对较多且相对平缓的场地，在现地中去学习地图符号在实地中的形状，把地图符号与现地一一对应。做到看到地图能联想到实地，看到实地能联想到地图（图 13-29）。

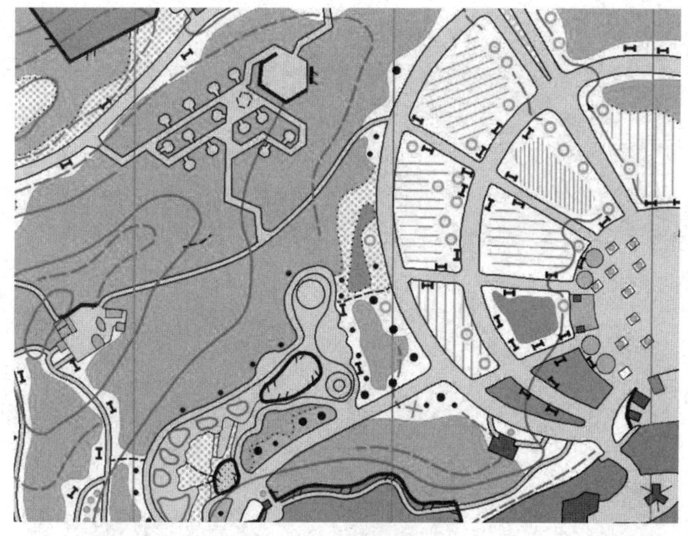

图 13-29 地图符号

2. 认识等高线

在野外定向越野中，学会认识等高线对运动员是非常重要的，山地的地形完全由等高线体现，我们要学会对照等高线认识山谷、山背、鞍部、冲沟、台地等地势特征，形成联想（图 13-30）。

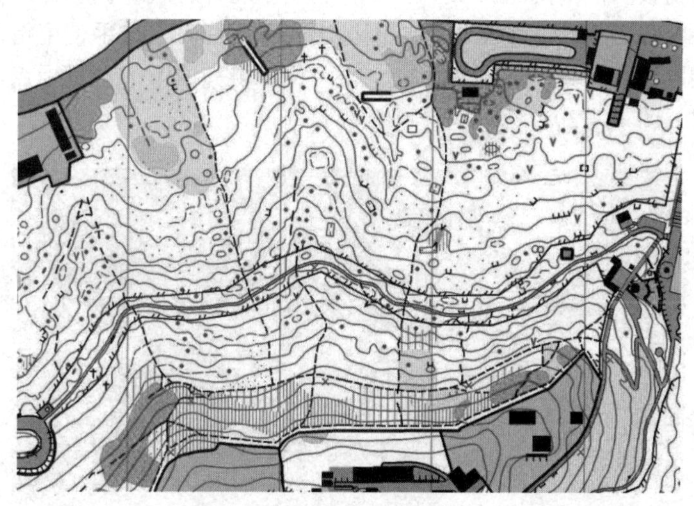

图 13-30 等高线

3. 沿指定路线行进

沿指定路线行进对于刚接触定向运动是非常有帮助的，在训练时，沿定向地图指定路线行进时，时刻保持用指针针标定地图，确定站立点位置，不能偏离指定路线。同时在行进过程中，进一步认识地图符号与现地地物的联系，并认识沿径途中所标志的明显地物所属类别如点状、线状、面状（图 13-31）。

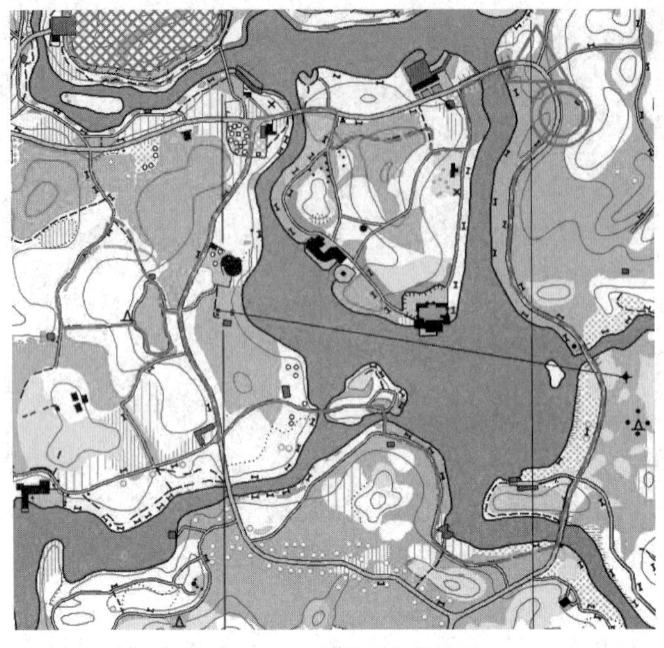

图 13-31 明显地物所属类别

4. 指北针行进

在实地参照物较少的情况下，我们要学会利用指北针行进。训练方式：在相对平缓可穿越场地，设立中心点位，在中心点位周围标出若干目标点，选手使用指北针行进法直线穿越找到目标点，每找到一个目标点后回中心点位，再完成下一个目标点，依次类推，直到完成所有点位（图 13-32）。

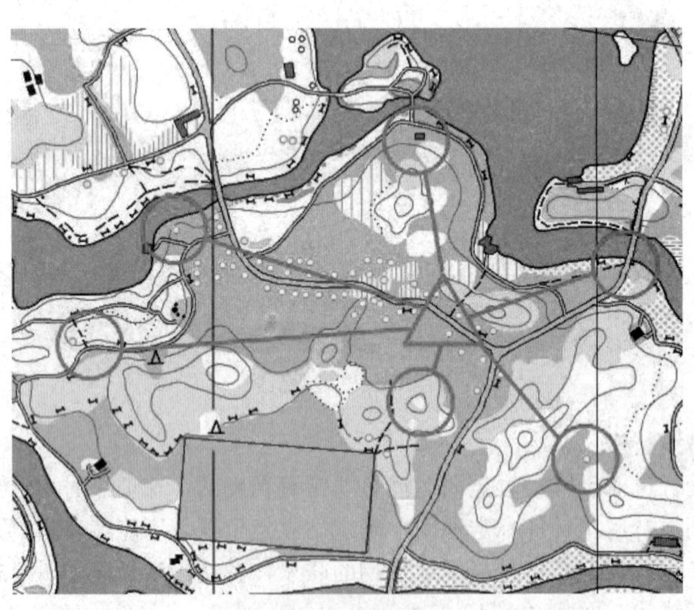

图 13-32 目标点

5. 跑动中识图

1）确定第一个目标点方位后，选定正确的路线，注意途中的重要特征物，在前往第一个目标点过程中思考第二个点的方向与线路，特别注意线路中的特征物，放于胸前方的视线下以保持地图位置，全过程读图。

2）接近第一个点时保持地图方向不变，人转向下一个目标方向，打卡，跑向下一个目标点，在过程中再次重复第一条动乍，反复练习，甚至可思考到下个，下下个路段。

3）如果在较为复杂的地形中，就需要简化地图，在概略读图中可提前思考线路的选择。

4）刚接触定向运动者可使用百米地图或简单的公园地形来强化跑动中读图，在行进过程中，时刻保持大脑记忆，全神贯注，认真仔细，才能提升跑动中识图。

第十四章　旱地冰球

第一节　旱冰运动概述

“旱地冰球”（音译为“福乐球”）起源于1958年，位于美国明尼阿波利斯市的一家塑料厂生产了塑料的球杆（包括杆和击球板）。他们用Cosom的品牌名字推销其球杆和其他塑料产品。Cosom的地板曲棍球（Floor hockey）先后在美国和加拿大开展起来。虽然举行了很多比赛，但太多却是在孩子和年轻人中进行。作为最大的锦标赛之一，地板曲棍球锦标赛在20世纪60年代初第一次在密歇根州的BattleCreek（美国城市）举行。 Coscom的塑料球杆在1968年传入瑞典，从那以后，各种形式的用球和橡胶圆盘的运动在瑞典开始流行。在20世纪70年代中期，受篮球及冰球的影响人们开始有了在Cosom的设备基础上创立一个专项运动的想法。世界第一个国家旱地冰球联盟（SIBF）于1981年在瑞典成立，第一本官方规则手册于1983年出现。瑞典旱地冰球联盟在1995年成为瑞典国家体育联盟会员。但一个联盟只有瑞典和芬兰两个国家似乎不是很合适，所以开始尝试搜寻其他国家加入旱地冰球，逐渐在瑞士，也开始流行旱地冰球了。瑞典、芬兰和瑞士于1986年4月12号在瑞典Huskvarna市成立了国际旱地冰球联盟（IFF）。

旱冰运动作为新一代兴起的运动，在12~19岁的年轻人中有很高的参与度；同时不乏女性的广泛参与；由于旱地冰球运动的快速发展和媒体的宣传，定向运动快速成为大众熟知。其实，旱地冰球本身的发展就起到了一个非常重要的宣传作用，它属于少数的几个男女平等参与的运动项目。因旱地冰球是那种容易入门，打好不容易的运动项目。容易开始，玩起来乐趣无穷，同时它是一项增长速度很快的年轻运动，相对传统运动更富挑战性，拥有极强的娱乐性，并且在比赛中有很多互动，动作和进球，深受观众喜爱。

第二节　旱地冰球基本规则

旱地冰球的比赛方式与冰球和曲棍球十分相似，比赛双方使用球杆把球打入对方球门而得分，比赛结束时得分多的队伍获胜。正式比赛有六名队员上场，其中包括一名守门员。

1. 场地

球场为长40米宽20米的圆角矩形场地，其四周应有IFF核准的圆角形挡板，球场最小为长36米宽18米，最大为长44米宽22米（图14-1）。

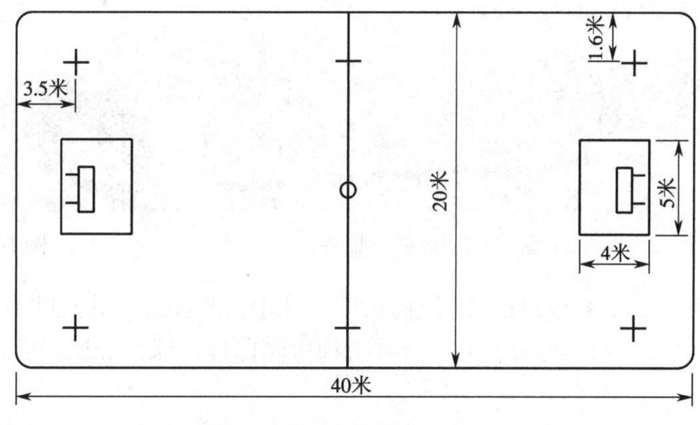

图 14-1 场地

球场上的界线：

1）所有界线宽四至五厘米，颜色应醒目；

2）球场上划定中心线与中心点；中线与端档板平等，并将比赛场地划分为两个面积相等的区域；

3）两个场区各画一个球门区；球门区为长四米，宽五米的长方形，其边线与端线都应包括在面积之内，球门区后线与球场端挡板距离 2.85 米，球门区边线距球场边挡板的距离应一样远；

4）守门员区为长 2.5 米，宽 1 米的长方形，其边线与端线都应包括在面积之内，守门员区后线与球门区后线距离 0.65 米；

5）守门员区的后线也当作球门线；

6）球场上有七个开球点，在中线上有三个开球点：中线中点有一个，中线两侧距边挡板 1.5 米处各有一个。球场四角在球门线高度，距边挡板 1.5 米处各有一个，后者四个开球点要画个十字，但在中线上的三个十字不一定要画；

7）球门柱之间距离为 1.6 米。

2. 器材

1）球：所使用的球为空心的塑料球，上面有 26 个圆孔。球将被 IFF 检测，并相应地将被标记（图 14-2）。

2）球杆： 普通的杆是用玻璃纤维，聚碳酸脂或碳纤维构成。这些材料使得杆不仅轻而且使用寿命特别长；杆一般重 250 克，长短一般以从地面到成人的肚脐的高度为准。球杆也会将 IFF 检测和标记。除了缩短，对杆的一切修改都是不允许的。杆只能在握柄以上被束缚，但正式标记不能被盖上（图 14-3）。

3）拍头：可称作击球板，一般是用不同的塑料混合物或尼龙混合物制造的，有的也使用玻璃纤维，碳纤维，不同材料制成的拍头其软硬程度不一样，稍软的拍有助于持球控球，而稍硬的拍则有助于击球射门（图 14-3）。

4）守门员面罩：由于守门员经常接受来自于球的正面打击，因此为了保护守门员，一般来说守门员必须配戴守门员面罩（图 14-4）。

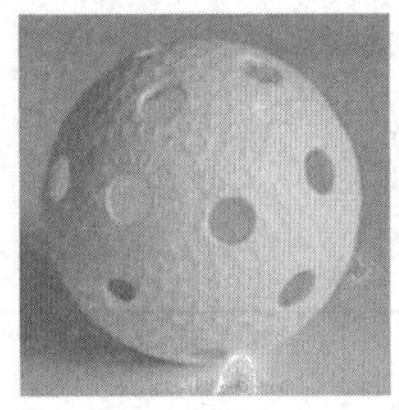

图 14-2 球

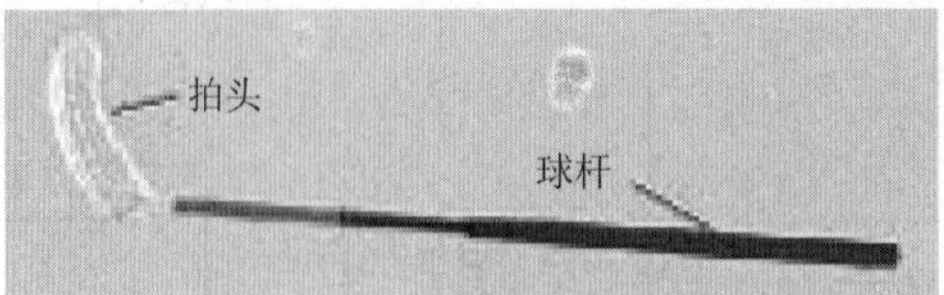

图 14-3 球杆、拍头

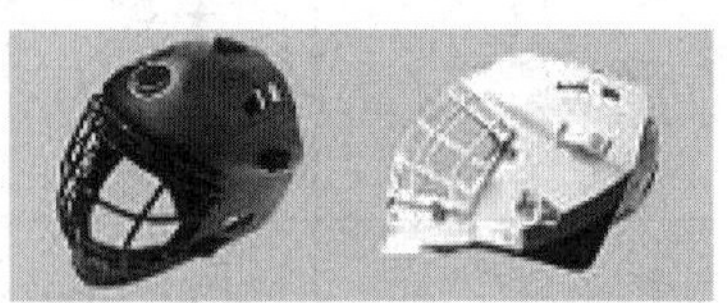

图 14-4 守门员面罩

所有产品需都通过 IFF 授权的 SP 机构认证并标上 IFF 标志。这意味着产品需要达到技术和运动的双重要求，并且会跟踪监管。SP 机构检测球杆、球、球场挡板、球门和面罩。

3. 比赛时间

正常比赛时间：3×20 分钟，其间有两个 10 分钟的休息（如要缩短比赛时间，也要保证最短的 2×15 分钟）。

4. 交换场地

队伍要交换场地，主队有优先权。如果裁判判定一边有绝对优势，在第三节中间的时候可换场。但这必须在第三节开始前决定。

5. 边界球

指向发球方向。当球穿过挡板或者碰到天花板时就获得边界球；边界球要从离球出界地方 1.5 米的地方发，但永远不会在底线的延长线后面；对手要在离球 3 米的位置。边界球可以直接得分。

6. 开球

固定情况的开球，在每节开始时和进球后；当双方都没有获得边界球、任意球或者罚球；当罚球没有进球，在特殊情况下，开球可以直接得分。

7. 裁判法

停止比赛时间：暂停（所有队伍都可要求在赛中暂停）、进球、罚球、罚下场。

固定情况的开球：在每节开始时和进球后。当双方都没有获得边界球、任意球或者罚球。当罚球没有进球，在特殊情况下，开球可以直接得分。

特定情况——边界球：当球穿过挡板或者碰到天花板时就获得边界球。边界球要从离球出界地方 1.5 米的地方发球，但永远不会在底线的延长线后面。对手要在离球 3 米的位置。边界球可以直接得分。

任意球——非正确击球：队员不是为击球，判断进攻方的意图很重要。当比赛中不正确击球现象上升时，要和队员交谈，从后面击球通常被认为是故意的。

任意球——压住对手的球杆：判断进攻的意图很重要。如果从后面压住对手的球杆，对手没有可能是为了击球，会被罚下场。

任意球——击球过高：球杆高过膝盖，在腰部以下为任意球，高过腰部为罚下场。高过腰部以上击球，并打到对手通常会被罚下场 5 分钟。

任意球——不正确推人：除了肩对肩，队员为了控制着球（或者试图拿球），以任何形式推人都视为不正确推人。因此要想办法找到球员的动机是什么。这个球员是不是用正确的方法抢球和带球。要注意靠近挡板推人会引起受伤。当这样的情况发生时，要罚下场。

罚下场——出现不正确及暴躁的动作，（取决裁判的判断）；出现危险的动作；以不正确的方式冲向对手；在球板附近出现暴躁的动作等都会导致 5 分钟的罚下场。

罚球：因为防守队的犯规导致进球过程被中断，或没有成功，判任意球或罚球。罚球可以推迟。当然，裁判要判断正确，理解犯规者的意图等。

进球：进球通过发球确认，在发球之前，进球可以被裁判取消。

惩罚——罚下场：用手指清晰地指出犯规者。指出犯规的动作。要明白犯规者很冲动，不要在他 / 她面前指出犯规的动作一面激怒他 / 她。

罚下场——躺下击球：场上队员躺下或者坐着停球、击球。场上队员双膝或一手着地停球、击球，除了拿杆的那只手外。通常取决于判断！

罚下场——重复犯规：当一个队几次犯规导致被罚任意球，再犯规时，将带来被罚的下场。重复犯规会影响队员个人，同时也会影响球队。因此，球队需特别关注那些已重复犯规，有可能被罚下场的队员。

罚下场——红牌：红牌 1 次会导致余下的比赛不能上场；红牌 2 次会导致余下的比赛不能上场并在同一竞赛中下场比赛不能上场；红牌 3 次会导致余下的比赛不能上场、在同一竞赛中下场比赛不能上场以及得到有关部门的进一步惩罚（红牌 3 次裁判要登记上报）。

第三节　旱地冰球基本技术

1. 握杆

根据左右侧持杆的习惯来定握球杆的手位，以左侧为例：右手握球杆末端，左手握住离右手两拳头距离的球杆中断，也可以个人握球杆的舒适度来定左手握杆位置。

2. 站位

双手握杆，上面的手抓住杆顶上端，下面的手离上面的手至少要 20 厘米，球员就位时要双膝弯曲，击球板放到地板上站位，两腿分开与肩齐宽，一只脚略在另一只前面。基本站位要尽量保持平衡。

3. 跑动技术

带球跑：球要一直在击球拍上。轻触，不能推或击打。准备好正手或后手传球，保护好球。

4. 传球技术

正确的传球站位是侧着站，双脚并排，双膝分开，微微弯曲；保持平衡的站立姿势；一直抬头注场地；保持球和击球拍靠近；传球后，击球拍应朝向传球方向。

正手传球：整个传球动作从球在身后的时候就开始了；球要靠近击球板；击球拍要从后面以一个加速度朝向目标；当球超过前脚以后才离杆传出。从身后拖的越长，传球越准。

短正手传球：这种传球速度更快，触球时间很短，在触球中依然有一些灵活性。触球点和前脚应在同一个水平。正确操作时球会很快离开击球板，并且在滚动过程中没有反弹。

反手传球：后手传球是一个很快的“轻击”。击球拍不能碰到地板，只能碰到球。击球的速度取决于反手挥拍的速度。

空中传球（高球）：对空中传球来说，触球很关键。球在前脚的前方传出。击球的速度取决于反手挥拍的速度。击球板滑过地面沿着一条直线击向球。在击球的一瞬间，击球板斜靠近球下方。

5. 接球技术

击球板要放在地板上，保持站立姿势平衡，基本的站立姿势和传球一样，要侧身一点。保持抬头看向场地，接球要流畅，手要柔和、灵活、接球要柔和，球拍迎球。当触球时，球板和球一起向后移动。

6. 射门技术

基本技术和不同的传球技术一样，只是力量要更大。

用腕射门：球总是和击球板接触（正手传球）；用球杆长拖。

快速转腕射门：球接触击球拍的时间很短（短正手传球）。球拍相碰点和前脚在同一个水平线上；在移动中用腕射门。

拍球射门：击球板在击球前接触地板（短正手传球）抬头，在移动中拍打球。

反手射门：击球的速度来源于反手挥拍。击球板只接触球，不接触场地移动中反手击球。

7. 护球技术

球员要有平衡的站立姿势，用身体、脚和手护球。击球板应该挡住靠近对手的球的一侧，控制好球很重要。

用身体护球：保持身体在球和对手之间，保持球离对手足够远，保持低的比赛站位，抬头注视比赛。

用球杆护球：运球时尽量远离对手，球离身体时，双手一起握拍运球，用击球板护球。

8. 带球技术

带球指运球 / 假动作，运球时要保持球离击球板较近，两手握住手柄，当反手运球时可以单手握柄；尽力提高持球技术，提高速度和身体控制，做假动作时要快；试图在你预想的方向上晃开防守者。